明太祖朱元璋

明成祖朱棣

明宪宗朱见深

明熹宗朱由校

入跸图局部 1

入跸图局部 2

入跸图局部 3

入跸图局部 4

出警图局部 1

出警图局部 2

出警图局部 3

出警图局部 4

明朝锦衣卫和东西厂

MINGCHAO JINYIWEI HE DONGXICHANG

吴晗 / 著
李慧泉 / 编

民主与建设出版社
·北京·

© 民主与建设出版社，2024

图书在版编目（CIP）数据

明朝锦衣卫和东西厂 / 吴晗著；李慧泉编.
-- 北京：民主与建设出版社，2024.2
ISBN 978-7-5139-4395-6

Ⅰ.①明… Ⅱ.①吴… ②李… Ⅲ.①厂卫—史料 Ⅳ.①K248.205

中国国家版本馆CIP数据核字（2023）第190568号

明朝锦衣卫和东西厂
MINGCHAO JINYIWEI HE DONGXICHANG

著　者	吴　晗
编　者	李慧泉
责任编辑	刘树民
封面设计	宋双成
出版发行	民主与建设出版社有限责任公司
电　话	（010）59417747　59419778
社　址	北京市海淀区西三环中路10号望海楼E座7层
邮　编	100142
印　刷	三河市天润建兴印务有限公司
版　次	2024年2月第1版
印　次	2024年2月第1次印刷
开　本	880毫米×1230毫米　1/32
印　张	11.75
字　数	238千字
书　号	ISBN 978-7-5139-4395-6
定　价	55.00元

注：如有印、装质量问题，请与出版社联系。

目　录

第一章　明初的恐怖统治：厂卫前传

明教与大明帝国 \ 2

朱元璋的队伍和政权的性质 \ 45

明初的恐怖政治 \ 52

明初社会生产力的发展 \ 70

历史上的国民身份证——传·过所·路引 \ 111

第二章　专为皇帝个人服务：厂卫和锦衣卫系统

明代的锦衣卫和东西厂 \ 126

特务政治的急先锋 \ 140

皇权的极峰 \ 149

廷　杖 \ 164

第三章 特务机关的老大：东西厂

设立新的官僚机构 \ 170

严防宦官和外戚干政 \ 176

明代靖难之役与国都北迁 \ 180

太监、皇庄、皇木及其他 \ 204

党争代表阮圆海 \ 209

第四章 维持皇权的高压：厂卫政治

胡惟庸党案考 \ 214

胡蓝党案 \ 254

空印案和郭桓案 \ 263

文字狱 \ 274

第五章 与明王朝一同落幕：厂卫的覆灭

《金瓶梅》里描述的明朝黑暗社会 \ 288

晚明仕宦阶级的生活 \ 328

东林党之争 \ 340

论晚明"流寇" \ 356

明末的奴变 \ 363

三百年前的历史教训 \ 365

第一章

明初的恐怖统治：厂卫前传

明教与大明帝国

一、吴元年与明之国号

我国历史上之朝代称号，或从初起之地名，或因所封之爵邑，或追溯其所自始，要皆各有其独特之意义，清赵翼曾畅论之：

三代以下建国号者，多以国邑旧名：王莽建号曰新，亦以初封新都侯故也。公孙述建号成家，亦以据成都起事也。賨人李雄建号大成，盖亦袭述旧称也。金太祖始取义于金之坚固，遂不以国邑而以金为号（按《金志》太祖以国产金，且有金水源，故称大金——吴晗注）。然犹未用文义也。金末宣抚蒲鲜万奴据辽东，僭称天王，国号大真，始有以文义而为号者。元太祖本无国号，但称蒙古，如辽之称契丹也。世祖至元八年（1271）因刘秉忠奏，始建国号曰大元，取"大哉乾元"之意，国号取文义自此始。其诏有曰："诞膺景命，必有美名，唐之为言荡也，虞之为言乐也……世降以还，事殊非古；称秦称汉者，著从初起之地名，曰隋曰唐者，即因所封之爵邑，是皆徇百姓见闻之狃习，要一时经制之权宜。令特建国号曰大元，取《易经》乾元之义"云。命世之君，创制显庸，必有以新一代之耳目，而不肯因袭前代，此其一端也。[1]

唯明太祖以至正二十七年（1367）称吴元年，次年即帝位，始定国号曰大明，纪元洪武。吴非国号，亦非年号。至大明则既非初起之地名，亦非所封之爵邑，亦非如后唐后汉之追溯其所自始，如以其文义"光明"言，亦无所归属。《明实录》、《明史》诸书记太祖即位诏书，仅著"定有天下之号曰大明"一语，明清两代学人著述，亦从未涉及"吴元年"及"大明"一名词之意义者。[2]

按太祖起自红军，奉宋帝小明王韩林儿正朔。宋龙凤七年（1361，元至正二十一年）封吴国公[3]，十年进爵为吴王[4]。军中文移布告均称"皇帝圣旨吴王令旨"[5]。十二年弑宋帝，宋亡。是所谓吴元年者，如以为吴王受封之吴，则当为吴四年，如以为国号，则先此张士诚已据吴称吴王，且太祖时方遣将伐吴，不应踵袭敌国之称号。如以为纪元之称，则有史以来，从未有一字之年号！又其时天完、吴、夏、汉诸国，国号纪元，皆粲然备具。太祖后起，且承宋后，为红军正统，不应既无国号，又无纪元，仅称无所指属之吴元年也。太祖幕中多儒生，不应瞢忽至此！颇疑太祖于杀韩林儿后，仍称宋国，仍奉龙凤十三年正朔。其称吴元年者，开国后讳其起于红军，更讳言臣于小明王，曾奉其正朔。遂于宋明之际，追改龙凤十二年为吴元年，以示其非承宋而起也。推度当时情事，应是如此。然明初史迹经《太祖实录》之三修，已湮没不可详，姑系臆说于此。

至"大明"之国号，则私见以为出于韩氏父子之"明王"，明王出于《大小明王出世经》。《大小明王出世经》为明教经典，明之国号实出于明教。明教自唐代输入，至南宋而益盛，穷流溯源，因并及之。明教又与出自佛教之弥勒佛传说及白莲社合，文中牵连述及，仅凭史书。至二教经典则以滇中无从得书，参合比较，请俟异日。所述明教唐宋二代史迹，大部分多从沙畹（E.Chavannes）《摩尼教流行中国考》（冯承钧译，商务印书馆版）、王国维先生《摩尼教流行中国考》（《海宁王静安先生遗书》册一一）、陈垣先生《摩尼教入中国考》（北京大学《国学季刊》一卷二号）、牟润孙先生《宋代摩尼教》（辅仁大学《辅仁学志》七卷一、二期）诸文引用，他山之助，谨申谢意。

二、明教

明教即摩尼教（Manicheism），波斯人摩尼（Mānī，约216—约277）所创。我国史籍中有称之为牟尼者，摩尼之异译也。有称之为末摩尼者，古波斯文（Pehlavi）mar maui 之译文，华言摩尼主也。有称之为末尼者，末摩尼之省文也[6]。其教杂糅祆教、基督教、佛教而成，主要经典有《二宗三际经》，二宗者明与暗也，明暗斗争，时有轩轾，明终克暗，至安乐处。法国巴黎图书馆藏《摩尼教残经出家仪·第六·初辩二宗》：

求出家者，须知明暗各宗，性情悬隔，若不辨识，何以修为？

三际者，过去未来现在也。同上《次明三际》，一、初际，二、中际，三、后际：

初际者未有天地，但殊明暗，明性智慧，暗性愚痴，诸所动静，无不相背。

中际者，暗既侵明，恣情驰逐，明来入暗，委质推移，大患厌离于形体，火宅愿求于出离，劳身救性，圣教固然，即妄为真，孰闻听命？事须辨识，求解脱缘。

后际者，教化事毕，真妄归根，明既归于大明，暗亦归于积暗，二宗各复，两者交归。

初际明暗相背，中际明暗混糅，后际明暗划分。明为善，为理；暗则为恶，为欲。其神为明使，亦称明尊，即摩尼也。有净风善母二光明使。又以净气、妙风、妙明、妙水、妙火为五明使。北平图书馆藏《摩尼教残经》：

若有明使，出兴于世，教化众生，令脱诸苦。

又云：

其惠明使亦复如是，既入故城，坏惠敌已，当即分判明暗二力，不令杂乱。

又云：

《应轮经》云：若电邮勿（Denavari，玄奘《西域记》译作提那跋——吴注）等身具善法，光明父子及净法风，皆于身中每常游止。其明父者即是明界无上明尊，其明子者即是日月光明，净法风者即是惠明。

经述"明"以种种方法困"暗"，"暗"后以种种方法囚"明"。"明""暗"交争，一起一伏，最后明使为植十二明王宝树：

惠明相者，第一大王，二者智惠，三者常胜，四者欢喜，五者勤修，六者平等，七者信心，八者忍辱，九者直意，十者功德，十一者齐心一等，十二者内外俱明。如是十二光明大时，若入"相""心""念""思""意"等五种国土，一一孽筵，无量光明，各各现菓，亦复无量，其菓即于清静徒众而具显现。

此明教徒之十二美德也。每一树又有五记验，如第一大王树有五记验，一者不乐久住一处，二者不悭，三者贞洁，四者近智惠，五者常乐清静徒众。每一记验又各有定义，如不悭："所至之处，若得衬施，不私隐用，皆纳大众。"合十二树六十记验，教徒具备六十种美德，乃入光明极乐世界。明使讲经已，结云：

如是等名为十二明王宝树，我从常乐光明世界，为汝等故，持至于此。欲以此树栽于汝等清静众中，汝等上相善慧男女，当须各自于清净心中栽植此树，令更增长，犹如上好无砂卤地，种一收万，如是展转，至无量数。汝等今者欲成就无上大明清净果者，皆当庄严如宝树，令得具足。何以故？汝等善子，依此树果，得离四难，及诸有身，出离生死，究竟常胜，至安乐处。

又有《大小明王出世经》等经，释志磐《佛祖统纪》引《释门正统》：

准国朝（宋）法令，诸以《二宗经》及非《藏经》所载不根经文传习惑众者，以左道论罪。二宗者谓男女不嫁娶，互持不语，病不服药，死则裸葬等。不根经文者，谓《佛佛吐恋师》《佛说啼哭》《大小明王出世经》《开元括地变文》《齐天论》《五来子曲》之类。

又有《日光偈》《月光偈》等偈,《宋会要·刑法门二上》:

明教之人所念经文及绘画佛像,号曰《讫思经》《证明经》《太子下生经》《父母经》《图经》《文缘经》,《七时偈》《日光偈》《月光偈》,《平文》《策汉赞》《策证明赞》,《广大忏》《妙水佛帧》《先意佛帧》《夷数佛帧》《善恶帧》《太子帧》《四天王帧》。已上等经佛号,即于道释经藏并无明文记载,皆是妄诞妖怪之言,多引尔时明尊之事,与道释经文不同。至于字音又难辨认,委是狂妄之人,伪造言辞,诳愚惑众,上僭天王太子之号。

其教仪节为经典所规定者为斋食。巴黎藏《摩尼教残经·寺宇仪》第五:

私室厨库,每日斋食,俨然待施。若无施者,乞丐以充。唯使听人,勿蓄奴婢及六畜等非法之具。

且日食一餐,日晚乃食[7]。北平图书馆藏《摩尼教残经》:

日一受食,不以为难。

不饮乳酪。死则裸葬。巴黎藏《残经》:

□宿死尸,若有覆藏,还同破戒。

其僧侣有拂多诞,古波斯语 Fur-sta-dan 之译音也,华言"知教义者"。有慕阇,亦古波斯语 Mozak 之译音,华言"师"也。[8]

三、明教与回鹘

明教经典之输入我国，始于唐武后延载元年（694）。志磐《佛祖统纪》卷三十九：

延载元年，"波斯国人拂多诞（西海大秦国人）持《二宗》伪经来朝。未四十年而遭禁断。"

杜佑《通典》卷四〇：

开元二十年（732）七月敕：末摩尼法本是邪见，妄称佛教，诳惑黎元，宜严加禁断。以其西胡等既是乡法，当身自行，不须科罪者。

至肃宗宝应元年（762）回鹘入唐，击史朝义于洛阳，次年携居留洛阳之摩尼师归国，明教遂入回鹘，为其朝野所信奉。据《九姓回鹘爱登里罗泊没密施合毗伽可汗圣神文武碑》（李文田《和林金石录》，《灵鹣阁丛书》本）：

师将睿思等四僧入国，阐指二祀，洞澈三际。况法师妙达明门，精研七部，才高海岳，辩若悬河，故能开政教于回鹘。（第八行）

今悔前非，愿归正教。奉旨宣示，此法微妙，难可受持，再三恳□，往者无识，谓鬼为佛，今已误真，不可复事。特望□□，□□□□，既有志诚，任即持受。应有刻画魔形，悉令焚爇，祈神拜鬼，并□□（第九行）

□受明教，薰血异俗，化为茹饭之乡，宰杀邦家，变为劝善之国。故□□之在人，上行下效，法王闻受正教，深赞处

□□□□□德领诸僧尼入国阐扬，□后慕阐徒众，东西循环，往来教化。（第十行）

碑立于宪宗元和九年（814），已有明教、明门之称。尤可注意者为明教徒不奉像设，不事鬼神，斋食禁杀三事。

明教入回鹘后，其徒清修苦行，回鹘可汗或与议国事[9]。以回鹘可汗之护持，逐要求唐室为其建寺：

回鹘可汗王令明教僧进法入唐。大历三年（768）六月二十九日敕赐回鹘摩尼为之置寺，赐额为大云光明。六年正月敕赐荆、洪、越等州，各置大云光明寺一所。[10]

北则两都、太原，南则荆、扬、洪、越等州，当时重镇，无不有明教徒之祠宇[11]。其徒白衣白冠[12]，日晚乃食，饮水而不茹荤，不饮乳酪[13]。其徒有解天文者（《册府元龟》卷九九七），有擅求雨之术者[14]，有善作法劾鬼者[15]。

明教在唐之得势，以有回鹘护法故，唐室羁縻回鹘，遂不得不优待明教。至开成会昌年间（840—843），回鹘为黠戛斯（Kirghiz）所残破。会昌二年（842）遂敕权停江淮诸摩尼寺，只令于两都及太原信向处行教[16]。时回鹘复屡入寇掠，三年遂诏讨回鹘，大破之。李德裕《讨回鹘制》：

其回鹘既已破灭，义在剪除，宜令诸道兵马，并同进讨……其回鹘及摩尼等庄宅钱物，并委功德使与御史台京兆府各差精强干事官点检收录……摩尼等僧委中书门下即时条疏闻奏。

明教至此，遂全遭禁断。《新唐书》卷二一七下：

诏回鹘营功德使（摩尼）在二京者悉冠带之。有司收摩尼书若象，烧于道，产赀入之官。

明教徒则被屠杀，日本僧圆仁记：

会昌三年四月中旬敕下，令杀天下摩尼师，剃发令着袈裟作沙门形而杀之。[17]

宋僧赞宁亦记：

会昌三年，敕天下摩尼寺并废入官。京城女摩尼十二人皆死。及在此国回纥诸摩尼等配流诸道，死者大半。[18]

四、明教之传播·上

自唐会昌禁黜后，明教遂成为秘密结社，攀附佛道，以图幸存。教旨既晦，名谓亦更。至梁末帝贞明时遂有上乘宗之起事。其教不食荤茹，宵聚昼散：

贞明六年（920）冬十月，陈州妖贼母乙、董乙伏诛。陈州里俗之人喜习左道，依浮屠氏之教，自立一宗，号曰上乘。不食荤茹，诱化庸民，揉杂淫秽，宵聚画散，州县因循，遂致滋蔓……群贼乃立母乙为天子，其余豪首，各有署置。至是发禁军及数郡兵合势追击。贼溃，生擒母乙等首领八十余人，械送阙下，并斩于都市。[19]

据《佛祖统纪》，上乘宗盖即明教。志磐记：

梁贞明六年，陈州末尼聚众反，立母乙为天子。朝廷发兵擒母乙斩之。其徒以不茹荤饮酒，夜聚淫秽，画魔王踞坐，佛为洗足，方佛是大乘，我法乃上之乘。

按南北朝隋唐间三阶教流播颇广,其教有上上乘、上乘之说,开元二十年与明教同时遭禁。母乙之反自称上乘宗,而志磐则以为是明教,则当唐末五代时,明教已与三阶教混合矣[20]。此所记陈州末尼所奉为魔王,又素食。魔王盖即摩尼,以明教有明王出世之说,而摩尼又称明使也。明教不事神鬼,其所供奉摩尼夷数(耶稣)诸画像,均为波斯或犹太族,深目高鼻。其教又为历来政府及佛徒所深嫉,佛徒每斥异己者为魔,易摩为魔,斥为魔王,为魔教,合其斋食而呼之,则为吃菜事魔。

陈州起事失败后不久,至后唐、石晋时明教又潜兴布教,赞宁《僧史略》下;

梁贞明六年,陈州末尼党类立母乙为天子,累计未平,及贞明中诛斩方尽。后唐石晋时复潜兴,推一人为主,百事禀从。或画一魔王踞坐,佛为其洗足,盖影佛教所谓相似道也。

复南播而至闽,徐铉《稽神录》曾记明教徒在闽活动之情形:

清源都将杨某为本郡防遏营副将。有人见一鹅负纸钱入其第,俄化为双髻白发翁,变怪遂作。二女惊病,召巫立坛治之;鬼亦立坛作法,愈甚于巫;巫惧而去。后有善作魔法者,名曰明教,请为持经一宿,鬼乃唾骂而去。

清源即泉州。据明人何乔远所记,以明教入闽者为呼禄法师;

会昌中汰僧,明教在汰中。有呼禄法师者,来入福唐,授侣三山,游方泉郡,卒葬本北山下。[21]

至宋真宗大中祥符间（1008—1016）敕编《道藏》，明教徒闽富人林世长遂赂主者，以《二宗三际经》编入[22]。张君房《云笈七签》序：

> 臣于时尽得所降《道书》……及朝廷续降到福建等州道书明使《摩尼经》等，与道士商校异同，铨次成藏，都四千五百六十五卷，题曰《大宋天宫宝藏》。天禧三年（1019）春写进之。

自此闽南遂成明教最重要之教区，洪迈《夷坚志》：

> 吃菜事魔，三山尤炽。为首者紫帽宽衫。妇人黑冠、白服，称为明教会。所事佛衣白，引经中所谓白佛，言世尊，取《金刚经》一佛二佛三四五佛，以为第五佛。又名末摩尼，采《化胡经》乘自然光明道气，飞入西那玉界苏邻国中，降诞王宫为太子，出家称末摩尼，以自表证。其经名《二宗三际》，二宗者明与暗也，三际者过去未来现在也。大中祥符兴《道藏》，富人林世长赂主者，使编入藏，安于亳州明道宫……其修持者，正午一食，裸尸以葬，以七时作礼，盖黄巾之遗习也。

陆游记其习尚，谓烧必乳香，食必红蕈，士人宗子，亦从之游云：

> 闽中有习左道者，谓之明教。亦有《明教经》甚多，刻板摹印，妄取《道藏》中校定官衔其后。烧必乳香，食必红蕈，故二物皆翔贵。至有士人宗子辈众中自言，今日赴明教会。予尝诘之："此魔也，奈何与之游？"则对曰："不然。男女无别者为魔，男女不亲授者为明教。明教遇妇人所作食则不食。"然尝

得所谓明教经观之，诞谩无可取，直俚俗习妖妄者所为耳。又或指名族士大夫家曰，此亦明教也。不知信否？[23]

复由闽入浙，据《宋会要》所记，北宋末年，温州一地，即有明教斋堂四十余处。

政和四年（1114）十一月四日，臣僚言："温州等处狂悖之人，自称明教，号为行者。今来明教行者各于所居乡村，建立屋宇，号为斋堂。如温州共有四十余处，并是私建无名额堂。每年正月内取历中密日，聚集侍者、听者、姑婆、斋姊等人建设道场，鼓扇愚民男女，夜聚晓散。"奉御笔，仰所在官司根究指实，将斋堂等一切折毁。所犯为首之人依条施行外，严立赏格，许人陈告。今后更有似此去处，州县官并行停废，以违御笔论。廉访使者失觉察，监司失按劾与同罪。[24]

其长老名行者，徒众则有侍者、听者、姑婆、斋姊等。恪遵明教规律，于密〔日曜日，康居语（Sogdian）Mir之译音〕持斋（沙畹《摩尼教流行中国考》）。至南宋初期，已遍播于淮南、两浙、江东、江西、福建东南一带，因地异名。孝宗乾道二年（1166）陆游《条对状》云：

自古盗贼之兴，若止因水旱饥馑，迫于寒饿，啸聚攻劫，则措置有方，便可抚定，必不能大为朝廷之忧。惟是妖幻邪人，平时诳惑良民，结连素定，待时而发，则其为害，未易可测。伏缘此色人处处皆有，淮南谓之二桧子，两浙谓之牟尼教，江东谓之四果，江西谓之金刚禅，福建谓之明教、揭谛斋之类，名号不一。明教尤甚，至有秀才吏人军兵亦相传习，其神号曰

第一章 明初的恐怖统治：厂卫前传

明使，又有肉佛、骨佛、血佛等号，白衣乌帽，所在成社。伪经妖像，至于刻板流布。假借政和中道官程若清等为校勘，福州知州黄裳为监雕，以祭祖考为引鬼，永绝血食。以溺为法水，用以沐浴。其他妖滥，未易概举。烧乳香则乳香为之贵，食菌蕈则菌蕈为之贵。更相结习，有同胶漆。万一窃发，可为寒心。汉之张角，晋之孙恩，近岁之方腊，皆是类也。伏乞朝廷戒敕监司守臣，常切觉察，有犯于有司者，必正典刑，毋得以习不根经教之文，例行阔略。仍多张晓示，见令传习者，限一月听斋经像衣帽，赴官自首，与原其罪。限满重立赏，许人告捕。其经文印版令州县根寻，日下焚毁。仍立法，凡为人图画妖像，及传写刊印明教等妖妄经文者，并从徒一年论罪。庶可阴消异时窃发之患。[25]

二桧子即二祀或二宗也。金刚禅则以明教徒亦诵持《金刚经》名，揭谛斋则以明教徒斋食之故。唯四果为佛教之白云宗，非明教。白云宗、白莲社与明教至宋后期及元代，已混杂不清，据陆游所言，则在南宋初期，已开其端。

五、明教之传播·中

明教传播既遍东南，为避免政府之禁令，每与其他秘密会社合，而因地异名，不可究诘。政府则统谓之为左道、妖贼、妖教，或举其特点为吃菜事魔，为吃菜。当时明教之组织、习尚、教规、仪式，屡见于反对明教之政府人士记载中。如结党、火葬，廖刚《乞禁妖教劄子》：

今之吃菜事魔，传习妖教……臣访闻两浙江东西此风方炽，创自一人，其从至于千百为群，阴结死党。犯罪则人出千钱或五百行。死则人执柴烧变，不用棺椁衣衾，无复丧葬祭祀之事，一切务灭人道。[26]

斋食、清修，方勺记：

凡魔拜必北向……原其平时不饮酒食肉，甘枯槁，趋静默，若有志于为善者。然男女无别，不事耕织，衣食无所得，则务攘夺以挺乱。[27]

不事神佛祖先，不会宾客，裸葬，诵《金刚经》，拜日月，旦望烧香，庄季裕记：

事魔食菜，法禁甚严。有犯者家人虽不知情，亦流于远方，以财产半给于告人，余皆没官。而近时事者益众。云自福建流至温州，遂及二浙……闻其法断荤酒，不事神佛祖先，不会宾客。死则裸葬。方敛尽饰衣冠，其徒使二人坐于尸旁，其一问来时有冠否？则答曰无，遂去其冠。逐一去之，以至于尽。乃云来时何有？曰有胞衣，则以布囊盛尸焉。云事之后致富。小人无识，不知绝酒肉宴祭厚葬，自能积财焉。又始投其党有甚贫者，众率财以助，积微以至于小康矣。凡出入经过虽不识，党人皆馆谷焉。人物用之无间，谓为一家，故有无碍被之说，以是诱惑其众。其魁谓之魔王，佐者谓之魔翁魔母，各诱化人。旦望人出四十九钱于魔翁处烧香，翁母则聚所得缗钱，以时纳于魔王，岁获不赀云。亦诵《金刚经》，取以色见我为邪道，故不事神佛，但拜日月，以为真佛。其说经如是法平等无有高下，

第一章　明初的恐怖统治：厂卫前传

则以无字连上句,大抵多如此解释……而又谓人生为苦,若杀之是救其苦也,谓之度人,度多者则可以成佛。故结集既众,乘乱而起,甘嗜杀人,最为大患。尤憎忌释氏,盖以戒杀与之为戾耳。[28]

由此知明教徒信奉其教规律至严,历唐宋二代数百年仍无改其教旨也。所记馆谷党人,用恤贫难,与明教戒悭之旨合。朔望出钱烧香,有类于今日党社之社费。魔王为摩尼化身,魔翁魔母则又明教之明父善母也。至所云度人之说,则显与明教戒杀之旨忤。前所引《九姓回鹘可汗碑》:"薰血异俗,化为茹饭之乡,宰杀邦家,变为勤善之国。"可证也。按北魏时有大乘教,主杀人,杀一人者为一住菩萨,杀十人者为十住菩萨,《资治通鉴》卷一百四十八:

延昌四年(515)六月,魏冀州沙门法庆惑众以妖幻惑众,与渤海人李归伯等作乱,推法庆为主。法庆以归伯为十住菩萨平魔军司定汉王。自号大乘。(《魏书》法庆以杀一人者为一住菩萨,杀十人者为十住菩萨——吴晗注)又合狂药,令人服之,父子兄弟不复相识,唯以杀害为事……所在毁寺舍,斩僧尼,烧经像,云新佛出世,除去众魔。

则秘密宗教中原有度人一派邪教,庄季裕为宋绍兴时人,身经方腊、余五婆之起事,或者尔时教禁方严,教外人不明底蕴,误信官方指摘之文告,遂笔之于书也。至明教徒之组织及背景,则绍兴四年(1134)五月,起居舍人王居正曾备述之,居正奏:

伏见两浙州县有吃菜事魔之俗。方腊以前，法禁尚宽，而事魔之俗犹未至于甚炽。方腊之后，法禁愈严，而事魔之俗愈不可胜禁……臣闻事魔者，每乡每村有一二桀黠，谓之魔头，尽录其乡村姓氏名字，相与诅盟为魔之党。凡事魔者不肉食。而一家有事，同党之人皆出力以相赈恤。盖不肉食则费省，费省故易足。同党则相亲，相亲故相恤而事易济。臣以为此先王导其民使相亲相友相助之意。而甘淡薄，务节俭，有古淳朴之风。今民之师帅，既不能以是为政，乃为魔头者窃取以瞽惑其党，使皆归德于其魔，于是从而附益之以邪僻害教之说。民愚无知，谓吾从魔之言，事魔之道而食易足，事易济也，故以魔头之说为皆可信而争趋归之。此所以法禁愈严而愈不可胜禁。[29]

明教互助合作之精神，淳朴节俭之生活，虽其抨击者亦赞叹言之。然在朝廷行之则为王道，在民间倡之则为叛逆。究之法禁愈严而明教之传播愈广，朝廷既不能以是为政，而又深嫉仁政之出于民间，惧移鼎祚。于是从而压制之，强民之就苛政。不听则以兵力剿平之，血流漂杵而明教之传播如故。此读史论者今之不能不深致慨也。佛徒嫉明教最甚，然于其戒律之恪守，则亦叹美无贬辞。《释门正统·斥伪志序》：

原其滥觞，亦别无他法，但以不茹荤酒为尚。其渠魁者鼓动流俗，以香为信，规其利养，昼寝夜兴，无所不至。阴相交结，称善友。一旦郡邑少隙，则狼者凭愚以作乱，自取诛戮，方腊、吕昂为辈啸聚者是也。其说亦称不立文字，尝曰：天下禅人但传卢行者十二部假禅，若吾徒者即是真禅耳。乃云菩提子，达摩，心地种，透灵台，即其语也。人或质之，则曰不容声也。果容声则吾父母妻子兄弟先得矣。或有问焉，终何所归？则曰不升天，不入地，不成佛，不涉余途，直过之也。以此自陷，亦以陷人。此所谓事魔妖教也。如此魔教愚民皆乐为之。其徒以不杀不饮不荤辛为至严，沙门有行为不谨，反遭其讥，出家守法，可不自勉。[30]

则在南宋后期，明教且合于禅宗，自以为真禅矣。上文引《摩尼教残经》有明使种十二明王宝树之说，与菩提子达摩栽之禅宗传说极近似，宋儒多引禅宗以讲学，明教则遂与之合矣。

六、明教之传播·下

明教在北宋末南宋前期，流行于淮南、两浙、江东、江西、福建诸地，深入农村。农民入其教者，一因素食节用而食足；一因结党互助而事济，向之受官吏地主压迫剥削者，均得借入教而得荫庇。信仰既深，蟠结愈固，在平时安居乐业，固皆良民，一旦政府诛求过甚，揭竿而起，立成劲旅，成为农民暴动农民革命之核心力量。

宋代明教徒所领导之暴动，恰与其传教地域合，前仆后起，历久勿衰。其著者如北宋徽宋宣和二年（1120）方腊、吕师囊起于睦州、台州[31]。南宋高宗建炎四年（1130）王念经（宗石）起于信州[32]。绍兴三年（1133）余五婆起事于衢州[33]。十年东阳县"魔贼"起事[34]。十四年俞一起事于泾县[35]，二十年信州贵溪"魔贼"起事[36]。理宗绍定六年（1233）陈三枪、张魔王据松梓山,出没江西、广东,跨三路数州六十寨。[37]

方腊之起事,以红巾为识,《泊宅编》记:

腊自号圣公,改元永乐。置偏裨将,以巾色饰为别,自红巾而上凡六等,无甲胄,惟以鬼神诡秘事相扇怵。

余五婆之起事,其徒亦衣赭服,《鸡肋编》中:

(绍兴)三年,偶邑人以私怨告众事魔,有白马洞缪罗者杀保正,怒其乞取,其弟四六辄衣赭服,传宣喧动,乃遣官兵往捕,一方被害。

明教徒以明使为白佛,故其徒白衣白冠。至宋南渡前后,又有尚红色紫色之新风气。洪迈所记三山明教徒为首者紫帽宽衫,及方腊余五婆之红巾赭服是也。此种变化,或与祆教佛教有关,以明教原系杂糅祆教佛教而成,祆教之火神色尚红,而佛教净土宗之阿弥陀佛又属红色之故也。白莲社奉阿弥陀佛,明教与白莲社之混合或早在北宋已开其端,故明教徒党又以红色为其举事之标识也。[38]方腊之起事,其徒又佩明镜,楼钥《跋先大父(异)徽猷阁直学士诰》,记其祖楼异守处州日,方腊徒党以舟师进犯情形:

少随侍处州。闻其来处也,止以数舟载百余人,绛帛帕首,带镜于上,日光照耀,自龙泉山间,乱鸣钲鼓,顺流而下。[39]

各地起义行动虽均被政府军所镇压,然明教之流行固自若也。且其势力更进而渗入军伍。李心传记:

绍兴十五年(1145)二月庚辰,上曰:"闻军士亦有吃菜者,此曹多素食,则俸给有余,恐骄怠之心易生,可谕诸统兵

第一章 明初的恐怖统治:厂卫前传

官严行禁饬。"⁴⁰

军士吃菜，事至寻常，何至劳皇帝注意？因素食而俸给有余，正应奖励之不暇，何至严行禁饬？盖此吃菜实加入明教之别名，而又不欲显言其为明教，惧失军心，故隐约言之耳。越十一年而有朝绅吃菜之狱，则朝野士大夫亦有皈依明教者矣。李心传又记：

绍兴二十三年（1153）十月庚申，太府寺丞兼权刑部员外郎史祺孙令吏部差监临江军新涂县酒税。时武臣孙士道等习幻怪之术，而朝士或与之游。祺孙至执弟子礼。大理正石邦哲、谢邦彦皆从之。侍御史魏师逊奏祺孙伤俗败教。上曰："士大夫学先王之道，乃从妄人习妖怪之术，以欺愚惑众，若不罢斥，无以戒后人。"乃有是命。时士道已系狱，于是邦哲、邦彦皆坐免官。⁴¹

此记朝官史祺孙、石邦哲、谢邦彦从孙士道执弟子礼，习妖怪之术，伤俗败教。曰妄人，曰妖术，究不知其何教何术，记录不明。越三年邦哲、邦彦再被论罢，始知前后二贬，皆与明教有关，案中诸人皆明教徒也：

绍兴二十六年四月己卯，左朝请郎两浙西路提点刑狱公事谢邦彦、大理寺丞石邦哲、右通直郎提举两浙西路常平茶盐公事司马偡，并罢。先是平江土居右朝散郎曹云召邦彦、偡于其家，与之蔬食。侍御史汤鹏举论云平江大侩，以卖卜为业，交结士大夫，遂得一官。邦彦、邦哲顷与妖人交游，论列放罢，因钟世明荐于魏良臣，复得起用，尚不知自新。偡与王会、曹云为死党。今又赴云吃菜之会，闻坐间设出山佛相，邦彦为师，云为弟子,事实怪诞,臣安得不论。乃并罢之,仍移云郴州居住。[42]

至宁宗时,沈继祖弹朱熹,亦加以吃菜事魔之罪,叶绍翁记:

庆元三年(1197)春二月癸丑,省劄;

"臣窃见朝奉大夫秘阁修撰提举鸿庆宫朱熹……剽张载程颐之余论,寓以吃菜事魔之妖术,以簧鼓后进,收召四方无行义之徒,以益其党伍,相与饕粗食淡,衣囊带博……潜形匿影,如鬼如魁。"[43]

朱熹居山中,食惟脱粟饭[44],其刻苦节约类明教徒。其所言理欲二元论又与明教之二宗说,明与暗,善与恶之斗争近。故当时抨击道学者,持以为中伤之柄。道学遭禁,朝廷欲驱斥儒者,则指为道学。明教久已遭禁,时人欲中伤异己,亦指为吃菜或事魔。林栗论熹,太常博士叶适独上《封事》辩之曰:

近忽创为道学之目,郑丙唱之,陈贾和之,居要路者密相付授,见士大夫有稍务洁修,粗能操守,辄以道学之名归之,殆如吃菜事魔影迹犯败之类。[45]

由此可知庆元党禁正密时,明教所处之地位,以及明教与道学之关系。当时政府对明教之禁令极严,《宋会要稿·刑法门》记绍兴敕:

吃菜事魔,或夜聚晓散,传习妖教者绞;从者配三千里;妇人千里编管。托幻变术者减一等,皆配千里;妇人五百里编管。情涉不顺者绞。以上不以赦降原减。情重者奏裁。非传习妖教，流三千里。许人捕至死。财产备赏，有余没官。其本非徒侣而被诳诱，不曾传授他人者减二等。

明教徒因再改名称，或与他教合，以逃避法律制裁。温、台等处或名白衣礼佛会及假天兵号迎神会，千百成群，夜聚晓散[46]。宁宗开禧三年（1207）李谦任台州守，著戒事魔诗十首，刻石传布，以劝郡人[47]。至嘉定二年（1209）江、浙、闽等地有所谓"道民""白衣道者""女道"，看经念佛，烧香燃灯，私置庵寮，混杂男女，亦明教也[48]。降至元代，亦被禁斥，《元史·刑法志》：

诸以白衣善友为名，聚众结社者，禁之。

然福建泉州府晋江县有祀摩尼佛之草庵，元代所建也，至万历时犹存。[49]

七、弥勒佛、白莲社与明教

秘密宗教之传播，因受统治阶级压迫故，最易与其他秘密会社结合，如江河之赴海，汇为一体。明教在会昌禁断后，已合于佛，已混于道，又与出自佛教之大乘教、三阶教合。至北宋末又与出自佛教净土宗之白莲社合，与出自佛教净土宗之弥勒佛教合。（或更前，今未能定。）至元末遂有红军之全面起义。

弥勒教与白莲社，其源均出于佛教净土宗。我国净土之教大别有二：一弥勒净土，奉弥勒佛；二阿弥陀净土，奉阿弥陀佛。弥勒（Maitreya）受记于释迦，留住为世间决疑。佛教徒又相传"弥勒菩萨应三十劫当成无上正真等觉"[50]。佛薄伽梵（Buddha

Bhagavat）灭度后八百年、胜军王都有阿罗汉名难提密多罗（Nandimitra）在涅槃前预言：人寿七万岁时，十六阿罗汉既护法藏毕，造窣堵波（Stupa）赞叹已，至窣堵波金地之中，入般涅槃，释迦牟尼正法遂灭：

> 次后弥勒如来应正等觉出现世间时，瞻部洲（Jambudirpa）广博严净，无诸荆棘，溪谷堆阜，平正润泽，金沙覆地，处处皆有清池茂林，名华瑞草，及众宝聚，更相辉映，甚可爱乐。人皆慈心，修行十善，以修善故，寿命长远，丰乐安稳。士女殷稠，城邑邻次，鸡飞相及。所营农稼，一营七获，自然成实，不须耘耨。[51]

瞻部洲佛教徒以之指中国。南北朝初叶时已流传佛教已入末法时代之说，三阶教徒尤持此说甚力[52]。佛涅槃后，世界立入苦境，一切恶趣，次第显现。至弥勒现世后，则立成极乐世界，广博严净，丰乐安稳。此与明教之二宗说，明暗斗争，善恶斗争之说比，实相吻合，则二教之混合，实非偶然也。弥勒经典之迻译盛于两晋，礼拜信仰，无间僧俗。南北朝时佛教造像最多者为弥勒及阿弥陀佛。晋释道安（314—385）与其徒八人于弥勒前立誓，往生兜率[53]。至梁傅大士自称为弥勒降生，济度群生。梁武帝迎之入都，上殿讲论，待以殊礼[54]。至隋炀帝时遂有自称弥勒佛，入宫为乱者，《隋书·炀帝纪》：

> 大业六年（610）春正月癸亥朔旦，有盗数十人，皆素冠练衣，焚香持华，自称弥勒佛，入自建国门，监门者皆稽首。既而夺卫士仗，将为乱，齐王暕遇而斩之。于是都下大索，与相

连坐者千余家。

《隋书·五行志》：

大业九年，帝在高阳。唐县人宋子贤善为幻术，每夜楼上有光明，能变作佛形，自称弥勒出世。又悬大镜于堂上，纸素上画为蛇为兽及人形。有人来礼谒者，转侧其镜，遣观来生形像。或映见纸上蛇形，子贤辄告云："此罪业也，当更礼念。"又令礼谒，乃转人形示之。远近惑信，日数百千人。遂潜谋作乱，将为无遮佛会，因举兵，欲袭击乘舆。事泄，鹰扬郎将以兵捕之，夜至其所，绕其所居，但见火坑，兵不敢进。郎将曰："此地素无坑，止妖妄耳。及进，无复火矣。"遂擒斩之，并坐其党与千余家。其后复有桑门向海明于扶风自称弥勒佛出世，潜谋逆乱，人有归心者辄获吉梦。由是人皆惑之，三辅之士翕然称为大圣，因举兵反，众至数万，官军击破之。[55]

奉弥勒佛者皆素冠练衣，知弥勒佛亦当衣白。先是隋初已有白衣天子之谣，温大雅《大唐创业起居注》一：

开皇（581—600）初，太原童谣云："法律存，道德在，白旗天子出东海。"亦云白衣天子。故隋主恒服白衣，每向江都，拟于东海。

或即奉弥勒佛者所造作宣传，为后来举事准备，故越二十余年而有建国门之乱也。至唐玄宗开元三年（715）十一月十七日遂下敕禁断，敕云：

比有白衣长发，假托弥勒下生，因为妖讹，广集徒侣，释解禅观，妄说灾祥。或别作小经，诈云佛说。或辄畜弟子，号为和尚。多不婚娶，眩惑闾阎，触类实繁，蠹政为甚。[56]

事在明教遭禁之前十七年。由上引数事知弥勒和尚白冠练衣，与明教徒之白衣白冠同，亦焚香，亦说灾祥，亦有小经，亦集徒侣，与后起之明教盖无不相类。至唐末河西一带"白衣为主"之谣又甚盛，敦煌本《手决》备记其事。后来张承奉自号为金山白衣天子，即欲应此谶也[57]。至北宋仁宗庆历七年（1047）贝州（今河北清河）宣毅军小校王则又倡弥勒出世，杀官吏据城起事，《宋史》记：

恩（贝州）冀俗妖幻，相与习《五龙》、《滴泪》等经，及图谶诸书，言释迦佛衰，弥勒佛当持世。初则去涿，母与之诀别，刺福字于其背以为记。妖人因妄传字隐起，争信事之……亟以七年冬至叛……僭号东平郡王……建国曰安阳，榜所居门曰中京，居室厩库，皆立名号。改年曰得圣，以十二月为正月……旗帜号令，率以佛为称。[58]

《五龙经》《滴泪经》即唐开元敕所云小经。小经者对佛教弥勒净土经典言，或即明教之《五来子曲佛说啼哭经》，或宋法令所指不根经文。《五来子曲佛说啼哭经》原属弥勒小经，以二教合流，故遂指为明教经典也。

白莲社源出于佛教之阿弥陀净土宗，其历史可远溯至东晋庐山慧远之莲社，其所崇礼者为阿弥陀佛，主念佛修行，其最后之归宿为西方净土。慧远尊信弥陀，于晋安帝元兴元年（402）与同志百二十三人于阿弥陀佛像前，建斋立誓，期生净土[59]。云生无量寿国，宝幢为之前导，金莲为之受质[60]。或云弥

第一章 明初的恐怖统治：厂卫前传　　25

陀佛国以莲花九品次第接人[61]。阿弥陀佛色红,明教初起已含有祆教义,祆教大神色尚红。弥陀净土宗为隋唐以来之显教,则明教遭禁后,混人显教以托庇,亦意中事也。宋宁宗开禧时李谦所著《戒事魔诗十首》,其一云:

金针引透白莲池,此语欺人亦自欺。何似田桑家五亩,鸡豚犬豕勿违时。[62]

西方净土白莲池为白莲教徒所憧憬之往生地,诗劝民勿信明教而涉及白莲池,则明教之久已合于白莲社可知。《佛祖统纪》于卷末述事魔邪党摩尼、白莲、白云三派下,注引《释门正统》:

良诸曰:"此三者皆假名佛教以诳愚俗,犹五行之有冷气也。今摩尼尚扇于三山,而白莲、白云处处有习之者。大抵不事荤酒,故易于裕足,而不杀物命,故近于为善。愚民无知,皆乐趋之,故其党不劝而自盛。甚至第宅姬女,为魔女所诱,入其众中,以修忏念弥佛为名,而实通奸秽,有识士夫,宜加禁止。

由此知三派佛教徒并斥为事魔邪党。不事荤酒,不杀物命,修忏念佛,均托于佛教,则三派之混合已久可知。至元代对宗教采放任政策,白莲社亦得公开传教。元成宗时(1295—1307)并曾特降旨许其受政府保护。其教徒并建有寺院,有报恩、清应堂、复一堂诸祠宇,以都掌教为首领[63]。武宗至大元年(1308)五月丙子,下诏禁白莲社,毁其祠宇,以其人还隶民籍[64]。英宗至治二年(1322)又下诏禁白莲佛事[65]。自此白莲社遂成秘密团体,不能公开活动。

八、弥勒降生，明王出世

白莲社遭禁后十七年，民间又流行"弥勒降生"之传说，《元史》记：

泰定二年（1325）六月，"息州民赵丑厮、郭菩萨妖言弥勒佛当有天下，有司以闻。命宗正府刑部枢密院御史台及河南行省官杂鞫之。"[66]

后赵丑厮、郭菩萨均被杀[67]。息州今河南息县。十二年后棒胡又以弥勒为号召，起事于信阳。《元史》记：

至元三年（1337）二月，"棒胡反于汝宁信阳州。棒胡本陈州人，名闰儿，以烧香惑众，妄造妖言，作乱，破归德府鹿邑，焚陈州，屯营于杏冈。命河南行省左丞庆童领兵讨之……已丑汝宁献所获棒胡弥勒佛小旗、伪宣敕并紫金印、量天尺。"[68]

信阳今河南信阳。棒胡为陈州人，盖即后梁贞明时明教徒母乙、董乙之乡里。二次起事前后相距四百余年，在同一地区，此中亦不无线索可寻也。同年朱光卿等起事于广东，自拜其徒为定光佛：

正月癸卯，广州增城县民朱光卿反，其党石昆山、钟大明率众从之，伪称大金国，改元赤符。命指挥狗札里江西行省左丞沙的讨之……四月……己亥惠州归善县民聂秀卿、谭景山等造军器，拜戴甲为定光佛，与朱光卿相结为乱。命江西行省左丞沙的捕之。

次年四月袁州（今江西宜春）民周子旺起义。据《明太祖实录》卷八：

庚子（至正二十年，1360）闰五月"戌午……初袁州慈化寺僧彭莹玉以妖术惑众，其徒周子旺因聚众欲作乱。事觉，元江西行省发兵捕诛子旺等。莹玉走至淮西匿民家，捕不获。既而麻城人邹普胜复以其术鼓妖言，谓弥勒佛下生，当为世主，遂起兵为乱。以（徐）寿辉相貌异众，乃推以为主，举红巾为号。"

彭莹玉为袁州僧，赣、饶、信一带盖南宋初明教徒屡次发难之根据地也。莹玉为西系红军之组织者及领导者，初命周子旺举事失败，亡命十数年，卒得邹普胜、徐寿辉等为徒侣，拥之起事。时人记蕲、黄红军，多属之彭和尚，如叶子奇云：

至正壬辰癸巳（1352—1353）间，浙江潮不波，其时彭和尚以妖术为乱，陷饶、信、杭、徽等州。未几克复，又为张九四（士诚）所据。浙西不复再为元有。[69]

明陆深《平胡录》亦云：

先是浏阳人彭和尚名翼，号妖彭，能为揭颂，劝人念弥勒佛号，遇夜燃火炬名香，念偈礼拜。愚民信之，其徒遂众。

彭翼即彭莹玉。莹玉所推举领袖徐寿辉以至正十一年（1351）称帝于蕲水，建天完国。至正二十年（1360）为其下陈友谅所杀。友谅因寿辉之基业建汉国。寿辉之别将明玉珍先率兵入蜀，闻天完亡，不肯臣友谅，遂于至正二十三年称帝于成都，建国号夏，下令尽去释老二教，止奉弥勒（黄标《平夏录》）。汉夏后均为东系红军朱元璋所灭。

与彭莹玉同时活动于河南北一带者为白莲教首领韩山童。山童败死,其子林儿称小明王,建国号宋,建元龙凤。林儿立十二年为其下朱元璋所杀。元璋因小明王之基业,削平群雄,建大明帝国。《元史》卷四二《顺帝纪》:

初栾城人韩山童祖父以白莲会烧香惑众,谪徙广平永平县。至山童倡言天下大乱,弥勒佛下生,河南及江淮愚民皆翕然信之。(刘)福通与杜遵道、罗文素、盛文郁、王显忠、韩咬儿复鼓妖言,谓山童实宋徽宗八世孙,当为中国主。福通等杀白马黑牛誓告天地,欲同起兵为乱。事觉,县官捕之急,福通遂反,山童就擒。其妻杨氏其子韩林儿逃之武安。

"时天下承平已久,法度宽纵,贪富不均,多乐从乱,不旬日众殆数万人。"[70]时顺帝至正十一年(1351)五月也。起事时以红巾为号,故号红军。以烧香礼弥勒佛,又号香军[71]。林儿父子又倡"明王出世"之说,明代官书如《元史》及《明实录》多讳言之,清人修《明史》亦不之及。唯明代私家著述有涉及者,如高岱《鸿猷录》:

山童自其祖父以白莲会烧香惑众,至山童倡言:天下当大乱,弥勒佛下生,明王出世。河南江淮之人翕然信之。[72]

何乔远《名山藏》:

小明王韩林儿者,徐人群盗韩山童子。自其祖父为白莲会惑众,众多从之。元末山童倡言:天下乱,弥勒佛下生,明王出。江淮之人骚然皆动。黄河南徙,元用贾鲁凿求禹故道。山童阴作石人一眼,当道埋之,镌其背曰石人一眼,天下四反。

河下掘得相惊诧。于是颖人刘福通与其党杜遵道、盛文郁、罗文素等告众曰：山童，宋徽宗八世孙也，当帝天下。我刘光世后，合辅之。聚众三千人于白鹿庄，杀黑牛白马，警告天地，约起兵，兵用红巾为志。[73]

以"弥勒降生"与"明王出世"并举，明其即以弥勒当明王。山童唱明王出世之说，事败死，其子继称小明王，则山童生时之必以明王或大明王自称可决也。此为韩氏父子及其徒众胥属明教徒，或至少羼入明教成分之确证。韩氏父子自号大小明王出世，另一系统据蜀之明玉珍初不姓明，亦改姓为明以实之。朱元璋承大小明王之后，因亦建国曰大明。至明人修《元史》以韩氏父子为白莲教世家，而不及其"明王出世"之说。试证以元末明初人之记载，如徐勉《保越录》、权衡《庚申外史》、叶士奇《草木子》、刘辰《国初事迹》诸书，记韩氏父子及其教徒事（包括明太祖在内）均称为红军，为红巾，为红寇，为香军。言其特征，则烧香，诵偈，奉弥勒。无一言其为白莲教者。则知《元史》所记，盖明初史官之饰辞，欲为明太祖讳，为明之国号讳，盖彰彰明甚矣。

韩山童起事后，同年（至正十一年）八月萧县李二及老彭、赵君用亦起义，陷徐州。李二号芝麻李，亦以烧香聚众起事。[74]时彭莹玉一系已起事于蕲、黄，亦以红巾为号。与韩林儿一系成东西呼应之局面，皆称红军。除此二大系之红军外，时又有南锁红军、北锁红军，权衡《庚申外史》云：

至正十一年五月，颖川红军起，号为香军，盖以烧香礼弥勒佛得名也。其始出赵州栾城韩学究家。已而河东襄陕之民翕然从之。故荆汉许汝山东丰沛,以及两淮红军皆起应之。起颍上者推杜遵道为首,陷朱皋,据仓粟,从者数十万,陷汝宁光息信阳;起蕲、黄者,宗彭莹玉和尚,推徐真逸(寿辉)为首,陷德安沔阳武昌江陵江西诸郡;起湘汉者,推布三王孟海马号南锁红军,奄有均房襄阳荆门归峡;起丰沛者,推芝麻李为首,亦奄有徐州近县,及宿州五河虹县丰沛灵壁,西并安丰濠泗。

九、明太祖与红军

明太祖曾为僧,为明教徒,为红军小卒,超擢以至为大将,封公封王,终至于杀其所尝臣事之宋主,代之而建新朝。中间其诸将且曾一度欲奉小明王,以诸将皆濠泗丰沛子弟,夙受彭莹玉之教化,且多为宋主部曲,天完汉降将,其人又皆明教徒也。终为新进之浙东儒生地主刘基、宋濂、叶琛、章溢等所阻。儒生斥佛为异端,且基辈均与小明王父子无渊源,又皆浙东巨室豪绅,遵封建礼法,重保守传统,相率团结土著,捍地方,卫家业,与红军异趣;自成一系统,利用明太祖之雄厚军力,拥之建新朝,以保持千年来传统之秩序习惯与巨室豪绅之特殊利益:遂与出自明教红军之诸将,成地主与农民、儒生与武将相持之局,赞助明太祖以阴谋杀小明王,自为领袖。明太祖亦利用巨室豪绅之护持、儒术之粉饰,建帝王之业。自树势力,终于取宋而代之。而以其部曲多红军,为笼络宋主旧部、徐陈降将,为迎合民心,均不能放弃"明王出世"之说。建大明为国号，一以示其承小明王而起，二以宣示"明王"已出世，使后来者无所借口。儒生辈所乐于讨论者：则以"明"义为光明，分之则为日月，礼有祀"大明""朝日""夕月"之文；千余年来"大明"日月均列为正祀，无论列为郊祭或特祭，均为历朝所重视；且新朝自南方建国，与历史上之以北定南者异势；以阴阳五行之说，则南方为火，为祝融，北方属水，为玄冥；元建都于北平，起自更北之蒙古，以火克水，以明制暗，斯又汉以来儒生所津津喜道者：故亦力赞以明人所讳言，明官书所不载，今据明初记载及太祖自述，以年分列太祖与红军之关系，为国号。一从明教教义，一从儒家经说，并行不悖，人自以为如其所计度。凡此明以实吾说。《明史·太祖本纪》：

至正四年（1344）旱蝗大饥疫，太祖时年十七。

是太祖生于元天历元年（1328）也。先是至元三年（1337）棒胡起义于信阳，太祖时年十岁。次年周子旺起义于袁州，彭莹玉亡命淮西传教，太祖时年十一岁。《纪》又言：至正四年"入皇觉寺为僧，逾月游食合肥……凡历光、固、汝、颖诸州，三年复还寺。"光、固、汝、颖诸州为红军杜遵道之根据地，亦即彭莹玉所曾布教之区域，太祖之接受明教教义，当为此三年内事。

至正八年（1348），太祖年二十一岁。复还皇觉寺。《御制皇陵碑》：

一浮云乎三载，年方二十而强。时乃长淮盗起，民生攘攘。于是思亲之心昭著，日遥盼乎家邦。已而既归，乃复业于觉皇。

至正十一年（1351），太祖二十四岁。五月刘福通、徐寿辉东西二系红军兵起。

至正十二年（1352），太祖二十五岁。二月定远人郭子兴与其党孙德崖等起兵濠州。子兴烧香聚众，称亳州节制元帅[75]。《御制皇陵碑》：

住方三载，而又雄者跳梁，起自汝、颍，次及凤阳之南厢。未几陷城，深高城隍，拒守不去，号令彰彰。友人寄书，云及趋降。既忧且惧，无可筹详。旁有觉者，将欲声扬。当此之际，逼迫而无已，试与知者相商。乃告之曰："果束手以待毙，亦奋臂而相戕。"知者为我画计，且默祷以阴相。如其言往卜去守之何详？神乃阴阴乎有警，其气郁郁乎洋洋，卜逃卜守则不吉，将就凶而不妨。

《皇朝本纪》：

天下兵乱，过寺，寺焚僧散。将晓，上归祝伽蓝，以珓卜吉凶……时神意必从雄而后已，因是固守所居。未旬日友人以书从乱离中来，略言从雄大意，览毕即焚之。又旬日有人告旁有知书来者，意在觉其事，上心知之。复三日，斯人果至，与语观其辞色未见相，复礼待而归。复几旬日，又有来告，先欲觉知事者今云不忍，欲令他人来加害，乞幽察以从告。上深思之，以四境逼迫，讹言蜂起，乃决意从诸雄。[76]

闰三月甲戌朔入濠州，《御制纪梦》："以壬辰闰三月初一日至城门，守者不由分诉，执而欲斩之，良久得释。"《御制皇陵碑》："即起趋降而附城，几被无知而创，少顷获释，身体安康。

从愚朝暮，日日戎行。""子兴收为步卒，入伍既两月余为亲兵，终岁如之。"

至正十三年（1353），太祖二十六岁。

以功升镇抚。[77]

宋龙凤元年（元至正十五年，1355），太祖二十八岁。

"三月郭子兴卒。时刘福通迎立韩山童子林儿于亳（号小明王），国号宋，建元龙凤。"

檄授子兴子天叙为都元帅，子兴部将张天祐为右副元帅，太祖为左副元帅[78]。"乃用其年号以令军中。"

九月都元帅郭天叙、右副元帅张天祐战死，太祖独任元帅府事。[79]

宋龙凤二年（元至正十六年，1356），太祖二十九岁。

三月亳都升太祖为枢密院同签，以帅府都事李士元为经历。寻升太祖为江南等处行中书省平章。以故元帅郭天叙弟天爵为右丞。经历李士元改名善长，为左右司郎中，以下诸将皆升元帅。

宋龙凤四年（元至正十八年，1358），太祖三十一岁。

"五月宋将刘福通破汴梁，迎（宋帝）韩林儿都之。"十二月太祖自将克婺州，改为宁越府。"辟范祖幹、叶仪、许元等十三人，分直讲经史。"[80]

于宁越置中书分省，于省门建二旒大黄旗，上书："山河奄有中华地，日月重开大宋天。"下揭二牌："九天日月开黄道，宋国江山复宝图。"[81]

宋龙凤五年（元至正十九年，1359），太祖三十二岁。

"五月升仪同三司江南等处行中书省左丞相。"[82]

"八月元察罕帖木儿复汴梁，（刘）福通以林儿（宋帝）退保安丰（今安徽寿县）。"[83]

宋龙凤六年（元至正二十年，1360），太祖三十三岁。

三月戍子征刘基、宋濂、章溢、叶琛至。

宋龙凤七年（元至正二十一年，1361），太祖三十四岁。

正月封吴国公。[84]

宋龙凤九年（元至正二十三年，1363），太祖三十六岁。

二月张士诚将"吕珍破安丰，杀刘福通。三月辛丑，太祖自将救安丰，珍败走，以（宋帝）韩林儿归滁州"。[85]

"十四日制赠太祖曾祖父三代为司空、司徒、太尉等官"。[86]

宋龙凤十年（元至正二十四年，1364），太祖三十七岁。宋帝在滁州。

春正月丙寅朔，李善良等率群臣劝进……乃即吴王位，建百官。[87]

初太祖以韩林儿称宋后，遥奉之。岁首中书省设御座行礼，（刘）基独不拜曰，"牧竖耳，奉之何为？"因见太祖陈天命所在。[88]

宋龙凤十一年（元至正二十五年，1365），太祖三十八岁。

宋帝在滁州。

冬十月戊戌，下令讨张士诚。[89]

宋龙凤十二年（元至正二十六年，1366），太祖三十九岁。

宋帝在滁州。

五月二十一日，太祖以檄数张士诚罪状：

"皇帝圣旨，吴王令旨：近睹有元之末，王居深宫，臣操威福，官以贿成，罪以情免，宪台举亲而劾仇，有司差贫而优富。庙堂不以为忧，方添冗官，又改钞法，役数千万民，湮塞黄河，死者枕藉于道，哀苦声闻于天。致使愚民，误中妖术，不解偈言之妄诞，误信弥勒之真有，冀其治世，以苏其苦，聚为烧香之党，根据汝颖，蔓延河洛。妖言既行，凶谋遂逞，焚荡城郭，杀戮士夫，荼毒生灵，无端万状。元以天下钱粮兵马大势而讨之，略无功效，愈见猖獗，终不能济世安民。是以有志之士，旁观熟虑，乘势而起，或假元氏为名，或托香军为号，或以孤军独立，皆欲自为。由是天下土崩瓦解。余本濠县之民，初列行伍，渐至提兵，灼见妖言不能成事，又度胡运难与立功，遂引兵渡江……龙凤十二年五月二十一日。"[90]

十二月遣廖永忠沉宋帝小明王韩林儿于瓜步，宋亡。[91]

宋龙凤十三年（元至正二十七年，1367），太祖四十岁。

大明洪武元年（元至正二十八年，1368），太祖四十一岁。

春正月乙亥……（太祖）即皇帝位，定有天下之号曰明，建元洪武。[92]

十、大明帝国与明教

太祖因明教建国，故以明为国号。然"明王出世""弥勒降生"均含有革命意义，明暗对文，互为消长，而终克于明。弥勒则有三十次入世之说。使此说此教仍继续流传，则后来者人人可自命为明王，为弥勒，取明而代之，如明太祖之于宋小明王。以此明太祖虽以红军小卒起事，自龙凤十二年以后即讳言其为红军支系。于讨张士诚檄中，且深斥弥勒之传说，以为妄诞，以为妖言，而于"明王出世"之说则不及只字。此盖受刘基、宋濂等反红军系儒生地主之劝说，隐去旧迹，为建新朝地步也。越一年而建国。洪武元年四月甲子幸汴梁，闰七月丁未还南京，因李善长之请，诏禁白莲社及明尊教。王世贞撰《李善长传》：

高帝幸汴还……又请禁淫祀白莲社、明尊教、白云巫觋，扶鸾祷圣书符咒水邪术。诏可。[93]

遂著于律。《明律》十一《礼一》：

凡师巫假降邪神，书符咒水，扶鸾祷圣，自号端公太保师婆，及妄称弥勒佛、白莲社、明尊教、白云宗等会，一应左道乱正之术，或隐藏图像，烧香集众，夜聚晓散，佯修善事，扇惑人民，为首者绞，为从者各杖一百，流三千里。

原注：西方弥勒佛、远公白莲社、牟尼明尊教、释氏白云宗是四样。

牟尼即摩尼，明尊教即明教也，说见前文。

时温州仍有大明教流行。熊鼎以洪武元年任浙江按察司佥事，分部台温[94]。以大明教名犯国号禁绝之，宋濂《故岐宁卫经历熊府君墓铭》：

洪武改元……温有邪师曰大明教，造饰殿堂甚侈，民之无业者咸归之。君以其瞽俗眩世，且名犯国号，奏毁之，官没其产，而驱其众为农。[95]

泉州晋江县华表山亦有明教徒所立之摩尼庵，因郁新杨隆请得不毁。何乔远《闽书》卷七《方域志》：

华表山山背之麓有草庵，元时物也，祀摩尼佛。摩尼佛名末摩尼光佛，苏邻国人，又一佛也，号具智大明使……会昌中汰僧，明教在汰中。有呼禄法师者，来入福唐，授侣三山，游方泉郡，卒葬郡北山下。至道中，怀安士人李廷裕得佛像于京城卜肆，鬻以五十千钱，而瑞相遂传闽中。真宗朝，闽士人林世长取其经以进，授守福州文学。

皇朝太祖定天下，以三教范民，又嫌其教名上逼国号，摈其徒，毁其宫。户部尚书郁新、礼部尚书杨隆奏留之。[96]

温、泉之明教均相继以"教名上逼国号"被禁断。温之明教自后遂不见于记载。闽则易名为师氏法，亦式微矣。何氏又记：

今民间习其术者，行符咒，名师氏法，不甚显云。

政府对明教之压迫虽严，而明教徒仍数数起事。洪武永乐间陕西田九成自称后明皇帝，改元龙凤，帝号与年号均直承小明王。其党则称弥勒佛四天王等。《明成祖实录》卷九十：

永乐七年（1409）七月戊戌，"妖贼王金刚奴伏诛。金刚奴陕西阶州人，自洪武初聚众作耗，称三元帅，往来劫掠，而于沔县西黑山天池平等处潜住，常以佛法慈众。后又与沔县贼首邵福等作耗。其党田九成者僭号后明皇帝，改元龙凤。高兴福称弥勒佛,金刚奴称四天王,前后攻破屯塞,杀死官军。会长兴侯耿炳文引兵剿捕,余党悉散。惟金刚奴与贼仇占儿等未获,仍逃聚黑山天池平,时出劫掠。至是潜还本州,为官军所擒,械送京师伏诛。"

永乐四年(1406)蕲州有白莲社之狱。《明成祖实录》卷五九:

九月丙子,"湖广蕲州广济县妖僧守座聚男女立白莲社,毁形断指,假神扇惑。事觉,官捕诛之"。

田九成起事于西北,即红军入西北者之余党,至蕲州则彭莹玉、徐寿辉起事之地也。至永乐七年复有李法良之起事,《明成祖实录》卷九六:

九月"辛未,诛叛贼李法良。法良江西人,行弥勒教,流入湘潭,聚众为乱"。

江西又宋代明教之重要传教区也。至十六年又有刘化自称弥勒佛。《明成祖实录》卷二〇〇:

十六年五月辛亥,"顺天府昌平县民刘化以谋叛伏诛。化初名僧保,畏避从军,逃匿保定府新城县民家,衣道人服,自称弥勒佛下世,当主天下,演说《应劫五公》诸经,鼓诱愚民百四十余人,皆信从之。已而真定容城山西洪洞等县人民皆受戒约,逐相聚为乱。事闻,悉捕诛之"。

永乐以后,类似之暴动史不绝书,姑举其著者数事,如宣宗朝转轮王出世之狱。《明宣宗实录》卷六一:

宣德五年(1430)正月戊申,"山东文登县执妖僧明本、法钟等解京师。明本等皆栖霞县太平寺僧，以化缘至成山卫，依百户朱胜。因涂改旧领敕谕度牒，为妖言惑众，诈称转轮王出世，作伪诏记湧安年号，遣法钟持诣文登，诱惑愚民。县官执之以闻，而成山卫亦执胜等械至京……付锦衣卫穷治之。

英宗朝"七佛祖师"之暴动。《明英宗实录》卷一二：

宣德十年（1435）十二月己亥，"妖贼张普祥伏诛。普祥真定卫军，以妖书惑众，潜居井陉县，自号七佛祖师，遣其党往河南、山东、山西、直隶等处度人，约先取彰德城，以次攻夺诸城。其党李名显等百余人入磁州城，焚千户所，官军攻败之。普挈家属窜伏柏乡县，递运大使魏景原引官军至其党张林家土洞内获之，械送京师。上命廷臣鞠实诛之"。

宪宗朝贵州有"明王"之起事，托称为明玉珍后裔，《明史》记：

成化十一年（1475），总兵官李震奏：乌罗苗人石全州妄称元末明氏子孙，僭称明王，纠众于执银等处作乱，邻洞多应之。因调官军往剿，石全州已就擒，而诸苗攻劫未已，命镇巡官设策抚捕，未几平。[97]

至嘉靖时李福达自称弥勒佛，与武定侯郭勋交通，至起大狱。[98]天启二年（1622）有山东白莲教徒王好贤、徐鸿儒之起事。[99]溯其源流，又皆明教之余响也。

1940年12月25日于昆明东郊萝莎坡唐祠

（原载《清华学报》十三卷一期）

注释

[1]《廿二史札记》卷二九《元建国始用文义》。

[2] 日人和田清君曾撰《关于明之国号》一文,刊《东洋学报》,滇中无从得此书,未能论列。

[3] 钱谦益《国初群雄事略》引俞本《皇明纪事录》,《明史·太祖纪》系称吴国公事于至正十六年。

[4]《国初群雄事略》引《龙凤事迹》。

[5]《国初群雄事略》。

[6] 沙畹《摩尼教流行中国考》。

[7] 李肇《唐国史补》,《新唐书》卷二一七上。

[8] 沙畹《摩尼教流行中国考》。

[9] 李肇《唐国史补》下,《唐书·回鹘传》,《资治通鉴》卷二三七。

[10] 胡三省注《通鉴》引《唐会要》卷一九。

[11]《佛祖统纪》卷四一,赞宁《僧史略》下,《旧唐书》卷一四,《册府元龟》卷九九七。

[12]《佛祖统纪》卷四一。

[13]《唐国史补》下。

[14]《唐会要》卷四九。

[15] 徐铉《稽神录》。

[16] 李德裕《会昌一品集》卷五《赐回鹘可汗书》。

[17]《入唐求法巡礼行记》卷三。

[18] 赞宁《僧史略》卷下。

[19]《旧五代史·梁书·末帝纪下》。

[20] 此承向觉明先生教。三阶教,日人矢吹庆辉著有《三阶教之研究》。

[21]《闽书》卷七《方域志》。

[22]《佛祖统纪》引洪迈《夷坚志》。

[23]《老学庵笔记》。

[24]《宋会要稿·刑法》二上。

[25]《渭南文集》卷五。

[26]《高峰先生文集》卷二。

[27]《泊宅编》卷五。

[28]《鸡肋编》卷上。

[29] 李心传《建炎以来系年要录》卷七六。

[30]《佛祖统纪》卷三九引。

[31] 方勺《泊宅编》,《宋史·童贯传》附《方腊传》。

[32]《建炎以来系年要录》卷三二至三六。

[33]《建炎以来系年要录》卷六三,庄季裕《鸡肋编》中。

[34]《建炎以来系年要录》卷一三八。

[35]《建炎以来系年要录》卷一五一。

[36]《建炎以来系年要录》卷一七六。

[37]《宋史》卷四一九《陈𬣙传》。

[38] 沙畹《摩尼教流行中国考》。

[39]《攻媿集》卷七三。

[40]《建炎以来系年要录》卷一五三。

[41]《建炎以来系年要录》卷一六五。

[42]《建炎以来系年要录》卷一七三。

[43]《四朝见闻·丁集》。

[44]《宋史》卷三九四《胡纮传》。

[45]《宋史》卷三九四《林栗传》。

[46]《宋会要稿·刑法》二上。

[47]《嘉定赤城志》卷三七《风土门》。

[48]《宋会要稿·刑法》二下。

[49] 何乔远《闽书七·方域志》。

[50]《增一阿含第四十二品八难品八大人念经》。

[51]《大阿罗汉难提密多罗所说法住记》。
[52]汤用彤《汉魏两晋南北朝佛教史·三阶教之发生》。
[53]慧皎《高僧传·道安传》。
[54]道宣《续高僧传·感通门》。
[55]《隋书》卷二三。
[56]《唐大诏令集》卷一一三。
[57]《北平图书馆刊》九卷六号王重民《金山国坠事零拾》,此亦承向觉明先生教。
[58]《宋史》卷二九二《明镐传》,李攸《宋朝事实》卷一六。
[59]《高僧传·慧远传》。
[60]《宋戒珠净土往生传序》。
[61]宋道诚《释民要览》卷一。
[62]《嘉定赤城志》卷三七。
[63]《元典章》卷三三《礼部六·白莲教》。
[64]《元史》卷二二《武宗纪》。
[65]《元史》卷二八《英宗纪》。
[66]《元史》卷二九《泰定帝纪》。
[67]《新元史》卷一九《泰定帝纪》。
[68]《元史》卷三九《顺帝纪》。
[69]《草木子》卷三《克谨篇》。
[70]《草木子》卷三《克谨篇》。
[71]权衡《庚申外史》。
[72]《鸿猷录》卷七《宋事始末》。
[73]《名山藏》卷四三《天因记》。
[74]《元史》卷四二《顺帝纪》。
[75]《明史》卷一《太祖纪》,俞本《皇明纪事录》。
[76]参看沈节甫《纪录汇编》本《御制纪梦》及《天潢玉牒》。
[77]《明史》卷一《太祖纪》。
[78]《明史》卷一《太祖纪》,参《皇朝本纪》
[79]《皇明纪事录》。

第一章 明初的恐怖统治：厂卫前传　　43

［80］《明史》卷一《太祖纪》。

［81］《皇明纪事录》。

［82］《皇明纪事录》。

［83］《明史》卷一《太祖纪》。

［84］《皇明纪事录》。

［85］《明史》卷一《太祖纪》。

［86］钱谦益《国初群雄事略》引《龙凤事迹》。

［87］《明史》卷一《太祖纪》。

［88］《明史》卷一二八《刘基传》，高岱《鸿猷录二·宋事始末》："诸将议于中书省设御座奉林儿，刘基从后踢上所坐胡床曰：'牧竖子耳！奉之何为？'密陈天命所在。上意悟。会陈友谅来入寇，遂议征讨，不果奉。"何乔远《名山藏·天因记》："龙湾之捷（按陈友谅龙湾之败，事在至正二十年闰五月，时宋帝在安丰），诸将欲奉小明王为帝，刘基怒不许，陈天命所在。然高帝用其年纪如初。

［89］《明史》卷一《太祖纪》。

［90］吴宽《平吴录》，祝允明《九朝野史》卷一。

［91］朱权《通鉴博论》，钱谦益《太祖实录辨证》。

［92］《明史》卷二《太祖纪》。

［93］《名卿绩纪》卷三。

［94］《明史》卷二八九《熊鼎传》。

［95］《芝园续集》卷四。

［96］按《明史》卷一一一《七卿年表》，太祖朝与郁新任户部尚书同时之礼部尚书为李原名、任亨泰、门克新、郑沂、陈迪、宋礼、李至刚等，无杨隆名。卷一五〇《郁新传》："新，临淮人"，仕迹亦未尝履闽。

［97］《明史》卷三一六《贵州土司传·铜仁传》。

［98］《明史》《明史纪事本末》《世庙识余录》。

［99］《明史》卷二五七《赵彦传》，《明史纪事本末》。

朱元璋的队伍和政权的性质

"在封建国家中,皇帝有至高无上的权力,在各地方分设官职以掌兵、刑、钱、谷等事,并依靠地主绅士作为全部封建统治的基础。"[1]

元末红军起义的目的是推翻蒙、汉地主阶级的联合统治。就这一点而说,任务是完成了,蒙、汉地主阶级的联合统治确是被推翻了。但是,更进一步,解除阶级对阶级的压迫,却失败了。广大各族人民共同斗争的胜利果实为朱元璋所吞没了。在朱元璋二十年血战的过程中,他最初掌握的主要军事力量是地主武装部队,后来一部分地主参加了他的政权,还陆续招降了一批地主武装部队,出身农民的红军将领也由于取得政权而转化成新的地主阶级了。其中朱元璋和他的家族便是新地主阶级的代表人物。这种变化是由阶级本质决定的,农民是小土地所有者,勤劳朴素,一生在饥饿线上挣扎。在遭遇到残酷压迫、剥削时,他们会奋不顾身,起而反抗。但是还有小私有者的一面,他们渴望能有更多的土地,过更好的日子。在取得胜利以后,他们中间的一些立了功的将领,就蜕变了,成为他们过去所坚决反对的地主阶级分子了。事物的发展使他们走到自己的反面。

元末红军起义对旧地主阶级发生了淘汰的作用。特别是中原地区，一部分大地主为战争所消灭了，遗留下数量很大的空闲的土地。元代后期土地过分集中的现象消失了，这些土地由无地少地的农民耕种。在一个历史时期内，中原地区的土地呈现出分散经营的过程，阶级矛盾缓和了。但在另一方面，东南地区一部分旧地主却由于战争而巩固和上升了他们的地位。同时，从战争中又涌现出一批新的地主阶级，他们占有的土地主要在东南人口较为密集的地区。旧新地主占有的土地越多，无地少地的农民也就越多，就这样，这些地区的阶级关系又紧张起来了。结果是从朱元璋建立新皇朝的时期起，江南地区新的农民战争，农民反抗地主的战争就汹涌澎湃地展开了。地区之大，次数之多，斗争的激烈程度，都超过了历史上任何时代。

元末的农民革命战争，破坏了旧秩序和推翻了压迫人民的蒙、汉地主联合统治机构。他们痛恨、仇视地主，尽管在认识上还不可能把地主当作一个阶级来对待，但在行动上，却对地主毫不宽容，逮住就杀，没收地主的粮食、浮财。例如地主阶级的文人宋濂记当时情况说：

当元之季，大盗起沔阳、蔓廷江右，陷吉安，既而州兵捣走之。盗所过并落，民皆相挺为变，杀掠巨室，惨酷不忍闻。[2]

贝琼也说：

海内兵变，江南北巨姓右族，不死沟壑，则奔窜散处。[3]

地主阶级则正好相反，他们要保全自己的生命财产，就不能不维护旧秩序，就不能不维护旧政权。阶级利益决定了农民和地主分别站在敌对的阵营。在战争爆发之后，地主们用全力组织武装力量，称为"民"军、"义"兵，或乡兵、青军、黄军，建立堡砦，抵抗农民军的进攻。现任和退休的官吏、乡绅、儒生和军人是地主军的将领，他们受过教育，有文化，有组织能力，在地方上有威望，有势力。虽然各地方的地主军人各自为战，没有统一指挥和全面作战计划，军事力量也有大小强弱的不同，但因为数量多，分布广，作战顽强，就成为反抗红军的主要敌人了。见于明初人记载的如：

答失八都鲁：至正十二年（公元一三五二）五月，招募襄阳官吏及土豪避兵者得"义丁"二万，编排部伍，败"贼"于蛮河。[4]

刘燾孙：至正壬辰（公元一三五二），天下兵起，红巾乱湖南，常宁陷，州长贰皆弃城遁，（儒学正刘）燾孙独不去，因集民为兵，有众万计，克服其州治，就以"民兵"守之。[5]

胡深：至正壬辰，江淮俶扰，"盗贼"蔓延闽浙间，由建之浦城、松溪入龙泉。……公乃集"乡民"共为守御计，而结寨于湖山。[6]

胡嘉祐：元季处州属县"寇"蜂起。……嘉祐走白县令，……散家财，募武健之士，得千余人而什伍之，大署其旗为"义兵"，"寇"至辄迎击。[7]

陈天锡：元至正十二年壬辰，"大盗"起江汉间，郡县相继陷，聚落民争揭竿为旗以应寇。天锡白监郡，……"自度乡里健儿，一呼之间可得千人，甲胄糗粮，当一一自给，不以烦县官。……"天锡还，朝夕聚兵训练如前谋。[8]

第一章 明初的恐怖统治：厂卫前传

萧恩和：当元季"寇"乱，所在靡宁。……（吉安）萧恩和父子挺然发帑倡义，保障其一乡，终乱不见兵，至今号其里曰桃源。[9]

徽州罗氏：至正辛卯（公元一三五一），蕲"盗"起。……罗氏诸子募健儿数百人，整其队伍，部领诣辕门请自效。[10]

永康吕氏：元至正之季，民反处州为"盗"，转掠而东，陷永康、婺，诸县绎骚弗宁。永康太平里大族吕君文燧散家资数千万，与弟文烨合谋，募里强壮子弟得二千人，将之与"盗"屡战，"盗"败走，复其邑，斩获甚众。[11]

东莞李氏：东莞李氏尤豪于诸族。朝政不行，"盗贼"蜂起，富民各尚武断，聚兵自卫。既而各据乡土，争为长雄，或更相攻掠，并邑萧然。府君亦结民为保，内援官军，外御群"盗"，里人赖之以安。[12]

经过二十年的长期战争，长江南北的巨族右姓，有的死于战争，有的逃亡到外地。如江阴州大姓许晋：

至正十二年七月，红巾陷钱唐，九月陷吴兴、廷陵，十月陷江阴州。州大姓许晋与其子如章，聚无赖恶少，资以饮食，贼四散抄掠，诱使深入，殖而埋之。战于城北之祥符寺，父子俱死。[13]

安陆刘则礼：

至正辛卯，两河乱。乃割财募兵，棣四川平章爻著麾下，攻安陆、襄、樊、唐、邓，悉讨平之。兄弟子侄多死于兵。[14]

以上这些例子都是长江以南地区的。至于中原地区，战争更加激烈、惨酷,地区更广,时间更久,不只是这个地区的地主大量地为红军所消灭,就是参加扩廓帖木儿、孛罗帖木儿和关中四将(孔兴、脱列伯、李思齐、张良弼)的关、陕、鲁、豫等地的地主,也大部分随着这些地主军的消灭而消灭了。

一部分旧的大地主被消灭了。另有一部分中小地主的武装则因势力孤单,兵力不敌,投降了朱元璋,参加到这一新统治集团中来。如至正十八年(公元一三五八)十二月,浦江县民蒋可大等以民兵来降。二十一年池州东流县"乡兵"头目许山,自壬辰兵起,聚众二万余人以捍乡里,至是来降。二十二年江西宁州土豪陈龙遣其弟良平率分宁、奉新、通城、靖安、德安、武宁六县"民兵"二万来降。守吉安的土军元帅孙本立等也来降。二十四年温州土豪周宗道、湘乡土酋易华降,等等。至于元璋初起时,裹胁驴牌寨的三千"民兵"和横涧山"义兵"元帅缪大亨以其众二万人降附,成为元璋军队的主力,那就更不用说了。

这两部分地主,旧地主阶级的残存力量和新兴的地主阶级,构成朱元璋统治集团的基本力量,统治基础。

此外,还由于土地分散经营的结果,农业经济的恢复和发展,孳生了为数广大的中小地主阶层。这部分人的经济力量不大,却人数众多,有文化,有知识,在政治上没有特权,因而不能不拥护、支持新的统治阶级,企图从而取得政治上的特权,来保障和扩大自己的财富。这个阶层的代表人物,当时的智识分子儒士,是新朝官僚机构所需要的官僚的主要来源。

第一章 明初的恐怖统治:厂卫前传

朱元璋和他的绝大部分将领都是贫苦农民出身的，过去都曾亲身经受过地主的剥削和压迫。朱元璋的父、祖，几辈子都是佃农，他自己没有一寸土地，从小放牛，当和尚，要饭。大将徐达、常遇春、李文忠、邓愈、汤和、沐英、傅友德、廖永忠、吴良、吴祯、丁德兴、耿君用、炳文父子、郭兴、郭英、张龙、华高、张铨、顾时、薛显、陈德、唐胜宗、陆仲亨、费聚、郑遇春、周德兴、曹震、张温、陈桓、谢成、李新、俞廷玉、通渊、通海父子、胡大海、桑世杰、茅成、孙兴祖、濮英、严德、何文辉、徐司马等人都是出身于贫苦农民的。但是，朱元璋初起时所掌握的军力，却是原来的地主武装。在渡江以后，地主阶级的智识分子陶安、李习、夏煜、孙炎、杨宪、陈遇、秦从龙、杨元杲、阮从道、钱用壬、詹同、答录与权、朱梦炎、陶凯、曾鲁、朱升、崔亮、任昂、乐韶凤、安然、鲍、吴沉、桂彦良、陈南宾、宋讷、张美和、贝琼、赵、钱宰、刘崧、单安仁、朱守仁、开济、程徐、吕文燧等人，不是地主，便是元朝的官僚，大量地参加了。浙东的几家地主大族，刘基、胡深、叶琛、章溢也被迫参加了。各地的许多地主武装降附了。特别重要的是通过战争立了功劳，徐达等农民将领也逐渐拥有庄田佃户了。据洪武四年（公元一三七一）的统计，六个国公和二十八个侯，都拥有大量庄田，单是佃户便有三万八千一百九十四户。他的政权也就不能不逐步变质，走到了反面，成为地主阶级的政权了。

（原载《人民日报》，一九六四年四月二十五日）

注释

[1]《毛泽东选集》《中国革命和中国共产党》。
[2] 宋濂《宋学士文集》卷二八,《故庐陵张府君光远甫墓碣铭》。
[3] 贝琼《贝清江集》卷八,《送王子渊序》。
[4]《元史》卷一四二,《答失八都鲁传》。
[5] 王祎《王忠文公集》卷二一,《刘焘孙传》。
[6] 王祎《王忠文公集》卷二二,《故缙云郡伯胡公行述》。
[7] 苏伯衡《苏平仲文集》卷三,《胡嘉祐传》。
[8] 宗濂《翰苑别集》卷九,《赠进义副尉金溪县尉陈府君墓铭》。
[9] 杨士奇《杨文贞集旌义堂记》。
[10] 宋濂《芝园集》卷四,《徽州罗府君墓志铭》。
[11] 宋濂《芝园续集》卷二,《故嘉兴知府吕府君墓碑》。
[12]《王静学集》卷二,《凌府君行录》。
[13] 陶宗仪《辍耕录》。
[14] 李继本《一山文集》卷六,《刘则礼传》。

明初的恐怖政治

洪武二十八年（1395年）正式颁布《皇明祖训》。这一年，朱元璋已是六十八岁的衰翁了。

在这一年之前，桀骜不驯的元功宿将杀光了，主意多端的文臣杀绝了，不顺眼的地主巨室杀得差不多了，连光会掉书袋子搬弄文字的文人也大杀特杀，杀得无人敢说话，无人敢出一口大气了。杀，杀，杀！杀了一辈子，两手都涂满了鲜血的白头剑子手，踌躇满志，以为从此可以高枕无忧，皇基永固，子子孙孙吃碗现成饭，不必再操心了。这年五月，特别下一道手令说："朕自起兵至今四十余年，亲理天下庶务，人情善恶真伪，无不涉历。其中奸顽刁诈之徒，情犯深重，灼然无疑者，特令法外加刑，意在使人知所警惧，不敢轻易犯法。然此特权时措置，顿挫奸顽，非守成之君所用长法。以后嗣君统理天下，止守《律》与《大诰》，并不许用黥、刺、剕、劓、阉、割之刑。臣下敢有奏用此刑者，文武群臣即时劾奏，处以重刑。"[1]

其实明初的酷刑，黥、刺、剕、劓、阉、割，还算是平常的，最惨的是凌迟。凡是凌迟处死的罪人，照例要杀三千三百五十七刀，每十刀一歇一吆喝，慢慢地折磨，硬要被杀的人受长时间的痛苦。[2]其次有刷洗，把犯人光身子放在铁床上，浇开水，用铁刷刷去皮肉。有枭令，用铁钩钩住脊骨，横挂在竿上。有称竿，犯人缚在竿上。另一头挂石头对称。有抽肠，也是挂在竿上，用铁钩钩入肛门把肠子钩出。有剥皮，贪官污吏的皮放在衙门公座上，让新官看了发抖。此外，还有挑膝盖，锡蛇游种种名目。[3]也有同一罪犯，加以墨面、文身、挑筋、去膝盖、剁指，并具五刑的。[4]据说在上朝时，老皇帝的脾气好坏很容易看出来，要是这一天他的玉带高高地贴在胸前，大概脾气好，杀人不会多。要是揿玉带到肚皮底下，便是暴风雨来了，满朝的官员都吓得脸无人色，个个发抖，准有大批人应这劫数。[5]这些朝官，照规矩每天得上朝，天不亮起身梳洗穿戴，在出门以前，和妻子诀别，吩咐后事，要是居然活着回家，便大小互相庆贺，算是又多活一天了。[6]

四十年中，据朱元璋自己的著作，《大诰》《大诰续编》、《大诰三编》和《大诰武臣》的统计，所列凌迟、枭示、种诛有几千案，弃市（杀头）以下有一万多案。《三编》所定算是最宽容的了。"进士监生三百六十四人，愈见奸贪，终不从命，三犯四犯而至杀身者三人，三犯而诽谤杀身者又三人，姑容戴斩、绞、徒流罪在职者三十人，一犯戴死罪徒流罪办事者三百二十八人。"[7]有御史戴死罪，戴着脚镣，坐堂审案的；有挨了八十棍回衙门做官的。其中最大的案件有胡惟庸案、蓝玉案、空印案和郭桓案，前两案株连被杀的四万人，后两案合计有七八万人。[8]所杀的人，从开国元勋到列侯裨将、部院大臣、诸司官吏到州县胥役、进士监生、经生儒士、富人地主、僧道屠沽，以至亲侄儿、亲外甥，无人不杀，无人不可杀，一个个

第一章 明初的恐怖统治：厂卫前传

地杀，一家家地杀，有罪的杀，无罪的也杀，"大戮官民，不分臧否"[9]。早在洪武七年，便有人控诉，说是杀得太多了，"才能之士，数年来幸存者百无一二"[10]。到洪武九年，单是官吏犯笞以上罪，谪戍到凤阳屯田的便有一万多人。[11]十八年九月在给萧安石子孙符上也自己承认："朕自即位以来，法古命官，列布华夷，岂期擢用之时，并效忠贞，任用既久，俱系奸贪！朕乃明以宪章，而刑责有不可恕。以至内外官僚，守职维艰，善能终是者寡，身家诛戮者多。"[12]郭桓案发后，他又说："其贪婪之徒，闻桓之奸，如水之趋下，半年间弊若蜂起，杀身亡家者，人不计其数。出五刑以治之，挑筋、剁指、刖足、髡发、文身，罪之甚者欤？"[13]

政权的维持建立在流血屠杀、酷刑暴行的基础上，这个时代，这种政治，确确实实是名副其实的恐怖政治。

胡惟庸案发于洪武十三年，蓝玉案发于洪武二十六年，前后相隔十四年。主犯虽然是两个，其实是一个案子。

胡惟庸是初起兵占领和州时的帅府旧僚。和李善长同乡，又结了亲。因李善长的举荐，逐渐发达，洪武三年拜中书省参知政事，六年七月拜右丞相。

中书省综掌全国大政，丞相对一切庶务有专决的权力，统率百官，只对皇帝负责。这制度对一个平庸的、唯唯诺诺、阿附取容的"三旨相公"型的人物，或者对手是一个只顾嬉游逸乐、不理国事的皇帝，也许不会引起严重的冲突。或者一个性情谦和容忍，一个刚决果断，柔刚互济倒也不致坏事。但是胡惟庸干练有为，有魄力，有野心，在中书省年代久了，大权在手，威福随心，兼之十年宰相，门下故旧僚友也隐隐结成一个庞大的力量，这个力量是靠胡惟庸做核心的。拿惯了权的人，怎么也不肯放下。朱元璋呢，赤手空拳建立的基业，苦战了几十年，拼上命得到的大权，平白被人分去了大半，真是倒持太阿，授人以柄，想想又怎么能甘心！困难的是皇帝和丞相的职权，从来不曾有过清楚的界限，理论上丞相是辅佐皇帝治理天下的，相权是皇权的代表，两者是二而一的，不应该有冲突。事实上假如一切庶政都由丞相处分，皇帝没事做，只能签字画可，高拱无为。反之，如皇帝躬亲庶务，大小事情一概过问，那么，这个宰相除了伴食画诺以外，又有什么可做？这两个人性格相同，都刚愎，都固执，都喜欢独裁，好揽权，谁都不肯相让。许多年的争执、摩擦，相权和皇权相对立，最后，冲突表面化了。朱元璋有军队，有特务，失败的当然是文官。在胡惟庸以前，第一任丞相李善长小心怕事，徐达经常统兵在外，和朱元璋的冲突还不太明显严重（刘基自己知道性子太刚，一定合作不了，坚决不干）。接着是汪广洋，碰上几次大钉子，末了还是赐死。中书官有权的如杨宪，也是被杀的。胡惟庸是任期最长，冲突最厉害的一个。被杀后，索性取消中书省，由皇帝兼行相权，皇权和相权合二为一。洪武二十八年手令："自古三公论道，六卿分职，自秦始置丞相，不旋踵而亡。汉、唐、宋因之，虽有贤相，然其间所用者多有小人，专权乱政。我朝罢相，设五府、六部、都察院、通政司、大理寺等衙门，分理天下庶务，彼此颉颃，不敢相压，事皆朝廷总之，所以稳当。以后嗣君并不许立丞相，臣下敢有奏请设立者，文武群臣即时劾奏，处以重刑。"[14]这里所说的"事皆朝廷总之"的朝廷，指的便是他自己。胡惟庸被杀在政治制度史上的意义，是治权的变质，也就是从官僚和皇家共治的阶段，转变为官僚成奴才，皇帝独裁的阶段。

胡惟庸之死只是这件大屠杀案的一个引子，公布的罪状是擅权枉法。以后朱元璋要杀不顺眼的文武臣僚，便拿胡案做底子，随时加进新罪状，把它放大、发展。一放为私通日本，再放为私通蒙古。日本和蒙古，"南倭北虏"，是当时两大敌人，通敌当然是谋反。三放又发展为串通李善长谋逆，最后成为蓝玉谋逆案。罪状愈多，牵连的罪人也更多。由甲连到乙，乙攀到丙，转弯抹角像瓜蔓一样四处伸出去，一网打尽，名为株连。被杀的都以家族做单位，杀一人也就是杀一家。坐胡案死的著名人物有御史大夫陈宁，中丞涂节，太师韩国公李善长，延安侯唐胜宗，吉安侯陆仲亨，平凉侯费聚，南雄侯赵庸，荥阳侯郑遇春，宜春侯黄彬，河南侯陆聚，宜德侯金朝兴，靖宁侯叶升，申国公邓镇，济宁侯顾敬，临江侯陈镛，营阳侯杨通，淮安侯华中，高级军官毛骧、李伯升、丁玉，和宋濂的孙子宋慎。宋濂也被牵连，贬死茂州。坐蓝党死的除大将凉国公蓝玉以外，有吏部尚书詹徽，侍郎傅友文，开国公常升，景川侯曹震，鹤庆侯张翼，舳舻侯朱寿，东莞伯何荣，普定侯陈桓，宣宁侯曹泰，会宁侯张温，怀远侯曹兴，西凉侯濮玙，东平侯韩勋，全宁侯孙恪，沈阳侯察罕，徽先伯桑敬和都督黄辂、汤泉等。胡案有《昭示奸党录》，蓝案有《逆臣录》，把口供和判案详细记录公布，让全国人都知道这些"奸党"的"罪状"。[15] 被杀公侯中，东莞伯何荣是何真的儿子，何真死于洪武二十一年，被帐下旧校捏告生前党胡惟庸，勒索二千两银子，何家子弟到御前分辩，朱元璋大怒说："我的法，这厮把作买卖！"把旧校绑来处死。到二十三年，何荣弟崇祖回广东时：

兄把袂连声：弟弟，今居官祸福顷刻，汝归难料再会日。到家达知伯叔兄弟，勿犯违法事，保护祖宗，是所愿望！

可是，逃过了胡党，还是逃不过蓝党。何家是岭南大族，何真在元明之际保障过一方秩序，威望极高，如何放得过？据何崇祖自述：

洪武二十六年，族诛凉国公蓝玉，扳指公侯文武家，名蓝党，无有分别。自京及天下，赤族不知几万户。长兄四兄宏维暨老幼咸丧。三月二十日夜鸡鸣时，家人彭康寿叩门，吾床中闻知祸事，出问故云："昨晚申时，内官数员带官军到卫，城门皆闭。是晚有公差出城，私言今夜抄提员头山何族，因此奔回。"……军来甚众，吾忙呼妻封氏各自逃生。

崇祖一房从此山居岛宿，潜形匿迹，一直到三十一年新帝登极大赦，才敢回家安居。[16]

李善长死时已经七十七岁了。帅府元僚，开国首相，替主子办了三十九年事，儿子做驸马，本身封国公，富极贵极，到末了却落得全家诛戮。一年后，有人上疏喊冤说：

善长与陛下同心，出万死以取天下，勋臣第一，生封公，死封王，男尚公主，亲戚拜官，人臣之分极矣。借今欲自图不轨，尚未可知。而今谓其欲佐胡惟庸者，则大谬不然。人情爱其子，必甚于兄弟之子（善长弟存义子佑是胡惟庸的从女婿）；安享万全之富贵者，必不侥幸万一之富贵。善长与惟庸，犹子之亲耳，于陛下则亲子女也。使善长佐惟庸成，不过勋臣第一而已矣，太师国公封王而已矣，尚主纳妃而已矣，宁复有加于今日？且善长岂不知天下之不可幸取：当元之季，欲为此者何限，莫不身为齑粉，覆宗绝祀，能保首领者几何人哉！善长胡乃身见之，而以衰倦之年身蹈之也？凡为此者，必有深仇激变，大不得已。父子之间，或至相挟以求脱祸，今善长之子祺，备陛下骨肉亲，无纤芥嫌，何苦而忽为此？若谓天象告变，大臣当灾，杀之以应天象，则尤不可。臣恐天下闻之，谓功如善长且如此，四方因之解体也。今善长已死，言之无益，所愿陛下作戒将来耳。

说得句句有理，字字是理，朱元璋无话可驳，也就算了。[17]

二案以外，开国功臣被杀的，还有谋杀小明王的凶手德庆侯廖永忠，洪武八年以僭用龙凤不法等事赐死；永嘉侯朱亮祖父子于十三年被鞭死；临川侯胡美于十七年犯禁伏诛；江夏侯周德兴于二十五年以帷薄不修，暧昧的罪状被杀；二十七年，杀定远侯王弼、永平侯谢成、颍国公傅友德；二十八年，杀宋国公冯胜。周德兴是朱元璋儿时放牛的伙伴，傅友德、冯胜功最高，突然被杀，根本不说有什么罪过，正合着古人说的"飞鸟尽，良弓藏；狡兔死，走狗烹"的话。[18]

不但列将以次诛夷，甚至坚守南昌七十五日，力拒陈友谅，造成鄱阳湖大捷，奠定王业的功臣，义子亲侄朱文正也以"亲近儒生，胸怀怨望"被鞭死。[19]义子亲甥李文忠，十几岁便在军中，南征北伐，立下大功，也因为左右多儒生，礼贤下士，有政治野心被毒死。[20]刘基是幕府智囊，运谋决策，不只有定天下的大功，并且是奠定帝国规模的主要人物，因为主意多，看得准，看得远，被猜忌最深，洪武元年便被休致回家[21]，又怕隔得太远会出事，硬拉回南京，终于被毒死。[22]徐达为开国功臣第一，小心谨慎，也逃不过。洪武十八年病了，生背疽，据说这病最忌吃蒸鹅，病重时皇帝却特赐蒸鹅，没办法，流着眼泪当着使臣的面吃，不多日就死了。[23]这两个元勋的特别被注意，被防范，满朝文武全知道，给事中陈汶辉曾经上疏公开指出："今勋旧耆德，咸思辞禄去位，如刘基、徐达之见猜，李善长、周德兴之被谤，视萧何、韩信其危疑相去几何哉！"[24]

武臣之外，文官被杀的也着实不少。有记载可考的有宋思颜、夏煜、高见贤、凌说、孔克仁，这几人都是初起事时的幕府僚属。宋思颜在幕府里的地位仅次于李善长。夏煜是诗人，和高见贤、杨宪、凌说一伙，专替朱元璋"伺察搏击"，尽鹰犬的任务，告密栽赃，什么事全干，到末了也被人告密，先后送了命。[25]朝官中有礼部侍郎朱同、张衡，户部尚书赵勉，吏部尚书余熂，工部尚书薛祥、秦逵，刑部尚书李质、开济，户部尚书茹太素，春官王本，祭酒许存仁，左都御史杨靖，大理寺卿李仕鲁，少卿陈汶辉，御史王朴、纪善、白信蹈等。[26]外官有苏州知府魏观，济宁知府方克勤，番禺知县道同，训导叶伯巨，晋王府左相陶凯等。[27]茹太素是个刚性人，爱说老实话，几次因为话不投机被廷杖，降官，甚至镣足治事。一天，在便殿赐宴，朱元璋赐诗说："金杯同汝饮，白刃不相饶。"太素磕了头，续韵吟道："丹诚图报国，不避圣心焦！"元璋听了倒也很感动。不多时还是被杀。李仕鲁是朱熹学派的学者，劝皇帝不要太尊崇和尚道士，想学韩文公辟佛，来发扬朱学。料想着朱熹和皇帝是本家，这着棋准下得不错，不料皇帝竟不买朱夫子的账，全不理会。仕鲁急了，闹起迂脾气，当面交还朝笏，要告休回家。元璋大怒，叫武士把他掼死在阶下。陶凯是御用文人，一时诏令封册歌颂碑志多出其手，做过礼部尚书，制定军礼和科举制度，只为了起一个别号叫"耐久道人"，犯了忌讳被杀。员外郎张来硕谏止取已许配的少女做宫人，说"于理未当"，被碎肉而死。参议李饮冰被割乳而死。[28]叶伯巨在洪武九年以星变上书，论用刑太苛说：

臣观历代开国之君，未有不以仁德结民心，以任刑失民心者，国祚长短，悉由于此……议者曰宋元中叶，专事姑息，赏罚无章，以致亡灭。主上痛惩其弊，故制不宥之刑，权神变之法，使人知惧而莫测其端也。臣又以为不然。开基之主，垂范百世，一动一静，必使子孙有所持守，况刑者国之司命，可不慎欤！夫笞、杖、徒、流、死，今之五刑也。用此五刑，既无假贷，一出乎大公至正可也。而用刑之际，多裁自圣衷，遂使治狱之吏，务趋求意志，深刻者多功，平反者得罪，欲求治狱之平，岂易得哉！近者特旨杂犯死罪，免死充军，又删定旧律诸则，减宥有差矣。然未闻有戒敕治狱者，务从平恕之条，是以法司犹循故例，虽闻宽宥之名，未见宽宥之实。所谓实者，诚在主上，不在臣下也。故必有罪疑惟轻之意，而后好生之德洽于民心，此非可以浅浅期也。何以明其然也？古之为士者以登仕为荣，以罢职为辱，今之为士者以溷迹无闻为福，以受玷不录为幸，以屯田工役为必获之罪，以鞭笞捶楚为寻常之辱。其始也，朝廷取天下之士，网罗捃摭，务无余逸，有司敦迫上道，如捕重囚。比到京师，而除官多以貌选，所学或非其所用，所用或非其所学。洎乎居官，一有差跌。苟免诛戮，则必在屯田工役之科，率是为常，不少顾惜。此岂陛下所乐为哉！诚欲人之惧而不敢犯也。窃见数年以来，诛杀亦可谓不少矣，而犯者相踵，良由激劝不明，善恶无别，议贤议能之法既废，人不自励而为善者怠也。有人于此，廉如夷齐，智如良平，少戾于法，上将录长弃短而用之乎？将舍其所长苛其所短而置之法乎？苟取其长而舍其短，则中庸之材争自奋于廉智；倘苛其短而弃其长，则为善之人皆曰某廉若是，某智若是，朝廷不少贷之，吾属何所容其身乎？致使朝不谋夕，弃其廉耻，或事掊克，以备屯田工役之资者，率皆是也。若是非用刑之烦者乎！汉尝徙大族于山陵矣，末闻实之以罪人也，今凤阳皇陵所在，龙兴之地，而率以罪人居之，怨嗟愁苦之声，充斥园邑，殆非所以恭承宗庙意也。

第一章　明初的恐怖统治：厂卫前传　　　　　　　　　　*61*

朱元璋看了气极，连声音都发抖了，连声说这小子敢如此！快逮来！我要亲手射死他！隔了些日子，中书省官趁他高兴的时候，奏请把叶伯巨下刑部狱，不久死在狱中。[29]

照规定，每年各布政使司和府州县都得派上计吏到户部，核算钱粮军需等账目，数目琐碎奇零，必须府合省，省合部，一层层上去，一直到部里审核报销，才算手续完备。钱谷数字有分毫升合不符合，整个报销册便被驳回，得重新填造。布政使司离京师远的六七千里，近的也是三四千里，册子重造不打紧，要有衙门的印才算合法，为了盖这颗印，来回时间就得一年半载。为了免得部里挑剔，减除来回奔走的麻烦，上计吏照例都带有预先备好的空印文书，遇有部驳，随时填用。到洪武十五年，朱元璋忽然发觉这事，以为一定有弊病，大发雷霆，下令地方各衙门的长官主印者一律处死，佐贰官杖一百充军边地。其实上计吏所预备的空印文书是骑缝印，不能作为别用，也不一定用得着，全国各衙门都明白这道理，连户部官员也是照例默认的，算是一条不成文法律。可是案发后，朝廷上谁也不敢说明详情，有一个不怕死的老百姓，拼着命上书把这事解释明白，也不中用，还是把地方长吏一杀而空。当时最有名的好官济宁知府方克勤（建文朝大臣方孝孺的父亲）也死在这案内。上书人也被罚充军。[30]

郭桓是户部侍郎。洪武十八年，有人告发北平二司官吏和郭桓通同舞弊，从六部左右侍郎以下都处死刑，追赃七百万，供词牵连到各直省官吏，死的又是几万人。追赃又牵连到全国各地，中产之家差不多全被这案子搞得倾家荡产，财破人亡。这案子惊动了整个社会，也大伤了中产阶级和中下级官僚的心，大家都指斥攻击告发此案的御史和审判官，议论沸腾，情势严重。朱元璋一看不对，赶紧下手诏条列郭桓等罪状，说是：

户部官郭桓等收受浙西秋粮，合上仓四百五十万石，其郭桓等止收六十万石上仓，钞八十万锭入库，以当时折算，可抵二百万石，余有一百九十万石未曾上仓。其桓等受要浙西等府钞五十万贯，致使府州县官黄文等通同刁顽人吏边源等作弊，各分入已。

其应天等五府州县数十万没官田地，夏秋税粮，官吏张钦等通同作弊，并无一粒上仓，与同户部官郭桓等尽行分受。

其所盗仓粮，以军卫言之，三年所积卖空。前者榜上若欲尽写，恐民不信，但略写七百万耳。若将其余仓分并十二布政司通同盗卖见在仓粮，及接受浙西等府钞五十万张卖米一百九十万不上仓，通算诸色课程鱼盐等项，及通同承运库官范朝宗偷盗金银，广惠库官张裕妄支钞六百万张，除盗库见在金银宝钞不算外，其卖在仓税粮及未上仓该收税粮及鱼盐诸色等项，共折米算，所废者二千四百余万（石）精粮。

意思是追赃七百万还是圣恩宽容，认真算起来该有两千四百万，这几万人死得绝不委屈。话虽如此说，到底觉得有些不妥，只好借审刑官的头来平众怒，把原审官杀了一批，再三申说，求人民的谅解。[31]一年后，他又特别指出："自开国以来，惟两浙江西两广福建所设有司官，未尝任满一人，往往未及终考，自不免于赃贪。"[32] 可见杀这些贪官污吏是不错的，是千该万该的。不过，倒过来说，杀了二十年的贪官污吏，而贪官污吏还是那么多，沿海比较富饶区域的地方官，二十年来甚至没有一个能够做满任期，都在中途犯了贪赃的罪，由此可见专制独裁的统治官僚政治和贪污根本分不开，单用严刑重罚、恐怖屠杀去根绝贪污，是不可能有什么效果的。

在鞭笞，苦工，剥皮，抽筋，以至抄家灭族的威胁空气中，凡是做官的，不论大官小官，近臣远官，随时随地都会有不测之祸，人人在提心吊胆，战战兢兢过日子。这日子过得太紧张了，太可怕了，有的人实在受不了，只好辞官，回家当老百姓。不料又犯了皇帝的忌讳，说是不肯帮朝廷做事："奸贪无福小人，故行诽谤，皆说朝廷官难做。"[33] 大不敬，非杀不可。没有做过官的儒士，怕极了，躲在乡间不敢出来应考做官，他又下令地方官用种种方法逼他们出来，"有司敦迫上道，如捕重囚。"还立下一条法令，说是："率土之滨，莫非王臣，寰中士大夫不为君用，是自外其教者，诛其身而没其家，不为之过。"[34] 贵溪儒士夏伯启叔侄各剁去左手大指，立誓不做官，被拿赴京师面审，元璋气呼呼地发问："昔世乱居何处？"回说"红寇乱时，避居于福建江西两界间。"不料"红寇"这名词正刺着皇帝的痛处：

朕知伯启心怀忿怒，将以为朕取天下非其道也。特谓伯启曰：尔伯启言红寇乱时，意有他忿。今去指不为朕用，宜枭令籍没其家，以绝狂愚夫仿效之风。

特派法司押回原籍处决。[35] 苏州人才姚润、王谟被征不肯

做官,也都被处死,全家籍没。³⁶

　　洪武朝朝臣幸免于屠杀的,只有几个例子:一个是大将信国公汤和,原是朱元璋同村子人,一块儿长大的看牛伙伴,比元璋大三岁。起兵以后,诸将地位和元璋不相上下的,都闹别扭,不听使唤,只有汤和规规矩矩,小心听话,服从命令。到晚年,徐达、李文忠死已多年,汤和宿将功高,明白老伙伴脾气,对于诸大将兵权在握心里老大不愿意,苦的是嘴里说不出。他便首先告老交回兵权,元璋大喜,立刻派官给他在凤阳盖府第,赏赐稠渥,特别优厚,算是侥幸老死在床上。³⁷一个是外戚郭德成,郭宁妃的哥哥。一天他陪朱元璋在后苑喝酒,醉了趴在地上去冠磕头谢恩,露出稀稀的几根头发,元璋笑着说:"醉疯汉,头发秃到这样,可不是酒喝多了。"德成仰头说:"这几根还嫌多呢,剃光了才痛快。"元璋不作声。德成酒醒,才知道闯了大祸,怕得要死,索性装疯,剃光了头,穿了和尚衣,成天念佛。元璋信以为真,告诉宁妃说:"原以为你哥哥说笑话,如今真个如此,真是疯汉。"不再在意,党案起后,德成居然漏网。³⁸一个是御史袁凯。有一次朱元璋要杀许多人,叫袁凯把案卷送给皇太子复讯。皇太子主张从宽。袁凯回报,元璋问:"我要杀人,皇太子却要宽减,你看谁对?"袁凯不好说话,只好回答:"陛下要杀是守法,东宫要赦免是慈心。"元璋大怒,以为袁凯两头讨好,脚踏两头船,老滑头,要不得。袁凯大惧,假装疯癫。元璋说疯子不怕痛,叫人拿木钻来刺他的皮肤,袁凯咬紧牙齿,忍住不喊痛。回家后,自己拿铁链锁住脖子,蓬头垢面,满口疯话,元璋还是不放心,派使者去召他做官,袁凯瞪眼对使者唱月儿高曲,爬在篱笆边吃狗屎,使者回报果然疯了,才不追究。这一次朱元璋却受了骗,原来袁凯预先叫人用炒面拌砂糖,捏成段段,散在篱笆下,趴着吃了,救了一条命,朱元璋哪里会知道?[39]

吴人严德珉由御史升左佥都御史,因病辞官,犯了忌讳,被黥面充军南丹(今广西),遇赦放还,布衣徒步做老百姓,谁也不知道他曾做过官,到宣德时还很健朗。一天因事被御史所逮,跪在堂下,供说也曾在台勾当公事,颇晓三尺法度。御史问是何官,回说洪武中台长严德珉便是老夫。御史大惊谢罪,第二天去拜访,却早已挑着铺盖走了。有一个教授和他喝酒,见他脸上刺字,头戴破帽,问老人家犯什么罪过,德珉说了详情,并说先时国法极严,做官的多半保不住脑袋。说时还北面拱手,嘴里连说:"圣恩!圣恩!"[40]

元璋有一天出去私访,到一破寺,里边没有一个人,墙上画一布袋和尚,有诗一首:"大千世界浩茫茫,收拾都将一袋藏,毕竟有收还有放,放宽些子又何妨。"墨迹还新鲜,是刚画刚写的,赶紧使人去搜索,已经不见了。[41]这个故事不一定是真实的,不过,所代表的当时人的情绪却是真实的。

(原载《中建》半月刊华北航空版第2期,总第3卷第5期,1948年8月5日)

注释

[1]《明太祖实录》卷二三九。

[2] 邓之诚《骨董续记》卷二〇"碟"条引《张文宁年谱》;计六奇《明季北略》,记郑鄤事。

[3] 吕毖《明朝小史》卷一《国初重刑》。

[4]《大诰·奸吏建言第卅三》、《大诰·刑余攒典盗粮第六九》;《大诰续编·相验囚尸不实第四二》;《大诰三编·逃囚第一六》。

[5] 徐祯卿《翦胜野闻》。

[6] 赵翼《廿二史札记》卷三二《明祖晚年去严刑》引《草木子》。

[7]《明史》卷九四《刑法志》;《大诰三编·进士监生戴罪办事》。

[8]《明史》卷九四《刑法志》。

[9]《明史》卷一三九《周敬心传》:"洪武二十五年,上疏极谏:洪武四年录天下官吏。十三年连坐胡党,十九年逮官吏积年为民害者,二十三年罪妄言者,大戮官民,不分臧否"。

[10]《明史》卷一三九《茹太素传》。

[11]《明史》卷一三九《韩宜可传》。

[12]《明朝小史》卷二。

[13]《大诰三编·逃囚第十六》。

[14]《明太祖实录》卷二三九。

[15] 参看钱谦益《太祖实录辨证》;潘柽章《国史考异》;吴晗《胡惟庸党案考》,载《燕京学报》十五期。

[16] 何崇祖《庐江郡何氏家记》(《玄览堂丛书续集》本)。

[17]《明史》卷一二七《李善长传》。

[18] 王世贞《史乘考误》；钱谦益《太祖实录辨证》；潘柽章《国史考异》。

[19] 刘辰《国初事迹》；孙宜《洞庭集·大明初略》三；王世贞《史乘考误》卷一。

[20] 王世贞《史乘考误》卷一；钱谦益《太祖实录辨证》卷五；潘柽章《国史考异》卷二。

[21] 刘辰《国初事迹》。

[22] 《明史》卷三〇八《胡惟庸传》，卷一二八《刘基传》；刘璟《遇恩录》。

[23] 徐祯卿《翦胜野闻》。

[24] 《明史》卷一三八《李仕鲁传》附《陈汶辉传》。

[25] 《明史》卷一三五《宋思颜传》。

[26] 《明史》卷一三六《朱升传》，卷一三七《刘三吾传》《宋讷传》《安然传》，卷一三八《陈修传》《周祯传》《杨靖传》《薛祥传》，卷一三九《茹太素传》《李仕鲁传》《周敬心传》。

[27] 《明史》卷一四〇《魏观传》，卷二八一《方克勤传》，卷一四〇《道同传》，卷一三九《叶伯巨传》，卷一三六《陶凯传》。

[28] 刘辰《国初事迹》。

[29] 《明史》卷一三九《叶伯巨传》。

[30] 《明史》卷九四《刑法志》，卷一三九《郑士利传》。

[31] 《明史》卷九四《刑法志》；《大诰·郭桓卖放浙西秋粮第二十三》，《大诰·郭桓盗官粮第四十九》。

[32] 《大诰续编》。

[33] 《大诰·奸贪诽谤第六十四》。

[34] 《大诰三编·苏州人才第十三》。

[35] 《大诰三编·秀才剁指第十》；《明史》卷九四《刑法志》。

[36] 《大诰三编·苏州人才第十三》；《明史》卷九四《刑法志》。

[37] 《明史》卷一二六《汤和传》。

［38］《明史》卷一三一《郭兴传》。

［39］《明史》卷二八三《袁凯传》；徐祯卿《翦胜野闻》；陆深《金台纪闻》。

［40］《明史》卷一三八《周祯传》。

［41］徐祯卿《翦胜野闻》。

明初社会生产力的发展

一、农业生产的恢复和发展

"地主阶级对于农民的残酷的经济剥削和政治压迫,迫使农民多次地举行起义,以反抗地主阶级的统治。从秦朝的陈胜、吴广、项羽、刘邦起,中经汉朝的新市、平林、赤眉、铜马和黄巾,隋朝的李密、窦建德,唐朝的王仙芝、黄巢,宋朝的宋江、方腊,元朝的朱元璋,明朝的李自成,直至清朝的太平天国,总计大小数百次的起义,都是农民的反抗运动,都是农民的革命战争。中国历史上的农民起义和农民战争的规模之大,是世界历史上所仅见的。在中国封建社会里,只有这种农民的阶级斗争、农民的起义和农民的战争,才是历史发展的真正动力。因为每一次较大的农民起义和农民战争的结果,都打击了当时的封建统治,因而也就多少推动了社会生产力的发展。"[1]

明初的社会生产力的发展是元末农民起义的结果,它首先表现在农业生产的恢复和发展方面。

经过二十年长期战争的破坏,人口减少,土地荒芜,是明朝初年的普遍现象。例如唐宋以来的交通要道、繁华胜地的扬州,为青军(又名一片瓦、长枪军,是地主军队)元帅张明鉴所据,军队搞不到粮食,每天杀城里的老百姓吃。龙凤三年朱元璋部将缪大亨攻克扬州，张明鉴投降，城中居民仅余十八家。新任知府以旧城虚旷难守，只好截西南一隅筑而守之。[2] 如颖州，从元末韩咬儿在此起义以后，长期战乱，民多逃亡，城野空虚。[3] 特别是山东河南地区，受战争破坏最重，"多是无人之地"[4]。洪武元年闰七月大将军徐达率师发汴梁，徇取河北州县，时兵革连年，道路皆榛塞，人烟断绝。[5] 有的地方，积骸成丘，居民鲜少。[6] 洪武三年，济南府知府陈修和司农官报告：北方郡县近城之地多荒芜。[7] 到洪武十五年晋府长史致仕桂彦良还说，"中原为天下腹心，号膏腴之地，因人力不至，久致荒芜"。二十一年河北诸处，还是田多荒芜，居民鲜少。三十年常德、武陵等十县土旷人稀，耕种者少，荒芜者多。[8] 名城开封，以户粮数少，由上府降为下府。[9] 洪武十年，以河南、四川等布政司所属州县，户粮多不及数，凡州改县者十二，县并者六十。十七年令凡民户不满三千户的州改为县者三十七。[10]

针对这种情况，朱元璋于吴元年五月下令凡徐、宿、濠、泗、寿、邳、东海、襄阳、安陆等郡县及今后新附土地人民，桑麻谷粟税粮徭役，尽行蠲免三年，让老百姓喘一口气，把力量投入生产。[11] 集中力量，振兴农业，用移民屯田、开垦荒地的办法调剂人力的不足。兴修水利，种植桑棉，增加农业生产的收入。官给耕牛种子，垦荒地减免三年租税，遇灾荒优免租粮等措施，解决农民的困难。此外，还设立预备仓、养济院等救济机关。

他常说：

第一章 明初的恐怖统治：厂卫前传

四民之中，莫劳于农，观其终岁勤劳，少得休息。时和岁丰，数口之家犹可足食，不幸水旱，年谷不登，则举家饥困……百姓足而后国富，百姓逸而后国安，未有民困穷而国独富安者。"[12]

又说：

夫农勤四体，务五谷，身不离畎亩，手不释耒耜，终岁勤动，不得休息。其所居不过茅茨草榻，所服不过练裳布衣，所饮食不过菜羹粝饭，而国家经费皆其所出……凡一居处服用之间，必念农之劳，取之有制，用之有节，使之不至于饥寒，方尽为上之道。若复加之横敛，则民不胜其苦矣。"[13]

政府收入主要来自农村，粮食布帛棉花、人力都靠农民供给，农业生产如不恢复和发展，这个政权是支持不下去的。

移民的原则是把农民从窄乡移到宽乡，从人多田少的地方移到人少地广的地方。洪武三年六月，徙苏州、松江、嘉兴、湖州、杭州无业农民四千多户到濠州种田，给牛具种子，三年不征其税。又移江南民十四万户于凤阳。九年十月徙山西及真定民无产者于凤阳屯田。十五年九月迁广东番禺、东莞、增城降民二万四千四百余人于泗州屯田。十六年迁广东清远瑶民一千三百七十人于泗州屯田，以上皆为繁荣起义根据地及其附近的措置。二十一年八月以山东、山西人口日繁，迁山西泽、潞二州民之无田者往彰德、真定、临清、归德、太康诸处闲旷之地，置屯耕种。二十二年以两浙民众地狭，务本者少而事末者多，命杭、湖、温、台、苏、松诸郡民无田者许令往淮河南滁、和等处起耕。山西贫民徙居大名、广平、东昌三府者,凡给田二万六千七十二顷。二十五年徙山东登、莱二府贫民五千六百三十五户就耕于东昌,二十七年迁苏州府崇明县无田民五百余户于昆山开种荒田。二十八年青、兖、登、莱、济南五府民五丁以上及小民无田可耕者起赴东昌,编籍屯种,凡一千五十一户,四千六百六十六口。到二十八年十一月东昌三府屯田迁民共五万八千一百二十四户,政府收租三百二十二万五千九百八十余石,棉花二百四十八万斤。彰德等四府屯田凡三百八十一处,屯田租二百三十三万三千三百一十九石,棉花五百零二万五千五百余斤。[14]凡移民垦田都由政府给予耕牛种子路费。洪武三年定制,北方郡县荒芜田地,召乡民无田者垦辟,户给十五亩,又给地二亩种蔬菜,有余力的不限顷亩,皆免三年租税。其马驿巡检司急递铺应役者,各于本处开垦,无牛者官给之。若王国所在,近城存留五里以备练兵牧马,余处悉令开耕。[15]又令凡开垦荒田,各处人民先因兵燹遗下田土,他人开垦成熟者听为己业。业主已还,有司于附近荒田拨补。复业人民现在丁少而原来田多者,不许依前占护,止许尽力耕垦为业。见今丁多而原来田少者,有司于附近荒田验丁拨付。[16]洪武二十四年令公侯大官以及民人,不问何处,唯犁到熟田,方许为主。但是荒田,俱系在官之数。若有余力,听其再开。又令山东概管农民,务见丁著役,限定田亩,著令耕种。敢有荒芜田地流移者,全家迁发化外充军。二十八年令,二十七年以后新垦田地,不论多寡,俱不起科（收田租），若地方官增科扰害者治罪。鼓励人民大力开垦。[17]

也有从少数民族地区移民到内陆屯垦的，如徐达平沙漠，徙北平山后民三万五千八百余户散处诸府卫，充军的给衣粮，为民的给田土。又以沙漠遗民三万二千八百多户屯田北平，置屯二百五十四，开地一千三百四十三顷。

此外，吴元年十月徙苏州富民到濠州居住，因为他们帮着张士诚抵抗，还不断说张王好话的缘故。[18]洪武十五年命犯笞杖罪的犯人都送到滁州种苜蓿。[19]二十二年命户部起山东流民居京师，人赐钞二十锭，俾营生业。[20]二十八年徙直隶、浙江民二万户于京师，充仓脚夫。[21]

江南苏、松、杭、嘉、湖一带十四万户富民被强迫迁住凤阳，离开了原来的乡里田舍，还不许私自回去。这举动对于当时东南地主阶级是极大的打击。旧社会的旧统治阶级离开了原来占有的土地，同时也就丧失了社会地位和政治上的作用。相对的以朱元璋为首的新统治阶级却从而加强了对这一地区人民的控制了。这十几万家富户从此以后，虽然不敢公开回原籍，但却伪装成乞丐，以逃荒为名，成群结队，老幼男妇，散入江南诸郡村落乞食，到家扫墓探亲，第二年二三月间又回到凤阳。年代久了，也就成为习惯。五六百年来凤阳花鼓在东南一带是妇孺皆知的民间艺术。歌词是：

家住庐州并凤阳，凤阳原是好地方，自从出了朱皇帝，十年倒有九年荒。[22]

朱元璋在克集庆后，便注意水利。建国以后，越发重视，用全国的财力人力进行大规模的水利工程。洪武元年修江南和州铜城堰闸。周回二百余里。四年修治广西兴安县灵渠，可以溉田万顷。六年开上海胡家港，从海口到曹泾千二百余丈，以通海船。八年开山东登州蓬莱阁河，浚陕西泾阳县洪渠堰，溉泾阳、三原、醴泉、高陵、临潼田二百余里。九年修四川彭州都江堰。十二年修陕西西安府甜水渠，引龙首渠水入城，居民从此才有甜水可吃。十四年筑海盐海塘，浚扬州府官河。十七年筑河南磁州漳河决堤。决荆州岳山坝以通水利，每年增官田租四千三百余石，修江南江都县深港坝河道。十八年修筑黄河、沁河、漳河、卫河、沙河堤岸。十九年筑福建长乐海堤。二十三年修江南崇明海门决堤二万三千九百余丈，役夫二十五万人。疏四川永宁所辖水道。二十四年修浙江临海横山岭水闸、宁海奉化海堤四千三百余丈，筑上虞海堤四千丈，改建石闸。浚定海、鄞二县东钱湖，灌田数万顷。二十五年凿江南溧阳银墅东坝河道四千三百余丈，役夫四十万人。二十七年浚江南山阳支家河。凿通广西郁林州相隔二十多里的南北二江，设石陡诸闸。二十九年修筑河南洛堤。三十一年修治洪渠堰，浚渠十万三千余丈。这些规模巨大用人力到几十万人的工程，没有统一的安定的全国力量的支持，是不可能设想的。除此以外，元璋还要全国各地地方官，凡是老百姓对水利的建议，必须即时报告。洪武二十七年又特别嘱咐工部工员，凡是陂塘湖堰可以蓄水泄水防备旱灾潦灾的，都要根据地势一一修治。并派国子生和人才到全国各地督修水利。二十八年综计全国郡县开塘堰四万九百八十七处[23]，河四千一百六十二处，陂渠堤岸五千四十八处。[24]

　　移民屯田、开垦荒地、兴修水利是增加谷物产量，增加国家租税的主要措施。也就是经过革命斗争后，政府不得不稍为对农民让步的具体表现。此外，元璋还特别着重经济作物的增产，主要的是桑麻木棉和枣柿栗胡桃等。龙凤十一年六月下令凡农民有田五亩到十亩的，栽桑麻木棉各半亩，十亩以上的加倍，田多的照比例递加。地方官亲自督视，不执行命令的处罚。不种桑的使出绢一匹，不种麻和木棉的出麻布或棉布一匹。[25]洪武元年把这制度推广到全国，并规定科征之额，麻每亩科八两，木棉每亩四两，栽桑的四果以后再征税。二十四年于南京朝阳门钟山之麓，种桐、棕、漆树五千余万株，岁收桐油棕漆，为修建海船之用。[26]二十五年令凤阳、滁州、庐州、和州每户种桑二百株，枣二百株，柿二百株。令天下卫所屯田军士每人种桑百株，随地宜种柿栗胡桃等物，以备岁歉。二十七年令户部教天下百姓务要多种桑枣和棉花，并教以种植之法。每一户初年种桑枣二百株，次年四百株，三年六百株。栽种过数目造册回奏，违者全家发遣充军。执行的情况，如湖广布政司二十八年的报告，所属郡县已种果木八千四百三十九万株。全国估计，在十亿株以上。二十九年以湖广诸郡宜于种桑，而种之者少，命于淮安府及徐州取桑种二十石，派人送到辰、沅、靖、全、道、永、宝庆、衡州等处（今湖南及广西北部一带），各给一石，使其民种之。发展这一地区蚕丝生产和丝织工业。[27] 为了保证命令的贯彻执行，下诏指出农桑为衣食之本，全国地方官考课，一定要报告农桑的成绩，并规定二十六年以后栽种桑枣果树，不论多少，都免征赋。[28] 作为官吏考绩的主要内容，违者降罚。又设置老人击鼓劝农，每村置鼓一面，凡遇农种时月，五更摇鼓，众人闻鼓下田，该管老人点闸（名）。若有懒惰不下田的，许老人责决，务要严切督并，见丁著业（每人都做活），毋容惰夫游食。若是老人不肯劝督，农民穷窘，为非犯法到官，本乡老人有罪。平时老人每月六次手持木铎，游行宣讲勤农务本的道理。[29] 颁发教民榜文说：

今天下太平，百姓除粮差之外，别无差遣，各宜用心生理，以足衣食，如法栽种桑麻枣柿棉花，每岁养蚕，所得丝绵，可供衣服，枣柿丰年可以卖钞，俭年可当粮食。里老尝督，违者治罪。[30]

洪武元年下诏田器不得征税。[31] 四年、二十五年遣官往广东、湖广、江西买耕牛以给中原屯种之民。[32] 二十八年命乡里小民或二十家或四五十家团为一社，每遇农急之时有疾病，则一社助其耕耘，庶田不荒芜，民无饥窘。户部以此意广泛晓谕。[33] 各地报告修城垣建营房浚河道造王宫等工程，都反复告以兴作不违农时的道理，等秋收农隙时兴工。[34] 对农业增产有成绩的地方官，加以擢升。如太平知府范常积极鼓励农民耕作，贷民种子数千石，到秋成大丰收，官民都庾廪充实。接着兴学校，延师儒，百姓很喜欢。召为侍仪。[35] 陶安知饶州，田野开辟，百姓日子过得好，离任时，百姓拿他初来时情况比较，歌颂他："千里榛芜，侯来之初；万姓耕辟，侯去之日。"南丰百姓也歌唱典史冯坚："山市晴，山鸟鸣，商旅行，农夫耕，老瓦盆中冽酒盈，呼嚣獟突不闻声。"[36] 农村里呈现出一片繁荣欢乐的气象。

对贪官污吏，用严刑惩治。洪武二年二月元璋告谕群臣说："尝思昔在民间时，见州县官吏多不恤民，往往贪财好色，饮酒废事，凡民疾苦，视之漠然，心实恨之。故今严法禁，但遇官吏贪污蠹害吾民者，罪之不恕。"[37] 四年十一月立法凡官吏犯赃罪的不赦。下决心肃清贪污，说："此弊不革，欲成善政，终不可得。"二十五年又编《醒贪简要录》，颁布中外。[38] 官吏贪赃到钞六十两以上的枭首示众，仍处以剥皮之刑。府州县衙门左首的土地庙，就是剥皮的刑场，也叫皮场庙。有的衙门公座旁摆人皮，里面是稻草，叫作官的触目惊心，不敢做坏事。[39] 地方官上任赏给路费，家属赐衣料。来朝时又特别诰诫以："天下新定，百姓财力俱困，如鸟初飞，木初植，勿拔其羽，勿撼其根。"[40] 违法的按法惩办。从开国以来，两浙、江西、两广、福建的地方官，因贪赃被法办，很少人做到任满。[41]

苏、松、嘉、湖田租特别重，洪武十三年下诏减削。[42] 凡各地闹水旱灾荒歉收的，蠲免租税。丰年无灾荒，也择地瘠民贫的地方特别优免。灾重的免交二税之外，还由官府贷米，或赈米和布、钞。各地设预备仓，由地方耆老经管，存储粮食以备救灾。设惠民药局，凡军民之贫病者，给以医药。设养济院，贫民不能生活的许入院赡养，月给米三斗，薪三十斤，冬夏布一匹，小口给三分二。灾伤州县，如地方官不报告的，特许耆民申诉，处地方官以死刑。二十六年又令户部，授权给地方官在饥荒年头，得先发库存米粮赈济，事后呈报，立为永制。三十多年来，赏赐民间布、钞数百万，米百多万石，蠲免租税无数。[43]

几十年的安定生活，休养生息，积极鼓励生产的结果，社会生产力不但恢复，而且大大发展了：

第一表现在垦田数目的增加，以洪武元年到十三年的逐年增加的垦田数目来作例：

洪武元年	七百七十余顷
二年	八百九十八顷
三年	二千一百三十五顷（山东、河南、江西的数字）
四年	十万六千六百六十二顷
六年	三十五万三千九百八十顷
七年	九十二万一千一百二十四顷
八年	六万二千三百八顷
九年	二万七千五百六十四顷
十年	一千五百十三顷
十二年	二十七万三千一百四顷
十三年	五万三千九百三十一顷

十三年中增加的垦田数字为一百八十万三千一百七十一顷。到洪武十四年全国官民田总数为三百六十六万七千七百一十五顷。增垦面积的数字占十四年全国官民田数字的二分之一。由

第一章　明初的恐怖统治：厂卫前传　　79

此可知洪武元年的全国已垦田面积不过一百八十多万顷（不包括东北、西北未定地方和夏的领土四川和云贵等地）。再过十年，十四年的数字为三百八十七万四千七百四十六顷。[44]经过多年的垦辟和大规模全面的丈量，二十六年的数字为八百五十万七千六百二十三顷。[45]比十四年又增加了四百八十四万顷，比洪武元年增加了六百七十万顷。

第二表现在本色税粮收入的增加，洪武十八年全国收入麦米豆谷二千八十八万九千六百一十七石[46]，二十三年为三千一百六十万七千六百石[47]，二十四年为三千二百二十七万八千九百八十三石[48]，二十六年为三千二百七十八万九千八百石。[49]二十六年比十八年增加了三分之一的收入。和元代全国岁入粮数一千二百一十一万四千七百余石相比，增加了差不多两倍。[50]历史家记述这时期生产发展的情况说："是时宇内富庶，赋入盈羡，米粟自输京师数百万石外，府县仓廪蓄积甚丰，至红腐不可食。岁歉，有司往往先发粟赈贷，然后以闻。"[51]

第三表现在人口数字的增加，洪武十四年统计，全国有户一千六十五万四千三百六十二，有口五千九百八十七万三千三百五。[52]二十六年的数字为户一千六百五万二千八百六十，口六千五十四万五千八百十二。[53]比之元朝极盛时期，元世祖时代的户口：户一千一百六十三万三千二百八十一，口五千三百六十五万四千三百三十七[54]，户增加了三百四十万，口增加了七百万。

第四表现在府县的升格，明制以税粮多少定府县等级：县分上中下三等，标准为田赋十万石、六万石、三万石以下。府也分三等，标准为田赋二十万石以上、以下，十万石以下。[55]从洪武八年起，因为各地方经济的恢复和发展，垦田和户口的增加，田赋收入增加了，不断地把府县升格，例如开封原为下府，因为税粮数超过三十八万石，八年正月升为上府，河南怀庆府税粮增加到十五万石，陕西平凉府户口田赋都有增加，三月升为中府。十二月以太原、凤阳、河南、西安岁收粮增加，升为上府，扬州、巩昌、庆阳升为中府，明州之鄞县升为上县。山东莱州税粮不及，降为中府。[56]扬州残破最重，经过八年时间，已经恢复到收田赋二十万石下的中府了，从这个名城的恢复，可以推知全国各地社会生产力的恢复和发展的情况。

第五由于粮食的增产，特别是桑麻棉花和果木的普遍种植，农民的收入增加了，生活改善了，购买力提高了。农业生产的恢复和发展，一方面为纺织工业提供了原料；一方面农民所增加的购买力又促进了刺激了商业市场的繁荣，出现了许多新的以纺织工业为中心和批发绸缎棉布行号的城市。

二、棉花的普遍种植和工商业

棉布传入中国很早，南北朝时从南洋诸国输入，称为吉贝、白叠。[57]国内西北高昌（今新疆吐鲁番）产棉，唐灭高昌，置西州交河郡，土贡毡布。布就是白叠。[58]宋元间已有许多地区种棉，但是在全国规模内普遍种植和纺织技术的提高，则是明朝初年的事情。[59]

在明代以前，平民穿布衣，布衣指的是麻布的衣服。[60]冬衣南方多用丝棉作袍，北方多用毛皮作裘。虽然也有用棉布作衣服卧具的，但因为"不自本土所产，不能足用"。[61]唐元稹诗："木绵温软当棉衣。"元太祖世祖遗衣皆缣素木绵，动加补缀。[62]宋谢枋得诗："洁白如雪积，丽密过锦纯，羔缝不足贵，狐腋难比伦……剪裁为大裘，穷冬胜三春。"[63]可见棉布到宋末还是很珍贵的物品。

宋代福建、广东种植棉花的日多[64]，琼州是纺织中心之一，妇女以吉贝织为衣衾，是当地黎族的主要副业生产。[65]元代从西域输入种子，种于陕西，捻织毛丝，或棉装衣服，特为轻暖。[66]元灭南宋后，浙东、江东、江西、湖广诸地区也推广棉花的种植，生产量增加，棉布成为商品，服用的人日多。[67]至元二十六年（1289）四月置浙东、江东、江西、湖广、福建木绵提举司，责令当地人民每年输纳木绵十万匹，以都提举司总之。二十八年五月罢江南六提举司岁输木绵。[68]成宗元贞二年（1296）始定江南夏税输以木绵布绢丝绵等物。[69]

由于种棉面积的增加，种植和纺织的技术需要总结和交流，元世祖至元十年司农司编印《农桑辑要》，以专门篇幅记棉花的种植方法。[70]纺织的工具和技术由于各地方劳动人民的创造和交流，日益进步。据十二世纪八十年代间的记载，雷化廉州南海黎峒的少数民族，采集棉花后，"取其茸絮，以铁筋辗去其子，即以手握茸就纺"。[71]稍后的记载提到去籽后，"徐以小弓，弹令纷起，然后纺织为布"。[72]到十三世纪中期，诗人描写长江流域纺织情形说："车转轻雷秋纺雪，弓湾半月夜弹云。"[73]已经有纺车、弹弓和织机了。江南地区的织工，"以铁铤辗去其核，取如绵者，以竹为小弓，长尺四五寸许，牵弦以弹绵，令其匀细，卷为小筒，就车纺之，自然抽绪如缫丝状"。但是所织的布，不如闽广出产的丽密。[74]琼州黎族人民所织的巾，上出细字，杂花卉，尤为工巧。[75]黄河流域主要陕西地区的纺织工具和技术比较简陋，只有辗去棉籽的铁杖和木板，棉花的用途只是捻织粗棉线和装制冬衣。[76]一直到十三世纪末年，松江乌泥泾的人民，因为当地土地硗瘠，粮食不够，搞副业生产，从闽广输入棉花种子，还没有踏车椎弓这些工具，用手剖去籽，用线弦竹弧弹制，工具和技术都很简陋，产品质量不高，人民生活还是很艰苦。[77]

元成宗元贞间（1295—1296）乌泥泾人黄道婆从琼州附海舶回来，她从小就在琼州旅居，带回来琼州黎族人民的先进纺织工具和技术，教会家乡妇女以做造、扞、弹、纺、织之具，和错纱、配色、综线、挈花的技术，织成被褥带帨，其上折枝、团凤、棋局、字样，粲然若写。一时乌泥泾所制之被成为畅销商品，名扬远近，当地人民生活提高，靠纺织生活的有一千多家。[78]诗人歌咏她："崖州布被五色缫，组雾䌷云粲花草，片帆鲸海得风回，千柚乌泾夺天造。"[79]当地妇女参加纺织生产的情形，诗人描写："乌泾妇女攻纺织，木棉布经三百尺，一身主宰身窝低，十口勤劳指头直。"[80]到了明朝初年，不但江南地区的农村妇女普遍参加纺织劳动，连有些地主家庭的妇女，也纺纱织布，以给一岁衣资之用了。[81]松江从此成为明代出产棉布的中心,"其布之丽密,他方莫并"。[82]"衣被天下。"[83]松江税粮宋绍兴时只有十八万石,到明朝增加到九十七万石,其他杂费又相当于正赋,负担特别重,主要是依靠纺织工业的收入,"上供赋税,下给俯仰"。[84]

黄道婆传入琼州制棉工具和技术之后的二十年,王祯所著《农书》,列举制棉工具有搅车即踏车,是去棉籽用的。二弹弓,长四尺许,弓身以竹为之,弦用绳子。三卷筵,用无节竹条扦棉花成筒。四纺车。五拨车,棉纱加浆后稍干拨于车上。六轩车,用以分络棉线。七线架。到元末又有了檀木制的椎子,用以击弦。[85]生产工具更加完备和提高了,为明代纺织工业的发展准备了技术条件。

朱元璋起事的地区,正是元代的棉业中心之一。灭东吴后,又取得当时全国纺织业中心的松江,原料和技术都有了基础,使他深信推广植棉是增加农民收入和财政收入的有效措施。龙凤十一年下令每户农民必须种木棉半亩,田多的加倍。洪武元年又把这一法令推广到全国。棉花的普遍种植和纺织技术的不断提高,明代中叶以后,棉布成为全国流通的商品,成为人民普遍用的服装原料,不论贵贱,不论南北,都以棉布御寒,百人之中,止有一人用茧绵,其余都用棉布。过去时代人穿的缊袍,用旧絮装的冬衣,完全被用木棉装的胖袄代替了。[86]就全国而论,北方河南、河北气候宜于植棉,地广人稀,种植棉花的面积最大,是原料的供给中心。南方特别是长江三角洲一带,苏州、松江、杭州等地人民纺织技术高,是纺织工业的中心。

这样又形成原料和成品的交流情况,原棉由北而南,棉布由南而北。[87]从经济上把南方和北方更紧密地联系起来了。

明初松江之外,另一纺织工业中心是杭州,由于简单商品经济的发展,出现了置备生产工具和原料的大作坊资本家,和除双手以外一无所有出卖劳动力的手工业工人。资本家雇用工人,每天工作到夜二鼓,计日给工资。这种新的剥削制度的出现,正表示着社会内部新的阶级的形成,除封建地主对农民的剥削以外,又产生了大作坊资本家对手工业工人的剥削关系。明初曾经做过杭州府学教授徐一夔所作的《织工对》,典型地记述了这种新现象:

钱塘相安里有饶于财者,率居工以织,每夜至二鼓。老屋将压,杼机四五具南北向,列工十数人,手提足蹴,皆苍然无神色。日佣为钱二百,衣食于主人。以日之所入,养父母妻子,虽食无甘美而亦不甚饥寒。于凡织作,咸极精致,为时所尚。故主之聚易以售;而佣之直亦易以入。有同业者佣于他家,受直略相似。久之,乃曰:吾艺固过于人,而受直与众工等,当求倍直者而为之佣。已而他家果倍其直。佣之主者阅其织果异于人,他工见其艺精,亦颇推之。主者退自喜曰:得一工胜十工,倍其直不吝也。[88]

由此可见明初大作坊的一般情况,值得注意的是:在同一里巷,有若干同一性质的大作坊;大作坊主人同时也是棉布商人;从个体的生产到大作坊的集体生产,有了单纯协作,出品精致畅销;经营这种大作坊有利可图,资本家很赚钱,作坊也多了。资本家付给技术高的工人工资，虽为一般工人工资的两倍，但仍可得到五倍的剩余价值。

棉花棉布的生产量大大增加，政府的税收也增加了，以税收形式缴给国库的棉花棉布，成为供给军队的主要物资和必要时交换其他军需物资的货币代用品。洪武四年七月诏中书省："自今凡赏赐军士，无妻子者给战袄一袭；有妻子者给棉布二匹。"[89]每年例赏，如洪武二年六月以木棉战袄十一万赐北征军士[90]，四年七月，赐长淮卫军士棉布人二匹，在京军士十九万四百余人棉布人二匹。[91]十二年给陕西都指挥使司并护卫兵十九万六千七百余人棉布五十四万余匹，棉花十万三千三百余斤。[92]北平都指挥使司卫所士卒十万五千六百余人布二十七万八千余匹，棉花五万四千六百余斤。[93]十三年赐辽东诸卫士卒十万二千一百二十八人，棉布四十三万四百余匹，棉花十七万斤。十六年给四川等都司所属士卒五十二万四千余人，棉布九十六万一千四百余匹，棉花三十六万七千余斤。[94]十八年给辽东军士棉布二十五万匹，北平燕山等卫棉布四十四万三千匹，太原诸卫士卒棉布四十八万匹，等等。[95]平均每年只赏赐军衣一项已在百万匹上下，用作交换物资的如洪武四年七月以北平、山西运粮困难，以白金三十万两、棉布十万匹，就附近郡县易米，以给将士。又以辽东军卫缺马，发山东棉布贳马给之。[96]十三年十月，以四川白渡纳溪的盐换棉布，遣使入西羌买马。[97]十七年七月诏户部以棉布往贵州换马，得马一千三百匹。三十年以棉布九万九千匹往"西番"换马一千五百六十匹。[98]皇族每年供给，洪武九年规定亲王冬夏布各一千匹，郡王冬夏布各一百匹。[99]在特殊需要的情况下，临时命令以秋粮改折棉布，如六年九月诏直隶府州和浙江、江西二行省，今年秋粮以棉布代输，以给边戍。[100]

和鼓励普遍植棉政策相反，朱元璋对矿冶国营采取消极的方针。往往听任人民自由开采。磁州临水镇产铁，元时尝于此置铁冶，炉丁万五千户，每年收铁百余万斤。洪武十五年有人建议重新开采，元璋以为利不在官则在民，民得其利则利源通而有利于官，官专其利则利源塞而必损于民。而且各冶铁数尚多，军需不缺，若再开采，必然扰民。把他打了一顿，流放海外。[101]济南、青州、莱州三府每年役民二千六百六十户，采铅三十二万三千多斤，以凿山深而得铅少，也命罢采。[102]十八年以劳民罢各布政司煎炼铁冶。二十五年重设各处铁冶，到二十八年内库贮铁三千七百四十三万斤，后备物资已经十分充足，又命罢各处铁冶。并允许人民自由采炼，岁输课程，每三十分取其二。三十一年以内库所贮铁有限，而营造所费甚多，又命重开铁冶。[103]综计洪武时代设置的铁冶所：江西进贤、新喻、分宜，湖广兴国、黄梅，山东莱芜，广东阳山，陕西巩昌，山西交城、吉州，太原、泽、潞各一所共十三所。此外还有河南均州新安、四川蒲江、湖南茶陵等冶，每年输铁一千八百四十余万斤。[104]

宫廷和军队所需的一切物品，都由匠户制造。匠户是元明两代的一种特殊制度，把有技艺的工匠征调编为匠户，子孙世袭。分为民匠、军匠二种。明初匠户的户籍，完全依据元代的旧籍，不许变动。[105]洪武二十六年定每三年或二年轮班到京役作的匠户名额为二十三万二千八十九名[106]，由工部管辖。固定做工的叫住坐匠户，由内府内官监管辖。军匠大部分分属于各地卫所，一部分属于内府兵仗局、军器局和工部的盔甲厂。[107]属各地卫所的军匠总数二万六千户。[108]每户正匠做工，得免杂差，仍免家内一丁以帮贴应役。余丁每名每年出办缴纳工食银三钱，以备各衙门因公务取役雇觅之用。正匠每月工作十天，月粮由官家支给。[109]

　　轮班匠户包括六十二行匠人。后来又细分为一百八十八种行业，从纸、表背、刷印、刊字、铁匠、销金、木、瓦、油、漆、象开、纺棉花，到神箭、火药，等等，每种人数由一人到八百七十五人不等。内廷有织染局、神帛房，和后湖（今南京玄武湖）织造局，四川、山西诸行省和浙江绍兴织染局，规模都较大。留在地方的匠户除执役于本地织染局的以外，如永平府就有银、铁、铸铁、锡、钉铰、穿甲等二十二行。[110]

　　匠户人数多，分工细，凡是宫廷和军队所需用的手工业制造品，都由匠户执役的官手工业工场的各局制造供给。这种封建制度的生产，使得宫廷和军队的需要，不需依靠市场，便可得到满足；同时它所生产的成品，亦不在市场流通，这样，就直接对社会上的私人手工业作坊的扩大生产起了束缚和阻碍的作用。官手工业工场的生产是不须计较成本的，因为劳力和原料都可以向人民无代价征发或由全国各地贡品的方式供给，不受任何限制，官营手工业工场的产品即使有部分作为商品而流入市场，私人手工业作坊的产品也不能和它竞争；在另一面，自元代以来就把技术最好的工人签发为匠户，子孙世袭，连技术也被垄断了，私人手工业作坊所能雇用的只是一般工人，技术提高受了一定的限制。明初把匠户分作住坐、轮班两种，轮班的除分班定期轮流应役以外，其余的时间归自己支配，制成的产品可以在市场出售，对于技术的钻研及其改进发生一定的刺激作用，所以轮班制对于社会生产力的发展是比较为害略小的。但是总而言之，这种无偿的强制的劳役，不能不引起匠户的反抗，逃亡之外，唯一可以采取的手段是怠工和故意把成品质量降低。以此，匠户制度虽然曾经在个别情况下对生产技术的改进起了作用，推进了社会生产力的发展，但就其全面而说，则是束缚和阻碍生产技术的不断提高；妨碍私人手工业工场的发展；隔绝商品的流通；对社会生产力的发展和原始资本积累都起着扼制、停滞的消极作用。

朱元璋对商业采轻税政策，凡商税三十分取一，过此者以违令论。税收机构在京为宣课司，府县为通课司。洪武元年诏中书省，命在京兵马指挥司并管市司，三日一次校勘街市斛斗秤尺，稽考牙侩姓名，规定物价。在外府州各城门兵马，一体兼管市司。[111]十三年谕户部，自今军民娶嫁丧葬之物，舟车丝布之类都不征税。并大量裁减税课司局三百六十四处。南京人口密集，军民住宅都是公家修建，连廊枅比，没有空地。商人货物到京无处存放，有的停在船上，有的寄放城外，牙侩从中把持价格，商人极以为苦。元璋了解这种情况以后，就叫人在三山门等门外盖几十座房子，叫作塌坊，专放商货，上了税后听其自相贸易。[112] 为了繁荣市面，二十七年命工部建十五座楼房于江东诸门之外，令民设酒肆其间，以接四方宾客，名为鹤鸣、醉仙、讴歌、鼓腹、来宾、重译，等等。修好后还拿出一笔钱，让文武百官大宴于醉仙楼，庆祝天下太平，与民同乐。[113]

棉花的普遍种植，棉布质量的提高，工资制手工业作坊的产生，新的蚕丝纺织工业区的开辟，轮班匠的技术和产品的投入市场，等等，加上税收机构的减缩和轻税政策的刺激，商业市场大大活跃了，不但联系了南方和北方，也联系了城市和乡村以及全国的边远地区，繁荣了经济，改善了提高了人民生活，进一步地加强了国家的统一。

商品的生产和吐纳的中心，手工业作坊和批发行号的所在地，集中着数量相当巨大的后备工人和小商摊贩，城市人口剧烈地增加了。明初的工商业城市有南京、北平、苏州、松江、镇江、淮安、常州、扬州、仪真、杭州、嘉兴、湖州、福州、建宁、武昌、荆州、南昌、吉安、临江、清江、广州、开封、济南、济宁、德州、临清、桂林、太原、平阳、蒲州、成都、重庆、泸州等地。[114]

随着生产的恢复和发展，工商业的活跃，作为贸易媒介的全国统一货币的需要是愈来愈迫切了。

在朱元璋称王以前，元代的不兑现纸币中统交钞因为发行过多，军储供给，赏赐犒劳，每日印造，不可数计，舟车装运，轴轳相接，京师用钞十锭（一锭为钞五十贯，一贯钞的法定价格原为铜钱一千文）换不到一斗米。[115]至正十六年中统交钞已为民间所拒用，交易都不用钞，所在郡县都以物货相交易。[116]十七年铸至正之宝大钱五品称为权钞，以硬币代替纸币，结果纸币也罢，大钱代钞也罢，人民一概不要。人民嘲笑权钞的歌谣中说："人吃人，钞买钞，何曾见?"

朱元璋占应天后，首先铸大中通宝钱，以四百文为一贯，四十文为两，四文为一钱。平陈友谅后，命江西行省置货泉局。即帝位后，发行洪武通宝钱，分五等：当十、当五、当三、当二、当一。当十钱重一两，当一钱重一钱。应天置宝源局，各行省都设宝泉局专管铸钱，严禁私铸。洪武四年改铸大中洪武通宝大钱为小钱。虽然有了统一的货币，但是铜钱分量重，价值低，不便于数量较大的交易，也不便于远地转运，并且，商人用钞已经有了长期的历史，成为习惯了；用钱感觉不方便，很有意见。[117]

铜钱不便于贸易，决定发行纸币。七年设宝钞提举司，下设抄纸、印钞二局，宝钞、行用二库。八年命中书省造"大明宝钞"，以桑穰为纸料，纸质青色，高一尺，广六寸，外为龙纹花栏，上横额题"大明通行宝钞"，其内上栏之两旁各篆文四字：右旁篆"大明宝钞"，左旁篆"天下通行"。其中图绘钱贯形状，以十串为贯，标明币值一贯，下栏是："中书省（十三年后改为户部）奏准印造大明宝钞，与铜钱通行使用，伪造者斩，告捕者赏银二十五两。（十三年后改为赏银二百五十两）仍给犯

第一章 明初的恐怖统治：厂卫前传

人财产。洪武年月日。"背和面都加盖朱印。边沿标记字号一贯的画钱十串，五百文的画五串，以下是四百文、三百文、二百文、一百文，共六种。规定每钞一贯准钱千文，银一两。四贯准黄金一两。二十一年加造从十文到五十文的小钞。[118]

为了保证宝钞的流通，在发行时就以法律禁止民间不得以金银物货交易，违者治罪，告发者就以其物给赏。人民只准以金银向政府调换宝钞。并规定商税钱钞兼收，比例为收钱十分之三，收钞十分之七，一百文以下的只收铜钱。[119] 在外卫所军士每月食盐给钞，各盐场给工本钞。十八年命户部凡天下官禄米以钞代给，每米一石支付钞二贯五百文。[120]

宝钞的发行是适合当时人民需要的，对商业的繁荣起了作用。但是朱元璋抄袭元朝的钞法，只学了后期崩溃的办法，没有懂得元代前期钞法之所以通行，受到广大人民喜爱的道理。原来元初行钞，第一，有金银和丝为钞本准备金，各路无钞本的不发新钞；第二，印造有定额，计算全国商税收入的金银和烂钞兑换数量作为发行额数；第三，政府有收有放，丁赋和商税都收钞；第四，可以兑换金银，人民持钞可以向钞库换取金银。相反，元代钞法之所以崩溃，是因为把钞本动用光了；无限制滥发造成恶性膨胀，只发行不收回；不能兑换金银；烂钞不能换新钞。[121] 洪武钞法以元代后期钞法作依据，因之，虽然初行的几年，由于行用方便和习惯，还能保持和物价的一定比例，但是，由于回收受限制，发行量没有限制，发行过多，收回很少，不兑现纸币充斥于市场，币值便不能维持了。

宝钞发行的情况,以洪武十八年二月二十五日到十二月止为例,宝钞提举司钞匠五百八十名所造钞共九百九十四万六千五百九十九锭。[122]明代以钞五贯为一锭,这一年的发行额约为五千万贯;合银五千万两。明初每年国库银的收入,不过几万两,一年的发行额竟相当于银的收入一千倍左右,加上以前历年所发,数量就更大了。更由于印制的简陋,容易作假,伪钞大量投入市场[123],币值就越发低落了。二十三年两浙市民以钞一贯折钱二百五十文[124],二十七年降到折钱一百六十文。[125]到三十年杭州诸郡商贾,不论货物贵贱,一以金银定价,索性不用宝钞了。[126]元璋很着急,三番五次地申明:钞一贯应折钱一千文、旧钞可以换新钞、禁用铜钱;禁用金银交易等办法,还是不济事,钞值还是日益低落,不被人民所欢迎。到成化时(1465—1487)洪武钱民间全不通行,宝钞只是官府在用,一贯仅值银三厘,或钱二文,跌到原定法价的千分之二。[127]

大约百年以后由于对外贸易的发展,银子流入国内的一天天增多了。这样,在官府和市场就同时使用两种货币,官府支出用价值极低的纸币,收入却要银子,市场出入都用银子。银子终于逐渐代替了宝钞成为全国通行的通货。

三、人民的义务

红军起义的目的,就民族解放战争而说,洪武元年解放大都,蒙古统治集团北走。民族压迫的政权被推翻,这一历史任务是光辉地完成了。但是，另一个目的，解除阶级压迫的任务，却不可能完成。一部分旧的地主参加了新政权，出身农民的红军将领也由于取得政权而转化成新的地主阶级了，其中朱元璋和他的家族便是新地主阶级的代表人物。

元末红军起义对旧地主阶级发生了淘汰的作用，一部分地主被战争消灭了，一部分地主却由于战争而巩固和上升了他们的地位。

元末的农民，大部分参加了革命战争。他们破坏了旧秩序和压迫人民的统治机构。地主们正好相反，他们要保全自己的生命财产，就不能不维护旧秩序，就不能不拥护旧政权，阶级利益决定了农民和地主分别站在敌对的阵营。在战争爆发之后，地主们用全力组织武装力量，称为"民"军或"义"军，建立堡寨，抵抗农民军的进攻。现任和退休的官吏、乡绅、儒生和军人是地主军的将领，他们受过教育，有文化，有组织能力，在地方上有威望，有势力。虽然各地方的地主军人各自为战，没有统一指挥和作战计划，军事力量也有大小强弱的不同，但因为数量多，分布广，作战顽强，就成为反对红军的主要敌人了。经过二十年的战争，长江南北的巨族右姓，有的死于战争，有的流亡到外地。[128] 参加扩廓帖木儿、孛罗帖木儿两支地主军的湖、湘、关、陕、鲁、豫等地的地主，也随着这两支军队的消灭而消灭了。一部分地主为战争所消灭，另一部分地主如刘基、宋濂、叶琛、章溢等则积极参加了红军，共同建立新政权，成为大明帝国新统治集团的组成部分，和由农民起义转化的新地主们一起，继续对广大农民进行压迫和剥削。

朱元璋和他的将领都是农民出身的，过去曾亲身经受过地主的压迫和剥削。但在革命战争过程中，本身的武装力量不够强大，为了壮大自己，孤立敌人，又非争取地主们参加不可，浙东这几家大族的合作，是他之所以取得胜利的基本条件之一。到了他自己和将领们都转化成为大地主以后，和旧地主们的阶级利益一致了，但又发生了新的矛盾，各地地主用隐瞒土地面积、荫庇漏籍人口等手段和皇家统治集团争夺土地和人力，直接危害到帝国的财政税收，地主阶级内部矛盾的深化，促成了帝国赋役制度的整顿和改革。

元璋于龙凤四年取金华后，选用宁越（金华）七县富民子弟充宿卫，名为御中军。[129]照当时的军事形势看来，这是很重要的军事措施，因为把地主们的子弟征发为禁卫军人，随军征战，等于作质，就不必担心这些地区地主的军事反抗了。洪武十九年选取直隶应天诸府州县富民子弟赴京补吏，凡一千四百六十人[130]，也是一样作用。对地主本身，洪武三年作的调查，以田税多少比较，浙西的大地主数量最多，以苏州一府为例，每年纳粮一百石以上到四百石的四百九十户；五百石到一千石的五十六户；一千石到二千石的六户；二千石到三千八百石的二户，共五百五十四户，每年纳粮十五万一百八十四石。[131]三十年又作了一次调查，除云南、两广、四川以外，浙江等九布政司，直隶应天十八府州，地主们田在七顷以上的共一万四千三百四十一户。编了花名册，把名册藏于内府印绶监，按名册以次召来，量才选用。[132]

对地主的政策，双管齐下，一是任为官吏或粮长；一是迁到京师。在科举法未定之前，选用地主做官，叫作税户人才，有做知县、知州、知府的，有做布政使以至朝廷的九卿的。[133] 又以地主为粮长，以为地方官都是外地人，不熟悉本地情况，吏胥土豪作弊，任意克削百姓。不如用有声望的地主来征收地方赋税，负责运到京师，可以减少弊病。[134] 洪武四年九月命户部计算土田租税，以纳粮一万石为一区，选占有大量田地纳粮最多的地主为粮长，负责督收和运交税粮。[135] 如浙江行省人口一百四十八万七千一百四十六户，每年纳粮九十三万三千二百六十八石，设粮长一百三十四人。[136] 粮长下设知数一人，斗级二十人，运粮夫千人。[137] 并规定对粮长的优待办法，凡粮长犯杂犯死罪和徒流刑的可以纳钞赎罪。[138] 三十年又命无下郡县每区设正副粮长三名，编定次序，轮流应役，周而复始。[139] 凡粮长按时运粮到京师的，元璋亲自召见，合意的往往留下做官。[140] 元璋把征粮和运粮的权力交给地主，以为"此以良民治良民，必无侵渔之患矣"。[141] "免有司科扰之弊，于民甚便。"[142] 事实上恰好相反，地主做了粮长以后，在原来对农民剥削的基础上，更加上了国家赋予的权力，如虎添翼，农民的痛苦更深更重了。如粮长邾阿乃起立名色，科扰民户，收舡水脚米、斛面米、装粮饭米、车脚钱、脱夫米、造册钱、粮局知房钱、看米样中米，等等，通计苛敛米三万二千石，钞一万一千一百贯。正米止该一万石，邾阿乃个人剥削部分竟达米二万二千石，钞一万一千一百贯。农民交纳不起，强迫以房屋准折，揭屋瓦，变卖牲口以及衣服段匹布帛锅灶水车农具，等等。[143] 又如嘉定县粮长金仲芳等三名巧立名色征粮附加到十八种。[144] 农民吃够了苦头，无处控诉。[145] 朱元璋也发觉粮长之弊，用严刑制裁，尽管杀了一些人，粮长的作恶，农民的被额外剥削，依然如故。[146]

除任用地主做官收粮以外，同时还采用汉高祖徙天下豪富于关中的政策，洪武二十四年徙天下富户五千三百户于南京。[147] 三十年又徙富民一万四千三百余户于南京，称为富户。元璋告诉工部官员说："昔汉高祖徙天下豪富于关中。朕初不取，今思之，京师天下根本，乃知事有当然，不得不尔。"[148]

地主们对做官做粮长当然很高兴，感激和支持这个维护本阶级利益的政权。但同时也不肯放弃增加占领田土和人力的机会，用尽一切手段逃避对国家的赋税和徭役，两浙地主所用的方法，把自己田产诡托（假写在）亲邻佃仆名下，叫作"铁脚诡寄"。普遍成为风气，乡里欺骗州县，州县欺骗府，奸弊百出，叫作"通天诡寄"。[149] 此外，还有洒派、包荒、移丘换段等手段。元璋在处罚这些地主以后，气愤地指出：

民间洒派、包荒、诡寄、移丘换段，这等都是奸顽豪富之家，将次没福受用财赋田产，以自己科差洒派细民；境内本无积年荒田，此等豪猾买嘱贪官污吏及造册书算人等，其贪官污吏受豪猾之财，当科粮之际，作包荒名色征纳小户，书算手受财，将田洒派、移丘换段，作诡寄名色，以此靠损小民。[150]

第一章　明初的恐怖统治：厂卫前传　　　　　　　　　　97

地主把负担转嫁给贫民，结果是富的更富，穷的更穷。[151]地主阶级侵占了皇家统治集团应得的租税和人力，农民加重了负担，国家一方面田赋和徭役的收入、供应减少；一方面农民更加穷困饥饿，动摇了侵蚀了统治集团的经济基础，阶级内部发生矛盾，斗争展开了。

经过元末二十年的战争，土地簿籍多数丧失，保存下来的一部分，也因为户口变换，实际的情况和簿籍不相符合。大部分土地没有簿籍可查，逃避了国家赋役；有簿籍的土地，登记的面积和负担又轻重不一，极不公平。朱元璋抓住这中心问题，向地主进行斗争。方法是普遍丈量土地和调查登记人口。

洪武元年正月派周铸等一百六十四人往浙西核实田亩，定其赋税。[152]五年六月派使臣到四川丈量田亩。[153]十四年命全国郡县编赋役黄册。二十年命国子生武淳等分行州县，编制鱼鳞图册。[154]前后一共用了二十年的时间，才办好这两件事。

丈量土地所用的方法，是派使臣往各处，随其税粮多少，定为几区，每区设粮长四人，会集里甲耆民，量度每块田亩的方圆，做成简图编次字号，登记田主姓名和田地丈尺四至，编类各图成册，以所绘的田亩形状像鱼鳞，名为鱼鳞图册。

人口普查的结果，编定了赋役黄册。把户口编成里甲，以一百一十户为一里，推丁粮多的地主十户做里长，余百户为十甲。每甲十户，设一甲首。每年以里长一人，甲首一人，管一里一甲之事。先后次序根据丁粮多少，每甲轮值一年。十甲在十年内先后轮流为国家服义务劳役，一甲服役一年，有九年的休息。在城中的里叫坊，近城的叫厢，乡都的皆叫作里。每里编为一册，里中有鳏寡孤独不能应役的，带管于一百一十户之外，名曰畸零。每隔十年，地方官以丁粮增减重新编定服役的次序，因为册面用黄纸，所以叫作黄册。

鱼鳞图册是确定地权的所有权的根据，赋役黄册是征收赋役的根据，通过土地和人户的普查，制定了这两种簿籍，颁布了租税和徭役制度。不但大量漏落的土田人口被登记固定了，国家增加了物力和人力，稳定了巩固了统治的经济基础，同时，也有力地打击了一部分地主阶级，从他们手中夺回对一部分土地和人口的控制，从而大大增强了皇家统治集团的权力，更进一步走向高度的集中、专制。朱元璋的政权，比过去任何一个时代，都更加强大、集中、稳定、完备了。

对城乡人民，经过全国规模的土地丈量，定了租税，在册上详细记载土地的情况，原坂、平衍、下湿、沃瘠、沙卤的区别，并规定凡置买田地，必须到官府登记及过割税粮，免掉贫民产去税存的弊端，同时也保证了政府的税收，十年一次的劳役，使人民有轮流休息的机会，这些措施，确实减轻了人民的负担，鼓舞了农民的生产情绪，对于社会生产力的推进，起了显著的作用。

对破坏农业生产的吏役，用法律加以制裁，例如"松江一府坊厢中不务生理，交结官府者一千三百五十名，苏州坊厢一千五百二十一名，皆是市井之徒，不知农民艰苦，帮闲在官，自名曰小牢子、野牢子、直司、主文、小官、帮虎，其名凡六。

不问农民急务之时，生事下乡，搅扰农业。芒种之时，栽种在手，农务无隙，此等赍执批文，抵农所在，或就水车上锁人下车者有之，或就手内去其秧苗锁人出田者有之……纷然于城市乡村扰害人民"。[155]元璋下令加以清理，除正牢子合应正役以外，其他一概革除，如松江府就革除了小牢子、野牢子等九百余名。[156]一个地方减少了四分之三为害农民的吏役，这对于农民正常进行生产有很大好处。

朱元璋虽然对一部分地主进行了斗争，对广大农民作了让步；一部分地主力量削弱了，农民生产增加了。但是，这个政权毕竟是地主阶级的政权，首先为地主阶级服务，即使对农民采取了一些让步的措施，其目的也还是为了巩固和强化整个地主阶级的统治权。无论是查田定租，无论是编户定役，执行丈量的是地主，负责征收粮米的还是地主，当里长甲首的依然是地主，在地方和朝廷做官的更非地主不可，从下而上，从上而下的重重地主统治：地主首先要照顾的是自己家族和亲友的利益，决不会照顾到小自耕农和佃农。由于凭借职权的方便，剥削舞弊都可以通过国家政权来进行，披上合法的外衣，农民的痛苦越发无可申诉；而且，愈是大地主，愈有机会让子弟受到教育，通过科举和税户人才等成为官僚绅士，官僚绅士享有合法的免役权，洪武十年朱元璋告诉中书省官员：

食禄之家，与庶民贵贱有等，趋事执役以奉上者，庶民之事也。若贤人君子，既贵其身，而复役其家，则君子野人无所分别，非劝士待贤之道。自今百司见任官员之家有田土者，输租税外，悉免其徭役，著为令。

洪武十二年又下令：

自令内外官致仕还乡者，复其家终身无所与。[157]

连乡绅也享有免役权了。在学的学生，除本身免役外，户内还优免二丁差役。[158] 这样，现任官、乡绅、生员都豁免差役，有办法逃避租税，完粮当差的义务，便完全落在自耕农和贫农身上了。自耕农和贫农不但要出自己的一份，其实官僚绅士地主的一份，亦何尝不由农民实际负担，官僚地主不交的那一份，他们也得一并承担下来。官僚绅士越多的地方，人民的负担就越重。

人民的负担用朱元璋的话叫作"分"，即应尽的义务。洪武十五年他叫户部出榜晓谕两浙江西之民说："为吾民者当知其分，田赋力役出以供上者，乃其分也。能安其分，则保父母妻子，家昌身裕，为忠孝仁义之民。"不然呢？则"不但国法不容，天道亦不容矣"！应该像"中原之民……惟知应役输租，无负官府"。只有如此，才能"上下相安，风俗淳美，共享太平之福"。[159]

朱元璋要求人民尽应役输税的义务，定下制度，要官吏奉公守法，严惩贪污，手令面谕，告诫谆谆，期望上下相安，共享太平之福。但是官吏并不肯照他的话办事，地主做官只是管百姓，并不想替百姓办事，结果许多制度命令都成为空文，官僚政治的恶果当时便有人明确地指出：

今之守令，以户口钱粮狱讼为急务。至于农桑学校，王政之本，乃视为虚文而置之，将何以教养斯民哉！以农桑言之，方春，州县下一白帖，里甲回申文状而已，守令未尝亲视种艺次第，旱涝戒备之道也。

官吏办的是公文。公文上办的事应有尽有，和实际情况全不相干。上官按临地方检查的也是公文，上下都以公文办事，"法出而奸生，令下而诈起"。这是洪武九年的情形。[160] 十二年后，解缙奉诏上万言书，也说：

> 臣观地有盛衰，物有盈虚，而商税之征，率皆定额，是使其或盈也，奸黠得以侵欺；其歉也，良善困于补纳。夏税一也，而茶椒有粮，果丝有税，既税于所产之地，又税于所过之津，何其夺民之利至于如此之密也。且多贫下之家，不免抛荒之咎。今日之土地无前日之生植，而今日之征聚有前日之税粮，或卖产以供税，产去而税存；或赔办以当役，役重而民困，土田之高下不均，起科之轻重无别，膏腴而税反轻，瘠卤而税反重。[161]

道理也清楚得很，正因为是"贫下之家"，才被迫抛荒，地主负担特别轻，不但不会抛荒，而且尽力兼并。膏腴之田是地主的，瘠卤之田是贫民的，地主阶级自己定的税额，当然是膏腴轻而瘠卤重。

严惩贪污，贪污还是不能根绝，用朱元璋自己的话来证明吧，他说：

> 浙西所在有司，凡征收，害民之奸，甚如虎狼。且如折收秋粮，府州县官发放，每米一石，官折钞二贯，巧立名色，取要水脚钱一百文，车脚钱三百文，口食钱一百文。库子又要办验钱一百文，蒲篓钱一百文，竹篓钱一百文，沿江神佛钱一百

文。害民如此，罪可宥乎！[162]

　　折粮原来是便民的措施，浙西运粮一石到南京，要花四石运费，百姓困苦不堪。[163] 改折为钞，可以减轻了浙西农民五分之四的负担。钞是用不着很大运费和蒲竹篓包装的，但地方官还是照运粮的办法苛敛，用种种名色加征至九百文，约合折价的百分之五十。急得朱元璋只是跺脚，说："我欲除贪赃官吏，奈何朝杀而暮犯！今后犯赃者，不分轻重皆诛之！"[164]

　　洪武一朝，"无几时不变之法，无一日无过之人"。[165] 是历史上封建政权对贪污进行斗争最激烈的时期，杀戮贪官污吏最多的时期。虽然随杀随犯，不可能根本清除贪污，但是朱元璋下定决心，随犯随杀，甚至严厉到不分轻重都杀，对贪污的减少是起了作用的，对人民有好处，人民是感谢他、支持他的。

1955 年 4 月 14 日

（原载《历史研究》第三期，1955 年 6 月）

注释

[1]《毛泽东选集》。

[2]《明太祖实录》卷五。

[3]《明太祖实录》卷三三。

[4] 顾炎武《日知录》卷一〇《开垦荒地》。

[5]《明太祖实录》卷二九。

[6]《明太祖实录》卷一七六。

[7]《明太祖实录》卷五三。

[8]《明太祖实录》卷一四八、二五〇。

[9]《明太祖实录》卷九六、一九三。

[10]《明太祖实录》卷一一二、一六四。

[11]《明太祖实录》卷一八。

[12]《明太祖实录》卷二五〇。

[13]《明太祖实录》卷二二。

[14]《明太祖实录》卷二二三、二三六、二四三,《明史》卷七七《食货志》一。

[15]《明太祖实录》卷五三。

[16]《大明会典》卷一七《户部田土》。

[17]《大明会典》,《明太祖实录》卷二四三。

[18]《明太祖实录》卷二一。

[19]《明太祖实录》卷一四三。

[20]《明太祖实录》卷一九六。

[21]《明太祖实录》卷二四三,《明史》卷七七《食货志》一。

[22] 赵翼《陔余丛考》卷四一《凤阳丐者》。

[23]《明太祖实录》,《明史》卷八八《河渠六·直省水利》。

[24]《明太祖实录》卷二四三,顾炎武《日知录》卷一二《水利》。

[25]《明太祖实录》卷一五,《明史》卷一三八《杨思义传》。

[26]《明太祖实录》卷二七、二〇七,查继佐《罪惟录》,《明太祖本纪》一。

[27]《明太祖实录》卷二一五、二二二、二三二、二四三、二四六,《明会典》,朱国桢《大政记》,《明通纪》。

[28]《明太祖实录》卷七七、二四三。

[29]《明太祖实录》卷二五五,谷应泰《明史纪事本末》卷一四《开国规模》。

[30]《古今图书集成》《农桑部》。

[31]《明太祖实录》卷三〇。

[32]《明太祖实录》卷六一、二二三。

[33]《明太祖实录》卷二三六。

[34]《明太祖实录》卷一一二、一一八、一五三、一五九、一六三。

[35]《明太祖实录》卷一一七。

[36]朱彝尊《明诗综》卷一〇〇。

[37]《明太祖实录》卷三八。

[38]《明太祖实录》卷六九、二二〇。

[39]赵翼《二十二史札记》卷三三《重惩贪吏》。

[40]《明史》卷二八一《循吏传序》。

[41]《大诰续编》。

[42]《明太祖实录》卷一三〇。

[43]《明太祖实录》卷五三、二〇二、二一一、二三一,朱健《古今治平略》,《明史》卷七八《食货志》二。

[44]《明太祖实录》卷一四〇、二一四。

[45]《明史》卷七七《食货志一·田制》。

[46]《明太祖实录》卷一七六。

[47]《明太祖实录》卷二〇六。

[48]《明太祖实录》卷二一四。

[49]《明太祖实录》卷二三〇。《明史·食货志》:"赋役作夏秋二

第一章 明初的恐怖统治:厂卫前传

税,收麦四百七十余万石,米二千四百七十余万石。"

[50]《元史》卷九三《食货志·税粮》。

[51]《明史》卷七八《食货志二·赋役》。《明太祖实录》卷二四一:"山东济南府广储、广丰二仓,粮七十五万七千百石,蓄积既多,岁久红腐。"

[52]《明太祖实录》卷一四〇;卷二一四:"二十四年为户一千零六十八万四千四百三十五,口五千六百七十七万四千五百六十一。"口数比十四年少三百万,是不应该的,可能传写有错误,今不取。

[53]《明史》卷七七《食货志·户口》。

[54]《元史》卷九三《食货志》。

[55]《明史》卷七八《食货志·赋役》。

[56]《明太祖实录》卷九六、九八、一〇二。

[57]张勃《吴录·地理志》;《南史》,《呵罗单传》、《干陀利传》、《婆利传》、《中天竺传》、《渴盘陀传》;《北史·真腊传》;《梁书·林邑传》;《唐书·环王传》。

[58]《南史·高昌传》,《唐书·地理志》。

[59]明丘浚《大学衍义补》:"至我国朝,其种乃遍布于天下,地无南北皆宜之,人无贫富皆赖之,其利视丝枲盖百倍焉。故表出之,使天下后世,知卉服之利,始盛于今代。"

[60]孔鲋《小尔雅》:"麻纻葛曰布。"桓宽《盐铁论》:"古者庶人耋老而后衣丝,其余则仅麻枲,故曰布衣。"《陈书·姚察传》:"门生送麻布一端,谓之曰:'吾衣者,止是麻布。'"

[61]元王桢《木绵图谱序》,引《诸番杂志》。

[62]《元史·英宗本纪》。

[63]《古今书图集成》《木绵部》。

[64]周去非《岭外代答》卷六;赵汝适《诸番志》下。方勺《泊宅编》:"闽广多种木棉。彭乘《续墨客挥犀》上:"闽岭以南多木棉,土人竞植之,有至数千株者,采其花为布,号吉贝布。"《通鉴》卷一五九胡三省注:"木绵江南多有之⋯⋯织以为布,闽广来者尤为丽密。"邱浚《大学衍义补》:"宋元之间

始传其种入中国,关陕闽广首得其利,盖此物出外夷,闽广通海舶,关陕壤接西域故也。"李时珍《本草纲目》:"此种出南番,宋末始入江南。"

[65]《宋史·崔与之传》。

[66]《农桑辑要》卷二。

[67] 王祯《木绵图谱序》:"木绵产自海南,诸种艺制作之法,骎骎北来,江淮川蜀既获其利。至南北混一之后,商贩于此,被服渐广,名曰吉布,又曰棉布。"

[68]《元史》卷一五《世祖本纪》。

[69]《元史》卷九三《食货志·税粮》。

[70]《农桑辑要》卷二。

[71] 赵汝适《诸番志》下,周去非《岭外代答》卷六。

[72] 方勺《泊宅编》中。

[73] 陆心源《宋诗纪事补》卷七五,艾可叔《木棉诗》。

[74]《资治通鉴》卷一五九,胡三省注。

[75] 方勺《泊宅编》中。

[76]《农桑辑要》。

[77] 陶宗仪《辍耕录》卷二四《黄道婆》。

[78] 王逢《梧溪集》卷三《黄道婆祠》。

[79] 王逢《梧溪集》卷三《黄道婆祠》。

[80]《梧溪集》卷七《半古歌》。

[81]《旌义编》二:"诸妇每岁公堂(公共所有)于九月俵散木棉,使成布匹,限以次年八月交收,通卖钱物,以给一岁衣资之用。"郑涛是浙江浦江著名大族地主郑义门的族长,《旌义编》有洪武十一年宋濂序。

[82]《群芳谱》。

[83]《梧浔杂佩》。

[84] 徐光启《农政全书》卷三五《木棉》。

[85] 参看俞正燮《癸巳类稿》卷一四《木棉考》。冯家升《我国纺织家黄道婆对于棉织业的伟大贡献》》,幸载《历史教学》,

第一章 明初的恐怖统治:厂卫前传

1954（4）。

[86]宋应星《天工开物》卷上《乃服》。

[87]王象晋《木棉谱序》，徐光启《农政全书》卷三五《木棉》。

[88]《始丰稿》卷一。徐一夔，天台人，《明史》卷二八五有传。

[89]《明太祖实录》卷六七。

[90]《明太祖实录》卷四二。

[91]《明太祖实录》卷六七。

[92]《明太祖实录》卷一二五。

[93]《明太祖实录》卷一二八。

[94]《明太祖实录》卷一五〇、一五六。

[95]《明太祖实录》卷一七二、一七四。

[96]《明太祖实录》卷六七。

[97]《明太祖实录》卷一三四。

[98]《明太祖实录》卷一六三、二五二。

[99]《明太祖实录》卷一四。

[100]《明太祖实录》卷八五。

[101]《明太祖实录》卷一四五。

[102]《明太祖实录》卷一五〇。

[103]《明太祖实录》卷一七六、二四二、二五六。

[104]《明史》卷八一《食货志》、《铁冶所》，《大明会典》。

[105]《大明会典》卷一九《户口》。

[106]《大明会典》卷一八九，《明史·严震直传》。

[107]《大明会典》卷一八八。

[108]《明史》卷一五七《张本传》。

[109]《大明会典》卷一八九。

[110]吴晗《元明两代之"匠户"》，载《云南大学学报》第一期，1938年。

[111]《明太祖实录》卷三四。

[112]《明太祖实录》卷二一一，《明史》卷八一《食货志·商税》。

[113]《明太祖实录》卷二三四。

[114]《明宣宗实录》卷五〇。
[115]《元史》卷九七《食货志·钞法》。
[116] 孔齐《至正直记》卷一,《元史》卷九七《食货志·钞法》。
[117]《明史》卷八一《食货志·钞法》。
[118]《大明会典》卷三一《钞法》,《明史》卷八一《食货志·钞法》。
[119]《大明会典》卷三一《钞法》。
[120]《明太祖实录》卷一七六。
[121] 参看1946年7月《中国社会科学集刊》七卷二期吴晗《元史食货志钞法补》、1943年6月《人文科学学报》二卷一期吴晗《记大明通行宝钞》二文。
[122]《大诰续编·钞库作弊第三二》。
[123]《大诰·伪钞第四八》:"宝钞通行天下,便民交易。其两浙江东西民有伪造者,句容县民杨馒头木人起意,县民合谋者数多,银匠密修锡板,文理分明,印纸马之户同谋刷印,捕获到官。自京至于句容,所枭之尸相望。"
[124]《明太祖实录》卷二〇五。
[125]《明太祖实录》卷二三四。
[126]《明太祖实录》卷二五一。
[127] 陆容《菽园杂记摘抄》卷五。
[128] 贝琼《清江集》卷八《送王子渊序》。
[129]《明太祖实录》卷六。
[130]《明太祖实录》卷一七九。
[131]《明太祖实录》卷四九。
[132]《明太祖实录》卷二五二、二五四。
[133] 吴宽《鲍翁家藏集》卷七五《施孝先墓表》。
[134] 宋濂《朝京稿》卷五《上海夏君新圹铭》,吴宽《鲍翁家藏稿》卷五二《恭题粮长敕谕》。
[135]《明太祖实录》卷六八。
[136]《明太祖实录》卷七〇。

第一章 明初的恐怖统治:厂卫前传

[137]《明太祖实录》卷八五。

[138]《明太祖实录》卷一〇二。

[139]《明太祖实录》卷二五四。

[140]《明史》《食货志·赋役》,《鲍翁家藏稿》卷四三《尚书严公流芳录序》。

[141]《明太祖实录》卷六八。

[142]《明太祖实录》卷一〇二。

[143]《大诰续编》卷四七。

[144]《大诰续编》卷二一。

[145] 黄省曾《吴风录》。

[146] 宋濂《朝京稿》卷五《上海夏君新圹铭》。

[147]《明太祖实录》卷二〇。

[148]《明太祖实录》,《明史》卷七七《食货志一》。

[149]《明太祖实录》卷一八〇。

[150]《大诰续编》卷四五《靠损小民》

[151]《明太祖实录》卷一八〇。

[152]《明太祖实录》卷二九。

[153]《明太祖实录》卷一七四。

[154]《明太祖实录》卷一三五、一八〇。

[155]《大诰续编·罪除滥役第七四》。

[156]《大诰续编·松江逸民为害第二》。

[157]《明太祖实录》卷一一一、一二六。

[158] 张居正《太岳集》卷三九《请申旧章饬学政以振兴人才疏》。

[159]《明太祖实录》卷一五〇。

[160]《明史》卷一三九《叶伯巨传》。

[161]《明史》卷一四七《解缙传》。

[162]《大诰·折粮科敛第四十一》。

[163] 宋濂《芝园续集》卷四《故歧宁卫经历熊府君墓铭》。

[164] 刘辰《国初事迹》。

[165]《明史》卷一四七《解缙传》。

历史上的国民身份证——传·过所·路引

一

今天在各地所施行的国民身份证制度，尽管立法的人是自以为学的"先进"国家的衣钵，其实，仔细研究一下，形式虽欧化，骨子里的精髓，却道道地地是东方的，有其历史上的根源，我的意思是说，这一套办法确是两千年来的统治术的复活，旧内容，新形式。

我愿意以历史学者的立场，对这问题加以历史的探索。

从历史上来考研身份证制度，这东西古代叫作传，唐代叫作过所，宋代称为公凭，明代则名为路引。凡外国人入境，本国人从甲地到乙地，都必须随身携带，证明他的身份职业、行李多少和旅行目的；尤其是年龄，在征兵制度下，合于兵役年龄的壮丁，是不许可无故离开所属的兵役区的，没有身份证的，不是罪犯，便是逃兵，关津不许通过。君权的支柱之一是军队，身份证是保障兵源的重要措施。君权的永固必须铲除异己的力量，无论是思想上或行动上的反对者，身份证恰恰保证了这一点。明代军民分开，路引制度的重点就特重在防闲人民，把人民圈禁在土地上，使之不能动弹反侧这一措施上。

二

王国维《简牍简署考》:"传信有二种,一为出入关门之传,郑氏《周礼注》所谓若今过所文书是也。"《周礼·地官·司徒》郑注:"传如今过所文书,当载人年几及物多少,至关至门,皆别写一通入关家门家,乃案勘而过,其内出者义亦然。"崔豹《古今注》记传之形制说:"凡传皆以木为之,长五寸,书符信于上,又以一板封之,皆封以御史印章,所以为信也,如今之过所也。"《汉书·文帝纪》:"十二年三月(前168)除关无用传。"注:"张晏曰:传,信也,若今过所也。如淳曰:两行书帛,分持其一,出入关合之乃得过,谓之传也。李奇曰:传,棨也。师古曰:张说是也。古者或用棨,或用缯帛,棨者刻木为合符也。"由此知古代之传,即后代之过所,传有两种,一种用木,一种用帛,都有正副两份。

汉代的传,或用或废,前后不一,文帝十二年废传,景帝时复置,武帝初年又废,《汉书·窦婴传》说:"文帝时除关无用传,景帝四年(前153)以七国反复置。武帝时窦婴为丞相,复除之。"婴死后,又恢复了。《终军传》说:"年十八选为博士弟子,从济南当诣博士,步入关,关吏予军繻,军问以此何为?吏曰:为复传。还当以合符。军曰:大丈夫西游,终不复传还,弃繻而去。军为谒者,使行郡国,建节东出关,关吏识之曰:此使者乃前弃繻生也。"窦婴以汉武帝建元元年为丞相,元光四年死(前140至前131),除传当是这十年内的事。终军年十八为博士弟子,元朔五年(前124)六月置博士弟子五十八。死时年二十余，故世谓之终童。军人关至长安上书言事，拜为谒者给事中，从上幸雍，祠五畤，获白麟一角而五蹄，由是改元为元狩（前122）。军入关时已复用传，知复传当在元朔五年以前。《汉书》注："张晏曰：音须，符也。书帛裂而分之，若券契矣，苏林曰：绢，帛边也。旧关出入皆以传，传烦，因裂繻头，合以为符信也。"复传，师古注曰："复，返也，谓返出关，更以为传。"由此知汉武帝复传以后，传的形制渐趋简单化，过关才用，管传的便是关吏。又知平民出入关用传，朝廷使者仗节出入，便用不着了。这制度似乎到东汉还因仍旧贯，《后汉书·郭丹传》说："后从师长安，买符入函谷关。乃慨然叹曰：丹不乘使者车，终不出关。"注："符即也，买符非真符也。《东观纪》曰：丹从宛人陈洮买入关符，既入关，封符乞人也。"和终军的故事一样，所不同的是终军是地方保送到长安受学的博士弟子，有官方的证明文件，关吏无条件予繻。郭丹则是以私人身份入关，而入关是要证明的，得想法从宛人陈洮买繻。从买字说，必定得付一笔钱，也是可想而知的。

隋代叫传作公验，《隋书·文帝纪》："开皇十八年（公元598）九月庚寅敕，客舍无公验者，坐及刺史县令。"

唐代叫作过所，定制最为详密。《旧唐书·职官志》："尚书刑部司门郎中、员外郎（各一人）之职，掌天下诸门及关出入往来之籍，赋而审其政。关所以限中外，隔华夷，设险作固，闲邪正禁者也。凡关呵而不征。凡度关者，先经本部本司请过所，在京则省给之，在州则州给之，而虽非所部，有来文者，所在亦给（出塞逾月者给行牒，猎手所过给长籍，三月一易）。"

第一章　明初的恐怖统治：厂卫前传　　　　　　　　113

括弧内用《新唐书·百官志》补。地方则有户曹司户参军，专掌户籍计帐，道路过所。关有关令，凡行人车马出入往来，必据过所以勘之。《唐律疏议·卫禁》："诸私度关者徒一年，越度者加一等。（不由门为越）疏议曰：水陆等关，两处各有关禁。行人来往，皆有公文，谓驿使验符券，传送据递牒，军防丁夫有总历，自余各请过所而度。若无公文私从关门过，合徒一年。越度者谓关不由门，津不由济而度者，徒一年半。诸不应度关而给过所，（取而度者亦同）若冒名请过所而度者，各徒一年。疏议曰：不应度关者，谓有征役番期及罪谴之类，皆不合辄给过所，而官司辄给，及身不合度关而取过所度者，若冒他人名请过所而度者，徒一年。"过所必需本人执用，如家人相冒，杖八十。主司及关司知情，各与同罪。甚至家畜出入亦需请过所。诸关津度人，无故留难者，一日主司答四十，一日加一等，罪止杖一百。若军务急速而留难不度，致稽废者，自从所稽废重论。诸私度有他罪重者，主司知情，以重者论。疏议曰：或有避死罪逃亡，别犯徒以上罪，是各有他罪重，关司知情者，以故纵罪论，各得所度人重罪。到宝应元年（公元762）因军务关系，又令骆谷、金牛、子午等路，往来行客所将随身器仗，今日以后，除郎官御史诸州都统进奉等官，任将器械随身，自余私客等，皆须过所上具所将器械色目，然后放过。如过所上不具所将器械色目数者，一切于守捉处勒留。[1]

唐过所形制，据日本《三善清行智证大师传》所录圆城寺所藏圆珍过所，依原来的款式，移录如下：

越州都督府

日本国内供奉　敕赐紫衣僧圆珍年四十三行者丁满年五十驴两头并随身经书衣钵等

上都已来路次检案内人二驴两头并经书衣钵等

得状称仁寿三年七月十六日离本国大中七年九月十四日到唐国福州至八年九月二十日到越州开元寺听习今欲

略往两京及五台山等巡礼求法却来此听读恐

所在州县镇铺关津堰寺不练行由伏乞给往

还过所勘得开元寺三纲僧长泰等状同事须给过所者准给者此已给讫幸依勘过

大中九年三月十九日　给

　　　　　　府
功曹参军　史
　　　　　　丞

潼关六月十五勘入

仁寿是日本文德天皇年号，仁寿三年当唐宣宗大中七年，公元853年。

唐末扰乱，政府统治力量一天比一天不行，过所制度也自然而然地破坏了。梁开平三年（公元909）政府想重新整顿，加强控制，特派宰相专管，《五代会要·司门》："十月敕，过所先是司门郎中员外郎出给，今寇盗未平，恐漏奸诈，宜令宰臣赵光逢专判。凡出给过所，先具状经中书点检判下，即本司郎中据状出给。"到后汉乾祐元年（公元948）又敕："左司员外郎卢振奏，请应有经过关津州府诸色人等，并须于司门请给公验，令所在辨认，方可放过，宜依所陈，颁示天下。"据《旧五代史·杨邠传》："邠即专国政……自京师至诸州府行人往来，并须给公凭。所由司求请公凭者，朝夕填咽。旬日之间，民情大扰，行路拥塞，邠乃止其事。"公凭《新五代史》作过所。乾祐上距开平，不过四十年，乾祐的办不通，那么，开平的怕也是纸面文章吧。宋代继承杨邠的办法，也叫公凭。使用的人似乎以商旅为最多，李焘《续资治通鉴长编》一〇六："天圣六年（公元1028）九月癸丑，益州钤辖刘承颜言：商旅入川无公凭者，多由葭萌私路往，请如剑门置关，仍令逐处给公凭，至者察验之，谓从其请。"便是一例。

从汉唐两代的制度推测，据《唐律》，有征役番期及罪谴之人，皆不合给过所，可以知道过所的主要作用，是防止军士或后备军的逃亡，附带的才是罪人或逃犯的度越。汉行征兵制，唐行府兵制，传或过所必须载明身份年龄籍贯，为的是防止合龄壮丁军伍的逃匿，是保障兵源的重要步骤。汉末征兵制度破坏，代以募兵，唐后期藩镇割据，朝廷和藩镇都以募兵作战，由此，也可以了解从汉末到魏晋南北朝这一段和唐末到元这一长时期，关于身份证制度记载不详的原因了。

三

公凭在明代叫作路引，军民往来，必凭路引，违者关津擒拿，按律治罪。

假如汉唐的传和过所，目的是偏重在保障兵源的话，那么，明代的路引，用意是偏重在钳制、束缚、管辖和镇压人民。

要明白明代路引制度的作用，最好用创立这制度的人自己的话来说明。明太祖在洪武十九年（公元1386）颁行的《御制大诰续编》里几次提到路引。他要四民各安其业，特别指出要互知丁业，也就是互相监视，训词说："先王之教，其业有四，曰：士农工商。昔民从教，专守四业，人民大安。异四业而外乎其事，未有不堕刑宪者也。朕本无才，曰先王之教，与民约告，诰出，凡民邻里，互相知丁，互知务业，俱在里甲。县府州务必周知，市村绝不许有逸夫。若或异四业而从释道者，户下除名。凡有夫丁，除公占外，余皆四业，必然有效。若或不遵朕教，或顽民丁多，及单丁不务生理，捏巧于公私，以构患民之祸，许邻里亲戚诸人等，拘拿赴京，以凭罪责。若一里之间，百户之内，见诰仍有逸夫，里甲坐视，邻里亲戚不拿其逸夫者，或于公门中，或在市间里，有犯非为，捕获到官，逸夫处死，里甲四邻，化外之迁，的不虚示！"人人都安于四业，才好统治。所谓逸夫，是不务四业之人，专会煽惑鼓动，不说"明王出世"，就喊"弥勒降生"，像元末传播革命的彭莹玉、韩山童、郭子兴和他自己，都是好例子。要清除这类危险分子，必须知丁，如何知丁？"知丁之法，某民丁几，受农业者几，受士业者几，受工业者几，受商业者几。"也就是调查户口，这一项他已经花了十几年功夫，调查停当，作了户帖（户口卡片）和黄册（户口调查清册），并且把户口编成里甲，十户为甲，十

第一章　明初的恐怖统治：厂卫前传　　　　　　　　　　　*117*

甲为里。甲有甲长,里有里长,头头是道了。问题是如何才能保证每一丁都是安分良民呢?一个方法是互相监视,"且欲士者志于士,进学之时,师友某氏,习有所在,非社学则入县学,非县必州府之学,此其所以知士丁之所在。已成之士为未成士之师,邻里必知生徒之所在,庶几出入可验,无异为也。"学生是有学籍的,先生有人看着,也不会有异为。至于农民:"农业者不出一里之间,朝出暮入,作忌之道互知焉。"大家都彼此知道的,可以放心。这两类人假如要出门,离家百里之外,就必得有路引来证明身份。至于工人和商人,流动性较大,"专工之业,远行则引明所在,用工州里,往必知方,巨细作为,邻里探知。巨者归迟,微者归疾,出入有不难见也。商本有巨微,货有重轻,所趋远迩水陆,明于引间,归期艰限其业,邻里务必周知。若或经年无信,二载不归,邻里当觉之询故,本户若或托商在外非为,邻里勿干"。工商人外出,引上是载明远近和水陆路程的,邻里有责任调查明白,过期要向官府报告,才脱得了干系。为什么要这样做呢?是怕"使民恣肆冗杂,构非成祸,身堕刑宪,将不得其死者多矣"。一句话,复杂得很,危险得很。接着他又提出辨验丁引的诰词:"此诰一出,自京为始,遍布天下,一切臣民,朝出暮入,务必从容验丁。市村人民舍客之际,辨人生理,验人引目相符而无异。然犹恐托业为名,暗有他为,虽然业兴引合,又识重轻巨微贵贱,倘有轻重不伦,所赍微细,必假此而他故也。良民察焉。"验商引物:"今后无物引老者(引老是引已过期者),虽引未老,无物可鬻,终日支吾者,坊厢村店拿捉赴官,治以游食,重则杀身,轻则黥窜化外。设若见此不拿，为他人所获，所安（住）之处，本家邻里罪如上。"凡是良民，都要自动辨验生人的引目，要注意引和人相符，和货相符，如有问题，要立刻擒拿赴官，否则，要处连坐之罪。这样一来，就构成了一个全体四民的天罗地网，人人都是侦察调查的对象，"逸夫"就无所逃于天地之间，皇基也就永固了。

根据这原则制定的法律，《弘治会典》一一三："凡军民人等往来，但出百里者，即验文引。凡军民无文引，及内官内使来历不明，有藏匿寺观者，必须擒拿送官，仍许诸人首告。得实者赏，纵容者同罪。"又"凡天下要冲去处，设立巡检司，专一盘诘往来奸细，及贩卖私盐，犯人逃军逃囚，无引面生可疑之人，须要常加捉督"。《明律·兵律》："凡无文引私度关津者，杖八十。关不由门，津不由渡而越度者，杖九十。若越度缘边关塞者，杖一百，徒三年，因而出外境者绞。若军民出百里之外不给引者，军以逃军论，民以私度关津论。"法意和《唐律》相同，但把军民的活动范围，限于百里之内，也就是把人民的生活圈禁在生长的土地上，法律造成了无形的百里宽广的监狱，则又比汉唐严酷得多了。

这制度就许多史料看来，在明代是被严格执行着的。如《大诰续编》第二十二《粮长瞿仲亮害民》："上海县粮长瞿仲亮拘收纳户各人路引，刁蹬不放回家。"由这例子，可见纳粮户没有路引，是不能回家的。如《明太祖实录》八十三："洪武六年（公元1373）六月癸卯，常州府吕城巡检司盘获民无路引者，送法司论罪。问之，其人以祖母病笃，远出求医，急，故无验。上闻之曰：此人情可矜，勿罪释之。"这一例子又说明了请引要

第一章 明初的恐怖统治：厂卫前传

用相当时间。如祝允明《前闻记》："洪武中，朝旨开燕脂河，大起工役，先曾祖焕文与焉。时役者多死，先曾祖独生全。工满将辞归，偶失去路引，分该死。"则替政府服役也要路引，失路引且有死罪。《明英宗实录》四十四："正统三年（公元1438）七月甲申，湖广襄阳府宜城县知县廖仕奏：诸处商贾给引来县生理，因见地广，遂留恋不归，甚至娶妻生子，结党为非，宜加禁防。事下行在户部，以为宜督责归家，其有愿占籍于所寓以供租赋者，听从之。"陆楫《蒹葭堂杂著》："宗人有欲商贾四方以自给者，听从有司关给路引以行，回籍之日，付本府长史司验引发落，有司附册填注，以凭抚案刷卷类查。"前一例是普通商贾，后一例则是皇家商人了。陆容《菽园杂记》十："成化末年（公元1487）京师多盗，兵部尚书余公议欲大索京城内外居民，乃差科道部属等官五十员，分投街巷，望门审验。时有未更事者，凡遇寄居无引者悉以为盗，送系兵马司。"大索即大检查户口，也可译为户口普查。寄居无引者都被捕送官，则可见在原则上，当时的外籍侨寓人也必须有引了。朱国桢《涌幢小品》卷二十万里寻亲记："万历乙亥（公元1575）云南大理府太和县人赵重华请路邮于郡太守以出，从丹阳过毗陵，被盗攫其资去，所遗者独胸囊路邮耳。"又卷十二："陈淡，江都人，尝按云南，遣人诣其家文书匣检阅，有江西贩客路引。"张居正《张文忠公集·书牍十二·答台长陈楚石》："巡检官职虽卑，关系甚重，此官若得其职，则诘盗查奸，功居地方有司之半，非浅鲜也。况近奉旨清查路引，严关隘，则此官尤当加意者，亟宜题请修复。"从这三个例子看来，一直到十六世纪后期，路引制度还是明朝政府所奉行的控制人民的统治术,张居正做宰相,甚至还着实地整顿了一下。

明代的引也像汉代一样,是要付钱买的,《大诰》第二十一《勾取逃军》:"兵部勾取逃军,其布政司府州县贪图贿赂,不将正犯解官,往往拿解同姓名者……父母妻子悲啼送礼……有司刁蹬,不与引行。既而买引,沿途追赶。"得引不容易,管引的官也有拿卖引生利的,《大诰续编》第三十八《匿奸卖引》:"南城兵马指挥赵兴胜,警巡坊厢,路引之弊脏多,凡出军民引一张,重者(钞)一锭,中者四贯,下者三贯,并无一贯两贯引一张者。其引纸皆系给引之人自备。兴胜却乃具文关支,三年间一十五万有奇,已往七年不追,止追十八年半年纸札,其钞已盈万计。"

因为有引便可保证行旅的安全,关津的查诘,因之就发生空引(空白路引)的问题,不能不用严刑取缔。《大诰三编》第五《空引偷军》:"所在官民,凡有赴京者,往往水陆赴京,人皆身藏空引,及其至京,临归也,非盗逃军而回,即引逃囚而去。此弊甚有年矣。今后所在有司,敢有出空引者、受者皆枭,令籍没其家。关津隘口及京城各门盘获空引者赏钞十锭,赍引者罪如前,拿有司同罪。"

唯一例外,不需路引的是到京都去告密的地主豪绅,《大诰》第四十六《文引》:"凡布政司府州县耆民人等赴京而奏事务者,虽无文引,同行人众,或三五十名,或百十名,至于三五百名,所在关津把隘关去处,问知而奏,即时放行,毋得阻当。阻者,论如邀截实封律。"

第一章 明初的恐怖统治:厂卫前传

除了大量的军队镇压，除了层层的官僚统治，除了大规模的屠杀，除了锦衣卫和东、西厂的特务恐怖，明代还应用自古以来从传到过所这一套制度，把它发展，严密地组织。以人民为假想敌，强迫人民互知（互相侦察）举发，没有一丝漏洞，构成了窒杀人民、囚禁人民的天罗地网，来维持朱家万世一系专制独裁昏淫残暴的统治，这就是明代的路引制度。

　　有了这一套，洪武十五年（公元1382）明太祖安心地叫户部榜谕两浙江西之民说："为吾民者当知其分。田赋力役出以供上者，乃其分也。能分其分，则保父母妻子，家昌身裕，为仁孝忠义之民，刑罚何由及哉！近来两浙江西之民，多好争讼，不遵法度，有田而不输租，有丁而不应役，累其身以及有司，其愚亦甚矣！曷不观中原之民，奉法守分，不妄兴词讼，不代人陈诉，惟知应役输租，无负官府，是以上下相安，风俗淳美，共享太平之福，以此较彼，善恶昭然。今将喻尔等，宜速改过迁善，为吾良民，苟或不悛，则不但国法不容，天道亦不容矣。"人民出粮出丁是本分，不出，不但国法不容，连天道也不容。至于为什么要出粮出丁，出了能得什么好处，不但明太祖和他的子孙没有说过，连想也从来没有想到过。

注释

[1]《唐会要·关市》。

第二章

专为皇帝个人服务：厂卫和锦衣卫系统

明代的锦衣卫和东西厂

一

在旧式的政体之下，皇帝只是代表他的家族以及外环的一特殊集团的利益，比较被统治的人民，他的地位，不但孤立，而且永远是在危险的边缘，尊严的神圣宝座之下，酝酿着待爆发的火山。为了家族的威权和利益的持续，他们不得不想尽镇压的法子，公开的律例，刑章，公开的军校和法庭不够用，也不便用，他们还需要造成恐怖空气的特种组织，特种监狱，和特种侦探，来监视每一个可疑的人，可疑的官吏，他们用秘密的方法侦伺，搜查，逮捕，审讯，处刑。在军队中，在学校中，在政府机关中，在民间，在茶楼酒馆，在集会场所，甚至在交通孔道，大街小巷，处处都有这类人在活动。执行这些任务的特种组织，历代都有。在汉有"诏狱"和"大谁何"，在唐有"丽景门"和"不良人"，在宋有"诏狱"和"内军巡院"，在明有锦衣卫和东西厂，在袁世凯时代则有"侦缉队"。

锦衣卫和东西厂明人合称为厂卫。从十四世纪后期一直到十七世纪中叶，这两机关始终存在（中间曾经几度短期的废止，但不久即复设）。锦衣卫是内廷的侦察机关，东厂则由宦官提督，最为皇帝所亲信，即锦衣卫也受其侦察。锦衣卫初设于明太祖时，是内廷亲军，皇帝的私人卫队，不隶都督府。其下有南北镇抚司，南镇抚司掌本卫刑名，北镇抚司专治诏狱，可以直接取诏行事，不必经过外廷法司的法律手续，甚至本卫长官亦不得干预。[1]锦衣卫的正式职务，据《明史·职官志》说是"掌侍卫缉捕刑狱之事，凡盗贼奸宄街涂沟洫，密缉而时省之"。经过嘉靖初年裁汰后，缩小职权，改为"专察不轨妖言人命强盗重事"[2]。其实最主要的还是侦察"不轨妖言"，不轨指政治上的反动者或党派，妖言指宗教的集团如弥勒教、白莲教、明教等。明太祖出身于香军，深知"弥勒降生"和"明王出世"等宗教传说，对于渴望改善生活的一般农民，所发生的政治作用，是如何重大。他尤其了解聚众结社对现实政权有如何重大的意义和威胁，他从这两种活动中得到政权，也已为这政权立下基础，唯一使他焦急的问题是如何才能永远子子孙孙都能不费事地继承这政权。他所感觉到的严重危机有两方面，其一是并肩起事的诸将，个个都身经百战，枭悍难制。其二是出身豪室的文臣，他们有地方的历史势力，有政治的声望，又有计谋，不容易对付。这些人在他在位的时候，固然镇压得下，但也还惴惴不安。身后的继承人呢，太子忠厚柔仁，只能守成，不能应变。到太子死后，他已是望七高年，太孙不但幼稚，而且比他儿子更不中用，成天和一批腐儒接近，景慕三王，服膺儒术，更非制驭枭雄的脚色。他为着要使自己安心，要替他儿孙斩除荆棘，便不惜用一切可能的残酷手段，大兴胡蓝党案，屠杀功臣，又用整顿吏治，治乱国用重刑的口实，把中外官吏地主豪绅也着实淘汰了一下，锦衣卫的创立和授权，便是发挥这个作

第二章 专为皇帝个人服务：厂卫和锦衣卫系统

用。经过几次的大屠杀以后，臣民侧足而立，觉得自己的地位已经安定了。为了缓和太过紧张的空气，洪武二十年（公元1387）下令焚毁锦衣卫刑具，把锦衣卫所禁闭的囚徒都送刑部。再隔六年，胡党蓝党都已杀完，不再感觉到政治上的逼胁了，于是又解除锦衣卫的典诏狱权，诏内外狱毋得上锦衣卫，大小案件都由法司治理。天下从此算太平了。[3]

不到十年，帝位发生争执，靖难兵起，以庶子出藩北平的燕王入居大位，打了几年血仗，虽然到了南京，名义上算作了皇帝，可是地位仍不稳固。因为第一，建文帝有出亡的传说，宫内自焚的遗体中不能决定是否建文帝也在内，假如万一建文帝未死，很有起兵复国的可能。第二，他以庶子僭位，和他地位相同的十几个亲王看着眼红，保不住也重玩一次靖难的把戏。（这一点在他生前算是过虑，可是到孙子登位后，果然又闹了一次叔侄交兵。）第三，当时他的兵力所及的只是由北平到南京一条交通线，其他地方只是外表表示服从。第四，建文帝的臣下，在朝的如曹国公李景隆、驸马都尉梅殷等，在地方的如盛庸、平安、何福等都曾和他敌对作战。其他地方官吏、文武臣僚也都是建文旧人，不能立地全盘更动。这使他感觉有临深履薄的恐惧。在这样的情况之下，他用得着他父亲传下的衣钵，于是锦衣卫重复活动，一直到亡国，始终作皇帝的耳目，担任猎犬和屠夫的双重任务。

锦衣卫虽然亲近，到底是外官，也许会徇情面，仍是不能放心。明成祖初起时曾利用建文帝左右的宦官探消息，即位以后，以为这些内官忠心可靠，特设一个东厂，职务是"缉访谋逆妖言大逆等"，完全和锦衣卫相同。属官有贴刑，以锦衣卫千百户充任，所不同的是用内臣提督，通常都以司礼监秉笔太监第二人或第三人派充，关系和皇帝最密切，威权也最重。[4]以后虽有时废罢，名义也有时更换为西厂或外厂，或东西厂内外厂并设，或在东西厂之上加设内行厂，连东西厂也在伺察之下。但在实际上，厂的使命是没有什么变更的。

厂与卫成为皇帝私人的特种侦探机关，其系统是锦衣卫监察侦伺一切官民，东（西）厂侦察一切官民及锦衣卫，有时或加设一最高机构，侦探一切官民和厂卫，如刘瑾的内行厂和冯保的内厂，皇帝则直接监督一切侦缉机关。如此层层缉伺，层层作恶，人人自疑，人人自危，造成了政治恐怖。

二

厂卫同时也是最高法庭，有任意逮捕官吏平民，加以刑讯判罪和行刑的最高法律以外的权力。

卫的长官是指挥使，其下有官校，专司侦察，名为缇骑。嘉靖时陆炳官缇帅，所选用卫士缇骑皆都中大豪，善把持长短，多布耳目，所睚眦无不立碎。所召募畿辅秦晋鲁卫骈胁超乘迹射之士以千计。卫之人鲜衣怒马而仰度支者凡十五六万人。[5]四出迹访："凡缙绅之门，各有数人往来其间，而凡所缉访，止属风闻，多涉暧昧，虽有心口，无可辩白。各类计所获功次，以为升授。凭其可逞之势，而邀其必获之功，捕风捉影，每附会以仇其奸，非法拷讯，时威逼以强其认。"[6]结果，一般仕宦阶级都吓得提心吊胆，"常晏起早阖，毋敢偶语，旗校过门，如被大盗"[7]。抓到了人时先找一个空庙祠宇榜掠了一顿，名为打桩，"有真盗幸免，故令多攀平民以足数者，有括家囊为盗贼，而通棍恶以证其事者，有潜种图书陷人于妖言之律者，有怀挟伪批坐人以假印之科者，有姓名仿佛而荼毒连累以死者。"访拿所及，则"家资一空，甚至并同室之有而席卷以去，轻则匿于档头火长校尉之手，重则官与瓜分"。被访拿的一入狱门，便无生理，"五毒备尝，肢体不全。其最酷者曰琵琶，每上百骨尽脱，汗下如水，死而复生，如是者二三次，荼酷之下，何狱不成"[8]。

其提人则止凭驾帖，弘治元年（公元1488）刑部尚书何乔新奏："旧制提人，所在官司必验精微批文，与符号相合，然后发遣。近者中外提人，只凭驾帖，既不用符，真伪莫辨，奸人矫命，何以拒之？"当时虽然明令恢复批文提人的制度，可是锦衣旗校却依旧只凭驾帖拘捕。[9]正德初周玺所说："迩者皇亲贵幸有所奏陈，陛下据其一面之词，即行差官赍驾帖拿人于数百里之外，惊骇黎庶之心，甚非新政美事。"[10]便是一个例子。

东厂的体制，在内廷衙门中最为隆重。凡内官奉差关防皆曰某处内官关防，惟东厂篆文为"钦差监督东厂官校办事太监关防"[11]。《明史》记"其隶役皆取给于卫，最轻巧儇佶者乃充之。役长曰档头，帽上锐，衣青素裤褶，系小绦，白皮靴，专主伺察。其下番子数人为干事，京师亡命诓财挟仇视干事者为窟穴，得一阴事，由之以密白于档头，档头视其事大小先予之金，事曰起数，金曰买起数。既得事，帅番子至所犯家，左右坐曰打桩，番子即突入执讯之无有左证符牒，贿如数径去，少不如意，榜治之名曰乾酢酒，亦曰搬罾儿，痛楚十倍官刑，且授意使牵有力者，有力者予多金即无事，或靳不予，予不足，立闻上，下镇抚司狱，立死矣。"对于行政官吏所在，也到处派人伺察："每月旦，厂役数百人掣签庭中，分瞰官府。"有听记坐记之别，"其视中府诸处会审大狱，北镇抚司拷讯重犯者曰听记，他官府及各城门缉访曰坐记"。所得秘密名为打事件，即时由东厂转呈皇帝，甚至深更半夜也可随时呈进，"以故事无大小，天子皆得闻之，家人米盐猥事，宫中或传为笑谑，上下憪憪，无不畏打事件者"[12]。

锦衣卫到底是比不上东厂亲近，报告要用奏疏，东厂则可以直达。以此，厂权就高于卫。

东厂的淫威，试举一例。当天启时，有四个平民半夜里偷偷在密室喝酒谈心。酒酣耳热，有一人大骂魏忠贤，余三人听了不敢出声。骂犹未了，便有番子突入，把四人都捉去，在魏忠贤面前把发话这人剥了皮，余三人赏一点钱放还，这三人吓得魂不附体，差一点变成疯子。

锦衣卫狱即世所称诏狱，由北镇抚司专领。北镇抚司本来是锦衣卫指挥使的属官，品秩极低，成化十四年（公元1478）增铸北司印信，一切刑狱不必关白本卫，连卫所行下的公事也可直接上请皇帝裁决，卫指挥使不敢干预，因之权势日重。[13]外廷的三法司（刑部，大理寺，都察院）不敢与抗。嘉靖二年

（公元1523），刑科给事中刘济上言："国家置三法司以理刑狱，其后乃有锦衣卫镇抚司专理诏狱，缉访于罗织之门，锻炼于诏狱之手，裁决于内降之旨，而三法司几于虚设矣。"[14]其用刑之惨酷，有非人类所能想象，沈德符记："凡厂卫所廉谋反杀逆及强盗等重辟，始下锦衣之镇抚司拷问，寻常止曰打着问，重者加好生二字，其最重大者则曰好生着实打着问，必用刑一套，凡十八种，无不试之。"[15]用刑一套为全刑，曰械，曰镣，曰棍，曰桚，曰夹棍，五毒备具，呼号声沸然，血肉溃烂，宛转求死不得。[16]诏狱"室卑入地，墙厚数仞，即隔壁号呼，悄不闻声，每市一物入内，必经数处检查，饮食之属十不能得一，又不得自举火，虽严寒不过啖冷炙披冷衲而已。家人辈不但不得随入，亦不许相面。惟于拷问之期，得遥于堂下相见"[17]。天启五年（公元1625）遭党祸被害的顾大章所作《狱中杂记》里说："予入诏狱百日而奉旨暂发（刑）部者十日，有此十日之生，并前之百日皆生矣。何则，与家人相见，前之遥闻者皆亲证也。"拿诏狱和刑部狱相比，竟有天堂地狱之别。瞿式耜在他的《陈时政急著疏》中也说"往者魏崔之世，凡属凶网，即烦缇骑，一属缇骑，即下镇抚，魂飞汤火，惨毒难言，苟得一送法司，便不啻天堂之乐矣。"[18]被提者一入抚狱，便无申诉余地，坐受榜掠。魏大中《自记年谱》：十三日入都羁锦衣卫东司房，二十八日许显纯、崔应元奉旨严鞫，许既迎二魏（忠贤、广微）意，构汪文言招辞而急毙之以灭口。对簿时遂龂龂如两造之相质，一桚敲一百，穿梭一夹，敲五十板子，打四十棍，惨酷备至，而抗辨之语悉阏不得宣。"六君子"被坐的罪名是受熊廷弼的贿赂,有的被刑自忖无生理,不得已承顺,希望能转刑部得生路,不料结果更坏,厂卫勒令追赃,"遂五日一比,惨毒更甚。比时累累跪阶前,诃诉百出,裸体辱之,弛杻则受桚,弛桚则受夹,弛桚与夹则仍戴杻镣以受棍,创痛未复,不再宿复加榜掠。后讯时皆不能跪起荷桎梏,平卧堂下"[19]。终于由狱卒之手秘密处死,死者家人至不知其死法及死期,苇席裹尸出牢户,虫蛆腐体。六君子是杨涟、左光斗、顾大中、袁化中、周朝瑞、顾大章,都是当时的清流领袖,朝野表率,为魏忠贤臣所忌,天启五年(公元1625)相继死于诏狱。

除了在狱中的非刑以外,和厂卫互相表里的一件恶政是廷杖,锦衣卫始自明太祖,东厂为明成祖所创设,廷杖却是抄袭元朝的。

在元朝以前,君臣之间的距离还不十分悬绝,三公坐而论道,和皇帝是师友,宋朝虽然臣僚在殿廷无坐处,却也还礼貌大臣,绝不加以非礼的行为,"士可杀不可辱"这一传统的观念,上下都能体会。蒙古人可不同了,他们根本不了解士的地位,也不能用理论来装饰殿廷的庄严。他们起自马上,生活在马上,政府中的臣僚也就是军队中的将校,一有过错,拉下来打一顿,打完照旧办事,不论是中央官,地方官,在平时,或是在战时,臣僚挨打是家常便饭,甚至中书省的长官,也有在殿廷被杖的记载。明太祖继元而起,虽然一力"复汉官之威仪",摒弃胡俗胡化,对于杖责大臣这一故事,却习惯地继承下来，著名的例子，被杖死的如亲侄大都督朱文正，工部尚书薛祥，永嘉侯朱亮祖父子，部曹被廷杖的如主事茹太素。从此殿陛行杖，习为祖制，正德十四年（公元1519）以南巡廷杖舒芬等百四十六人，死者十一人，嘉靖三年（公元1524）以大礼之争廷杖丰熙等百三十四人，死者十六人。循至方面大臣多毙杖下，幸而不死，犯公过的仍须到官办事，犯私仇者再下诏狱处死。[20]至于前期和后期廷杖之不同，是去衣和不去衣，沈德符说："成化以前诸臣被杖者皆带衣裹氊，不损肤膜，然犹内伤困卧，需数旬而后起，若去衣受笞，则始于逆瑾用事，名贤多死，今遂不改。"[21]廷杖的情形，据艾穆所说，行刑的是锦衣官校，监刑的是司礼监："司礼大珰数十辈捧驾帖来，首喝曰带上犯人来，每一喝则千百人一大喊以应，声震甸服，初喝跪下，宣驾帖杖吾二人，着实打八十棍，五棍一换，总之八十棍换十六人。喝着实打，喝打阁上棍，次第凡四十六声，皆大喊应如前首喝时，喝阁上棍者阁棍在股上也。杖毕喝踩下去，校尉四人以布袱曳之而行。"[22]天启时万璟被杖死的情形，樊良材撰《万忠贞公传》说："初璟劾魏珰疏上，珰恚甚，矫旨廷杖一百。褫斥为民。彼一时也，缇骑甫出，群聚蜂拥，绕舍骤禽，饱恣拳棒，摘发捉肘，拖沓摧残，曳至午门，已无完肤。迨行杖时逆珰领小竖数十辈奋袂而前，执金吾（锦衣卫指挥使）止之曰留人受杖，逆珰瞋目监视，倒杖张威，施辣手而甘心焉。杖已，血肉淋漓，奄奄待尽。"

廷杖之外，还有立枷，创自刘瑾，锦衣卫常用之："其重枷头号者至三百斤，为期至二月，已无一全。而最毒者为立枷，不旬日必绝。偶有稍延者，命放低三数寸，则顷刻殒矣。凡枷未满期而死，则守者掊土掩之，俟期满以请，始奏闻领埋，若值炎暑，则所存仅空骸耳，故谈者谓重于大辟云。"[23]

诏狱、廷杖、立枷之下，士大夫不但可杀，而且可辱，君臣间的距离愈来愈远，"天皇圣明，臣罪当诛"，打得快死而犹美名之曰恩谴，曰赐杖，礼貌固然谈不到，连主奴间的恩意也因之而荡然无存了。

三

厂卫之弊，是当时人抗议最集中的一个问题，但是毫无效果，并且愈演愈烈。著例如商辂《请革西厂疏》说："近日伺察太繁，法令太急，刑网太密，官校提拿职官，事皆出于风闻，暮夜搜检家财，初不见有驾帖，人心汹汹各怀疑畏。内外文武重臣，托之为股肱心膂者也，亦皆不安于位。有司庶府之官，资之以建立政事者也，举皆不安于职，商贾不安于市，行旅不安于涂，士卒不安于伍，黎民不安于业。"[24]在这情形下，任何人都有时时被捕的危险。反之，真是作恶多端的巨奸大憝，只要能得到宫廷的谅解，更可置身法外。《明史·刑法志》说："英宪以后，钦恤之意微，侦伺之风炽，巨恶大憝，案如山积，而旨从中下，纵不之问。或本无死理，而片纸付诏狱，为祸尤烈。"明代二祖设立厂卫之本意，原在侦察不轨，尤其是注意官吏的行动。隆庆中刑科给事中舒化上疏只凭表面事理立论，恰中君主所忌,他说:"朝廷设立厂卫,所以捕盗防奸细,非以察百官也。驾驭百官乃天子之权,而奏劾诸司责在台谏,朝廷自有公论。今以暗访之权归诸厂卫,万一人非正直,事出冤诬,是非颠倒,殃及善良,陛下何由知之。且朝廷既凭厂卫,厂卫必委之番役,此辈贪残,何所不至!人心忧危,众目睚眦,非盛世所宜有也。"[25]至于苛扰平民,则更非宫廷所计及,杨涟劾魏忠贤二十四大罪疏中曾特别指出:"东厂原以察奸细,备非常,非扰平民也。自忠贤受事,鸡犬不宁,而且直以快恩怨,行倾陷,片语违,则驾帖立下,造谋告密,日夜未已。"[26]甚至在魏忠贤失败以后,厂卫的权力仍不因之动摇,刘宗周上疏论其侵法司权限,讥为人主私刑,他说:"我国家设立三法司以治庶狱,视前代为独详,盖曰刑部所不能决者,都察院得而决之,部院所不能平者,大理寺得而平之,其寓意至深远。开国之初,高皇帝不废重典以惩巨恶,于是有锦衣之狱。至东厂缉事,亦国初定都时偶一行之于大逆大奸,事出一时权宜,后日遂相沿而不复改,得与锦衣卫比周用事,致人主有私刑。自皇上御极以后,此曹犹肆罗织之威,日以风闻事件上尘睿览,辇毂之下,人人重足。"结果是:"自厂卫司讥访而告奸之风炽,自诏狱及士绅而堂廉之等夷,自人人救过不给而欺罔之习转盛,自事事仰承独断而谄谀之风日长,自三尺法不伸于司寇而犯者日众。"[27]

厂卫威权日盛,使厂卫二字成为凶险恐怖的象征,破胆的霹雳,游民奸棍遂假为恐诈之工具,京师外郡并受荼毒,其祸较真厂卫更甚。崇祯四年(公元1631)给事中许国荣《论厂卫疏》

历举例证说:"如绸商刘文斗行货到京,奸棍赵瞎子等口称厂卫,捏指漏税,密擒于崇文门东小桥庙内,诈银二千余两。长子县教官推升县令,忽有数棍拥入其寓内,口称厂卫,指为营干得来,诈银五百两。山西解官买办黑铅照数交足,众棍窥有余剩在潞绸铺内,口称厂卫,指克官物,捉拿王铺等四家,各诈银千余两……蓟门孔道,假侦边庭,往来如织……至于散在各衙门者,藉口密探,故露踪迹,纪言纪事,笔底可操祸福,书吏畏其播弄风波,不得不醵金阴饵之,遂相沿为例而莫可问。"[28]崇祯十五年(公元1642)御史杨仁愿疏《论假番及东厂之害》说:"臣待罪南城,所阅词讼多以假番故称冤,夫假称东厂,害犹如此,况其真乎?此由积重之势然也。所谓积重之势者,功令比较事件,番役每悬价以买事件,受买者至诱人为奸盗而卖之,番役不问其从来,诱者分利去矣。挟忿首告,诬以重法,挟者志无不逞矣。伏愿宽东厂事件而后东厂之比较可缓,东厂之比较缓而番役之买事件与卖事件者俱可息,积重之势庶可稍轻。"[29]抗议者的理由纵然充分到极点,也不能消除统治者孤立自危的心理。《明史》说:"然帝(思宗)倚厂卫益甚,至国亡乃已。"

      民国二十三年十二月旧稿,三十三年五月
        为纪念甲申三百周年重写于昆明

注释

[1]王世贞《锦衣志》。
[2]《明史·刑法志》。
[3]《明史·刑法志》。
[4]《明史·刑法志》、《明史·职官志》。
[5]王世贞《锦衣志》。
[6]傅维麟《明书》卷七三。
[7]《明史·刑法志》。
[8]《明书》卷七三。
[9]《明史·刑法志》。
[10]《垂光集》卷一《论治化疏》
[11]刘若愚《酌中志》一六。
[12]《明史·刑法志》。
[13]《明书》卷九五。
[14]《明世宗实录》。
[15]《野获编》卷二一。
[16]《明史·刑法志》。
[17]《野获编》。
[18]《瞿忠宣公集》卷一。
[19]《明史纪事本末》卷七一。
[20]《明史·刑法志》。
[21]《野获编》卷一八。
[22]《熙亭先生文集》卷四《恩谴记》。
[23]《野获编》卷一八。

[24]《商文毅公集》卷一。
[25]《春明梦余录》卷六三。
[26]《杨忠烈公文集》二。
[27]《刘子全书》卷一六《痛陈时艰疏》。
[28]《春明梦余录》卷六三。
[29]《明史·刑法志三》。

特务政治的急先锋[1]

专制独裁的政权，根本是反人民的，靠吮吸人民的血汗，奴役人民的劳力而存在。为了利益的独占和持续，甚至对他自己的工具或者仆役——官僚和武将，也非加以监视和侦察不可。虽然在对人民的剥削掠夺这一共同基础上，皇权和士大夫军官是一致的，但是，官僚武将过分的膨胀，又必然会和皇权引起内部冲突。

皇帝站在金字塔的尖端，在尊严的神圣的宝座下面，是一座火山。有广大的愤怒的人民，有两头拿巧的官僚，有强悍跋扈的武将，在酝酿力量，在组织力量。

推翻元朝统治的不就是蚩蚩粥粥，老实得说不出话，扛竹竿锄头的农民？使张九四终于不能成事的，不就是那些专为自己打算，贪污舞弊的文士和带歌儿舞女上阵的将军？历史上，曹操、司马懿、刘裕一个吃一个，篡位的是士大夫，帮凶的又何尝不是士大夫？至于赵匡胤陈桥兵变，黄袍加身，那更用不着说了。这位子谁不想坐？"彼可取而代之也？"谁不想作皇帝？

没有作皇帝之先，用阴谋，用武力，使尽一切可能的力量去破坏，从而取得政权。作了皇帝之后，用阴谋，用武力，使尽一切可能的力量来不许破坏，镇压异己，维持既得利益，一句话，绝对禁止别人企图作皇帝，或对他不忠。

要严密作到镇压"异图""不忠"，巩固已得地位，光是公开的军队和法庭，光是公布的律例和刑章是不够用的。可能军队里、法庭里，就有对现状不满的分子，可能军队里、法庭里，就有痛恨这种统治方式的人们。得有另外一套，得有一批经过挑选训练的特种侦探，得有经过严格组织的特种"机构"，和特种监狱，用秘密的方法，侦伺，搜查，逮捕，审讯，处刑。在军队里，学校里，政府衙门中，在民间集会场所，私人住宅，交通孔道，大街小巷，处处都有一些特殊人物在活动。执行这些任务的特种组织和人物，在汉有"诏狱"和"大谁何"，三国时有"校事"，唐有"丽竟门"和"不良人"，五代有"侍卫司狱"，宋有"诏狱"和"内军巡院"，明初有"检校"和"锦衣卫"。

检校的职务是"专主察听在京大小衙门官吏不公不法，及风闻之事，无不奉闻"。最著名的头子之一叫高见贤，和金事夏煜、杨宪、凌说，成天作告发人阴私的勾当，"伺察搏击"。兵马指挥丁光眼巡街生事，凡是没有路引的，都捉拿充军。元璋尝时说："有这几个人，譬如人家养了恶犬，则人怕。"[2]杨宪曾经以左右司郎中参赞浙江行省左丞李文忠军事，元璋嘱咐："李文忠是我外甥，年轻未历练，地方事由你作主张，如有差失，罪只归你。"后来杨宪就告讦李文忠用儒士屠性、孙履、许元、王天锡、王祎干预公事，屠性、孙履被诛，其余三人被罚发充书写；因之得宠，历升到中书左丞，元璋有意要他作宰相，杨

第二章　专为皇帝个人服务：厂卫和锦衣卫系统　　　　　　　　　　*141*

宪就和凌说、高见贤、夏煜在元璋面前诉说李善长不是作宰相的材料。胡惟庸急了，告诉李善长："杨宪若作相，我们两淮人就不得作大官了。"杨宪使人劾奏右丞汪广洋流放海南，淮人也合力反攻杨宪："排陷大臣，放肆为奸。"到底淮帮力量大，杨宪以告讦发迹，也以被告讦诛死。[3] 高见贤建议："在京犯赃经断官吏，不无怨望，岂容辇毂之下住之？该和在外犯赃官吏发去江北和州无为开垦荒田。"后来他自己也被杨宪举劾受赃，发和州种田，先前在江北种田的都指着骂："此路是你开，你也来了，真是报应！"不久被杀。夏煜、丁光眼也犯法，先后被杀。[4]

　　亲卫军官作检校的，有金吾后卫知事靳谦，元璋数说他的罪状："朕以为必然至诚，托以心腹，虽有机密事务，亦曾使令究焉。"[5] 有何必聚，龙凤五年派帐下卫士何必聚往探江西袁州守将欧平章动静，以断欧平章家门前二石狮尾为证，占袁州后，查果然不错。[6] 有小先锋张焕，远在初克婺州时，就作元璋的亲随伴当从行先锋，一晚，元璋出去私访，遇到巡军拦阻，喝问是谁，张焕说："是大夫"，巡军发气："我不知道大夫是什么人，但是犯夜的就逮捕住。"解说了半晌才弄清楚。乐人张良才说平话，擅自写省委教坊司招子，贴市门柱上，被人告发，元璋发怒说："贱人小辈，不宜宠用！"叫小先锋张焕捆住乐人，丢在水里。龙凤十二年以后，经常作特使到前方军中传达命令。[7] 有毛骧和耿忠，毛骧是早期幕僚毛骐的儿子，以舍人作亲随，用作心腹亲信，和耿忠奉派到江浙等处访察官吏，民间疾苦。毛骧从管军千户积功作到都督佥事，掌锦衣卫事，典诏狱，被牵入胡惟庸党案伏诛，耿忠作到大同卫指挥，也以贪污案处死。[8]

除文官武将作检校以外，和尚也有被选拔作这门工作的。吴印、华克勤等人，都还俗作了大官，替皇帝作耳目，报告外间私人动止。大理寺卿李仕鲁上疏力争，以为"自古帝王以来，未闻缙绅锱流杂居同事而可以共济者也。今勋旧耆德，咸思辞禄去位，而锱流检夫乃益以谗间。"并具体指出刘基、徐达、李善长、周德兴的被猜疑、被谗谤，都是这批出家检校造的孽。[9]

检校的足迹是无处不到的，元璋曾派人去察听将官家，有女僧诱引华高、胡大海妻敬奉西僧，行"金天教"法，元璋大怒，把两家妇人连同和尚一起丢在水里。[10] 吴元年得到报告，要前方总兵官把"一个摩泥（摩尼教徒）取来"。洪武四年手令："如今北平都卫里及承宣布政司里快行，多是彼土人民为之。又北平城内有个黑和尚出入各官门下，时常与各官说些笑话，好生不防他。又一名和尚系是江西人，秀才出身，前元应举不中，就做了和尚，见在城中与各官说话。又火者一名姓崔，系总兵官庄人，本人随别下泼皮高丽黑哄陇问，又有隐下的高丽不知数。造文书到时，可将遣人都教来，及那北平、永平、密云、蓟州、遵化、真定等处乡市，旧有僧尼，尽数起来。都卫快行承宣布政司快行，尽数发来。一名太医江西人，前元提举，即自在各官处用事。又指挥孙苍处有两个回回，金有让孚家奴也教发来。"[11] 调查得十分清楚。傅友德出征赐宴，派叶国珍作陪，拨与朝妓十余人。正饮宴间，有内官觇视，说是国珍令妓妇脱去皂帽褙子，穿华丽衣服混坐。元璋大怒，令壮士拘执叶国珍,与妓妇连锁于马坊,妓妇劓去鼻尖。国珍说:"死则死,何得与贱人同锁?"元璋说:"正为你不分贵贱,才这样对你。"鞭讫数十,发瓜州做坝夫。[12]钱宰被征编《孟子节文》,罢朝吟诗:"四鼓冬冬起着衣,午门朝见尚嫌迟,何时得遂田园乐?睡到人间饭熟时。"有人给打报告了,第二天元璋对他说:"昨天作的好诗,不过我并没嫌呵,改作忧字如何?"钱宰吓得磕头谢罪。[13]宋濂性格最为诚谨,有一天请客喝酒,也被皇帝注意了,使人侦视,第二天当面发问,昨天喝酒了没有,请了哪些客,备了什么菜?宋濂老老实实回答,元璋才笑说:"全对,没有骗我。"[14]吴琳以吏部尚书告老回黄冈,元璋不放心,派人去察看,远远见一农人坐小杌上,起来插秧,样子很端谨,使者前问:"此地有吴尚书这人不?"农人叉手回答:"琳便是。"使者复命,元璋很高兴。[15]又如南京各部皂隶都戴漆巾,只有礼部例外,各衙门都有门额,只有兵部没有,据说这也是锦衣卫逻卒干的事。原来各衙门都有人在暗地里侦察,一天礼部皂隶睡午觉,被取去漆巾,兵部有一晚没人守夜,门额给人抬走了,发觉后不敢作声,也就作为典故了。[16]

朱元璋不但有一个特务网,派专人侦察一切场所,一切官民,他自己也是喜欢搞这一套的。例如罗复仁官止弘文馆学士,说一口江西话,质直朴素,元璋叫他作老实罗。一天,忽然动了念头,要调查老实罗是真老实还是假老实,出其不意一人跑到罗家。罗家在城外边一个小胡同里,破破烂烂,东倒西歪的几间房子,老实罗正扒在梯子上粉刷墙壁,一见皇帝来,着了慌，赶紧叫他女人抱一个小机子请皇帝坐下，元璋见他实在穷得可以，老大不过意，说："好秀才怎能住这样烂房子！"即刻赏城里一所大邸宅。[17]

检校是文官，元璋譬喻为恶狗。到洪武十五年还嫌恶狗不济事，另找一批虎狼来执行大规模的屠杀，把侦伺处刑之权交给武官，特设一个机构叫锦衣卫。

锦衣卫的前身是吴元年设立的拱卫司。洪武二年改亲军都尉府，府统中左右前后五卫和仪鸾司，掌侍卫法驾卤簿；十五年改为锦衣卫。

锦衣卫有指挥使一人，三品。同知二人，从三品。佥事三人，四品。镇抚二人，五品。十四所千户十四人，五品；副千户从五品；百户六品。所统有将军力士校尉，掌直驾侍卫巡察缉捕。镇抚司分南北，北镇抚司专理诏狱。

直驾侍卫是锦衣卫形式上的职务，巡察缉捕才是工作的重心，对象是"不轨妖言"，不轨指政治上的反对者或党派，妖言指要求改革现状的宗教集团，如弥勒教、白莲教和明教等。

朱元璋从红军出身，当年也喊过"弥勒降生""明王出世"的口号，他明白这些传说所发生的号召作用，也清楚聚众结社对现政权的威胁。他也在担心，这一批并肩百战、骁悍不驯的将军们，这一群出身豪室的文臣，有地方势力，有社会声望，主意多，要是自己一朝咽气，忠厚柔仁的皇太子怎么对付得了？到太子死后，太孙不但年轻，还比他父亲更不中用，成天和腐儒们读古书，讲三王的道理，断不是制驭枭雄的角色。他要替儿孙斩除荆棘，要保证自己死后安心，便有目的地大动杀手，犯法的杀，不犯法的也杀，无理的杀，有理的也杀。锦衣卫的建立，为的便于有计划地栽赃告密，有系统地诬告攀连，有目标地灵活运用，更方便地在法外用刑。各地犯重罪的都解到京师下北镇抚司狱，备有诸般刑具，罪状早已安排好，口供也已预备好，不容分析，不许申诉，犯人唯一的权利是受苦刑后画字招认。不管是谁，进了这头门，是不会有活着出来的奇迹的。

洪武二十年，他以为该杀的人已经杀得差不多了，下令焚毁锦衣卫刑具，把犯人移交刑部，表示要实行法治了。又把锦衣卫指挥使也杀了，卸脱了多年屠杀的责任。六年后，胡党蓝党都已杀完，松了一口气，又下令以后一切案件都由朝廷法司处理，内外刑狱公事不再经由锦衣卫。签发这道手令之后，摸摸花白胡子，以为天下从此太平，皇基永固了。[18]

和锦衣卫有密切关连的一件恶政是廷杖。锦衣卫学前朝的诏狱，廷杖则是学元朝的办法。

在元朝以前，君臣的距离还不太悬绝，三公坐而论道，和皇帝是师友。宋代虽然臣僚在殿廷无坐处，礼貌上到底还有几分客气，蒙古人可不同了，起自马上，生活在马上，政府臣僚也就是军中将校，一有过失，随时杖责，打完照旧办事，甚至中书大臣都有殿廷被杖的故事。朱元璋事事复古，要"复汉官之威仪"，只有打人，尤其是在殿廷杖责大臣这一桩，却不嫌弃是胡俗，习惯地继承下来。著名的例子，亲族被杖死的有朱文正，勋臣被鞭死的有永嘉侯朱亮祖父子，大臣被杖死的有工部尚书薛祥，部曹被廷杖的有茹太素。从此成为故事，士大夫不但可杀，而且可辱，君臣间的距离有如天上地下，"天皇圣明，臣罪当诛"，礼貌固然谈不到，连主奴间一点起码的恩惠，也被板子、鞭子打得干干净净了。[19]

注释

[1] 出自于《朱元璋传》第五章。——编者注

[2] 刘辰《国初事迹》；孙宜《洞庭集·大明初略四》；《明史》卷一三五；《宋思颜传》。

[3] 刘辰《国初事迹》；《明史》卷一二七，《汪广洋传》。

[4] 刘辰《国初事迹》；孙宜《洞庭集·大明初略四》。

[5]《大诰·沉匿卷宗第六〇》。

[6] 钱谦益《国初群雄事略》卷四引俞本《皇明纪事录》。

[7] 刘辰《国初事迹》；孙宜《洞庭集·大明初略四》；王世贞《弇山堂别集·诏令考二》。

[8] 刘辰《国初事迹》；《明史》卷一三五《郭景样传》附《毛骐传》。

[9]《明史》卷一三九《李仕鲁传》。

[10] 刘辰《国初事迹》。

[11] 王世贞《弇山堂别集·诏令考二》。

[12] 刘辰《国初事迹》。

[13] 叶盛《水东日记摘钞》卷二。

[14]《明史》卷一二八《宋濂传》。

[15]《明史》卷一三八《陈修传》附《吴琳传》。

[16] 陆容《菽园杂记》；祝允明《野记》卷一。

[17]《明史》卷一三七《罗复仁传》。

[18] 王世贞《锦衣志》；《明史》卷八九《兵志》，卷九五《刑法志》。

[19]《明史·刑法志三》。

皇权的极峰

就整个历史的衍进说,皇帝的权力到朱元璋可以说是达到了极峰。

研究皇权的极权化发展,应该从两方面来看,一是士大夫地位的下降,二是巩固皇权的诸多约束的被摧毁。至于人民,向来只有被统治、被剥削、被屠杀的义务,和治权是丝毫沾搭不上的。

在明以前,士大夫是和皇家共存共治的。

具体的先从君臣的礼貌来说吧。在宋以前有三公坐而论道的说法,贾谊和汉文帝谈话,不觉膝之前席,可见不但三公,连小官见皇帝都是坐着的。唐初的裴寂甚至和唐高祖共坐御榻,十八学士在唐太宗面前也都有坐处。到宋朝便不然了,从太祖以后,大臣上朝在皇帝面前无坐处,一坐群站,三公群卿立而奏事了。到明代,不但不许坐,站着都不行,得跪着说话了。从坐而站而跪,说明了三个时期的君臣之间的关系,也说明了士大夫地位的下降。

从形式再说到本质:

坐的时期的典型例子是魏晋六朝的门阀制度。

汉代的若干世家宦族,如关西杨氏、汝南袁氏之类,四世三公,有数不尽的庄园,算不清的奴仆,门生故吏遍天下,本身有雄厚的独立的经济、社会和政治力量。在黄巾动乱时代，地方豪族如孙策、马腾、许褚、张辽、曹操之类，为了保持土地和特殊权益，组织地主军保卫乡里，有部曲，有防区，造成军事力量。小军阀抗不住大股黄巾，投靠大军阀，大军阀又互相吞并，结果是三分天下，建立三个皇朝，原来两类家族——世族和豪族也都占据高位，变成公卿将帅，成为高级官僚了。这些家族原是共建皇业的股东，和皇家利害共同，休戚一致，在九品中正的选举制度下，"上品无寒门，下品无势族"，大官位全为这些家族分子所独占。东晋南渡，司马家和王谢等家到了建康，东吴旧族顾、陆、朱、张等家族虽然是本地高门，因为是亡国之余，就吃了亏，在政治地位上居第二等。这些高门，世执国政，王、谢子弟更平步以至公卿（北方的崔、卢、李、郑、王等家族也是一样）。到刘裕以田舍翁作皇帝，陈霸先更是寒人，在世族眼光里，皇家只是暴发户，无根基，没派头，朝代尽管改换，好官我自为之，士大夫集团有其传统的政治、社会、经济和文化地位，非皇权所能动摇，士大夫虽然在为皇权服务——因为皇帝有军队——目的在以皇权来发展并保障士大夫的已有权益。在这情况下，士大夫是和皇家共存，共享治权的。皇家的利益虽然大体上和士大夫一致，但是在许多场合，发生了尖锐的冲突，例如世族的荫蔽人口，霸占农田水利以至山林湖沼等等，经隋代两帝的有意识的打击摧毁，如取消九品中正制度，取消长官辟举僚属办法，并设立进士科，用公开的考试制度，用文字的优劣来代替血统门望高下，来选任官僚。

但是，文字教育还是要钱买的，大家族有优越的经济地位、人事关系，因之，唐朝三百年间的宰相，还是被二十个左右家族所包办。

门阀制度下的士大夫，有历史的传统，有庄园的经济基础，有包办选举的制度，甚至有依门第高下任官的成文法，有依族姓高下缔婚的风气，高门华阀由此种种便成为一个利害共同的集团，并且，公卿子弟熟习典章制度，治国（办例行公事）也非他们不可。在这诸多特殊情势之下，士大夫是和皇家共存的，只有双方合作才能两利。而且，皇帝人人可做，只要有强大的军力能夺取政权便行，士大夫却不然，寒人役门要成为士大夫，等于骆驼穿针孔，即使有皇帝手令强制，也还是办不到。何事非君？士大夫只要不损害他们的权益，可以侍候任何一姓的皇权。一个拥有大军的统帅，如得不到士大夫的支持，却绝对作不了皇帝。

考试制度代替了门阀制度，真正发挥作用是十世纪以后的事。

经过唐代前期则天大帝有意援用新人，任命进士作高官，打击世族。经过后期甘露之祸（大和九年，835年），白马之祸（天祐二年，905年）和藩镇的摧残，多数的著名家族被屠杀。经过长期的军阀混战，五代乱离，幸存的世族失去了庄园，流徙各地，到唐庄宗作皇帝，要选懂朝廷典故的世族子弟作宰相都很不容易了。宋太祖太宗只好扩大进士科名额（唐代每科平均不过三十人，宋代多至千人以至几千人），用进士来办事，名额宽，考取容易，平民出身的进士在数量上压倒了残存的世族，一发榜立即作官。进士出身的官僚绅士和皇家的关系，正如伙计和老板，是雇用的而不是合股的。老板要买卖作得好，得靠伙计忠心卖力气，宋朝家法优礼士大夫就是这个道理。用宋朝人的话说是共治，著名的例子是文彦博和宋神宗的对话：

文彦博：王安石胡乱主张，要改变法度。其实祖宗朝的法制就很好，不要胡改，以致失掉人心。

宋神宗：要改法制，对士大夫也许有些吃亏，可是，老百姓是喜欢的。

文彦博：这话不对，皇家是和士大夫治天下的，和老百姓何干？

宋神宗：就是士大夫也不全反对，也有人赞成改革的。

这是熙宁四年（1071年）三月间的事。

和前一时期不同的，前期的世族子弟有了庄园，才能中进士作官，再去扩大庄园。这时期呢？中进士作了官才能购置庄园，名臣范仲淹年轻时吃冷粥，过穷苦日子，到作了大官就置苏州义庄，派儿子讨租子，得几船粮食，便是好例子。前一时期的世族，庄园是中进士的本钱，后一时期的官僚，庄园是作官的利息，意义上不相同，政治地位自然也因之不同。

更应该注意的是印刷术发明了，得书比较容易，书籍的流通比较普遍。国立学校学生入学资格必须父祖曾作几品以上官的规定取消了，而且，还有许多私人创立的书院，知识和受教育的机会比较不为少数家族所囤积独占，平民参加考试的机会大大地增加了。读书成为作官的手段,"遗金满籝,不如教子一经。"念书,考进士,作官,发财:"万般皆下品,惟有读书高。"为帝王作仆役服务:"天子重英豪,文章教尔曹。"政府的提倡,社会的鼓励,做官、做绅士得从科举出身,竭一生的聪明才智去适应科举,"天下英雄入我彀中",皇权由之巩固。官爵恩泽,都是皇帝所赐,士大夫以忠顺服从[1]换取皇家的恩宠。皇家是士大夫的衣食饭碗,非用全力支持不可。士大夫是皇家的管家干事,俸禄优厚,有福同享。前期的共存之局到此就变成共治之局了。君臣间的距离恰像店东和伙计,主佣间的恩惠是密切照顾到的。

士大夫从共存到共治,由股东降作伙计,已经江河日下了。到明代,又猛然一跌,跌作卖身的奴隶,士大夫成为皇家的奴役了。

明初的士大夫,既不是像汉、魏世族那样有威势,又没有魏晋隋唐以来世族的庄园基础,中举作官得懂君主的窍,揣摩迎合,以君主的意志为意志,是非为是非,喜怒为喜怒,从办公事上分一点残羹冷炙,建立自己的基业。一有不是,便丧身破家,挨鞭子棍子是日常享受,充军作苦工是从宽发落,不但礼貌谈不上,连生命都时刻在死亡的威胁中。偶尔也有被宠用的特务头子,虽然威风,可是在朱元璋的心目中,甚至口头上,只把这些人当恶狗,养着咬人。皇帝越威风,士大夫越下贱,反过来也可以说是士大夫越被制抑,皇帝就越尊贵,君臣的关系一变而为主奴。奴化教育所造成的新士大夫,体贴入微的逢迎阿谀，把皇权抬上了有史以来的极峰。[2]

巩固皇权的诸多约束的被摧毁，是皇权极权化的另一面。

隋唐以来的三省制度，中书省决策，门下省封驳，尚书省执行，把政权分作三部分。在形式上、在理论上防止臣下擅权，分而治之，各机构互相钳制，同时也防止作皇帝的滥用权力，危害根本，是消极的巩固皇权的一种政治制度。实际执行政务的六部，在尚书都省之下，地位很低。凡百政务推行，名义上由政府首长负其责任，事情作错或作坏了，一起推到宰相身上，免官降黜甚至赐死。皇帝对国事不是直接领导，并且是不负法律责任的。例如有天灾人祸等重大事变，开明一点的皇帝最多也不过是素服、减膳、避殿，下诏求直言，或进一步自我检讨一下，下诏罪己，闹一通也就算了。因为皇帝不能作错事，要认错，要受罚，也只能对上天负责。三省制度的建立，正是为了使皇帝不负行政责任，用臣下作赎罪羔羊的办法。到元朝合三省作一省，洪武十三年杀胡惟庸以后，又废去中书省，提高六部的地位，使其直接向皇帝负责，根本取消了千多年来的相权。皇帝除了是国家元首之外，又是事实上的政府首长，直接领导并推进庶务，皇权和相权合一，加上军队的指挥权、立法权、司法权，和任意加税或减税权，以及超法律的任意处分权，人类所能运用、所能想到的一切权力，都集中在一人之手，不对任何个人或团体负责。这种局面可以说是前所未有的。

单独就门下省的封驳权而说，是约束皇权滥用的一种成文法制。其实，封驳权不限于门下省，中书省的中书舍人也有这个权。中书舍人掌起草诏令，中书省长官在得皇帝所同意的事项或命令以后，交词头（原则或具体措施）给中书舍人起草诏敕，舍人如不同意，可以缴还词头，拒绝起草。皇帝如坚持原来主意，也可以再度命令执行，但是舍人仍可以再次三次拒绝，除非职务被罢免，或是把这任务交给另外一个舍人。门下省有给事中专掌封驳，封是原封退回，驳是驳正诏敕的违失，凡制敕宣行，重大事件要复奏然后施行，小事签署颁下。有违碍的可以涂窜奏还，叫作涂归，又叫作批敕。这制度规定皇帝所颁诏令，得经过两次同意，第一次是起草的中书舍人，第二次是签名副署的给事中，最后才行下到尚书省施行，所谓"不经凤阁（中书）鸾台（门下），何谓为敕？"[3] 如两省官都能尽职，便可以防止皇帝的过举以及政治上的失态行为，对于巩固皇权是有极大作用的。当然，历代帝王很多不遵守这约束，往往不经中书门下，以手令直接交尚书施行，这种情形，史书上叫作墨敕斜封，虽然被执行了，但在理论上是非法的。元朝废门下省，给事中并入中书省，到明初废中书省后，中书舍人成为抄录文件的书记，给事中无所隶属，兼领谏职，和稽察六部百司之事。两道约束被清除，皇帝的意志和命令就是法律，直接颁下，任何人都得遵守，不能批评，更不允许反对，造成了朕即国家的局面。皇权跳出官僚机构的牵制，超乎一切之上，这也是前所未有的。

其次，在明以前，守法在理论上是皇帝的美德，无论是成文法典或是习俗相沿的传统。为了维持一个集团的共同利益，以至皇家的优越地位，守法是作皇帝的最好最有利的统治方法。皇帝地位虽高，权力虽大，也不应以喜怒爱憎的个人感情来毁法、坏法，即使有特殊情形，也必须先经法的制裁，然后用皇帝的特赦权或特权来补救。著名的例子如汉文帝的幸臣邓通，在殿廷不守礼节，丞相申屠嘉大发脾气，说是朝廷礼节给破坏了，下朝回府，发檄传邓通审问，拒传就处死，邓通急了，向皇帝求赦，皇帝只好叫他去。到府后去冠光脚跪伏谢罪，丞相厉声说："小臣戏殿上，大不敬！"叫长史把他拖出去杀了，邓通在下面磕头讨饶，额角都碰出血来了，文帝才派特使向丞相说情，说这人是我的弄臣，请特别赦免。邓通回去见皇帝，哭着撒娇说丞相几乎杀了我，见不到面了。申屠嘉是列侯，是元老重臣，代表重臣集团执行法纪，重臣集团和皇家利害一致，汉文帝便不敢也不能不守这个法。[4]又如宋太祖时有臣僚该升官，太祖向来讨厌这个人不批准，宰相赵普非照规矩办不可，太祖生气了，说："我偏不升他官，看怎么办？"赵普说："刑以惩恶，赏以酬功，是古今来的通道。而且刑赏是天下的刑赏，不是陛下的刑赏，怎么可以用个人的喜怒来破坏？"太祖气极，竟自走开，赵普一直跟到宫门口，不肯走，太祖拗不过道理，只好答应了。这例子说明赵普和宋太祖都能守法[5]，不过重要的是赵普不只是宰相，还是皇家旧人，他的利害也是和皇家一致的。到朱元璋便不理会这个传统了，朝廷里没有像汉初那样的元老重臣集团，有地位有力量可以说话作事，也没有像宋初那样家庭旧人，有胆子有分量敢于说话作事。相反，他的利害是和朝廷的勋贵大臣对立的,成日成夜怕人对他不忠,不怀好意,一面制定法典,叫人民遵守,犯法的必死,他自己却法外用刑,在《大诰》里所处分的十种死罪和酷刑,都出于法典之外,而且全凭喜怒杀人,根本不依法律程序。在政治上的措施,擢用布衣儒士作尚书九卿以至方面大官,也是不依成法的。他的性格、权力,加上古所未有的地位,使得没有人敢拿法来约束,甚至劝告。自己决不守法,在法律之上,在法律之外,却强迫全国人守他的法,一点不许有差池,这正是暴君、独夫、民贼的典型人物。

他用残酷的恐怖的屠杀手段,推翻八百年来的传统政治制度、组织新的分部负责政府,自己综揽大权,造成专制的残暴的独裁政治。接连不断制造大狱,杀了十几万社会上层的领袖人物,利用检校和锦衣卫侦伺官民,应用里甲制度布成全国性的特务网,用廷杖挫损士大夫的气节,立"寰中士大夫不为君用"之法,强迫知识分子服役。在三十年为一世的长期统治下,开国功臣被杀光了,谋臣策士一个个被消除了,豪绅地主成群成批被淘汰掉了,全国上下各阶层的人吓得胆战心惊,诚惶诚恐,束手服从。他不但是国家的元首,也是政府的当局,也是国军的最高统帅,是最高的立法人和审判官,又是法律的破坏者,具有无限制的货币发行权和财政支配权。用学校和考试制度造成忠顺的干部,用里甲轮役的方法动员全部人力。他收复了沦陷于外族四百三十年的疆域,他建立了中华民族自主的大帝国,是大明帝国的主人,也是几十个属国和藩国的共主,他被后代人称为"民族英雄",也是有史以来权力最大、地位最高、最专制、最独裁、最强暴、最缺少人性的大皇帝。

对官僚地主士大夫,朱元璋用一副恶狠狠的面孔,青面獠牙,无人不怕。对平民百姓,有另外一副面孔,白胡子的老公公,满脸慈悲相,满口和气话,如果不看他的真面目,也许是人民多年来所梦想的有道明君呢!

经常挂在嘴上的话是:"四民之中,农民最劳最苦。春天鸡一叫就起床,赶牛下田耕种,插下秧子,得除草,得施肥,大太阳里晒得汗直流,劳碌得不成人样。好容易巴到收割了,完租纳税之外,剩不了一丁点儿。万一碰上水旱虫蝗灾荒,全家着急,毫无办法。可是国家的赋税全是农民出的,当差作工也是农民的事,要使国家富强,必得农民安居乐业才办得到。"[6]这套话的主要意思,是要吃鸡蛋得喂饱鸡,要不然,也不能让鸡饿死。

使农民安居乐业的办法,不外乎上代人常做的,积极地为农民兴利,消极地为农民除害。

兴利的事业主要是增加生产。建国以后,下令凡民田五亩到十亩的栽桑麻木棉各半亩,十亩以上的加倍。到晚年又令户部劝谕民间,凡是有空地的都种植桑枣,由官家教授种植方法。加种棉花的免除租税。[7]棉花的种植从此普遍全国,过去平民常穿的麻衣,逐渐为棉布所替代,衣的问题算是解决了。其次是水利,鼓励人民一切对于水利的建议,特别吩咐工部官员,凡是陂塘湖堰可以蓄水防备水旱灾的,根据地势一一修治,并派遣国子生和人才到各地督修水利,统计开塘堰四万零九百八十七处。再就是劝导农民合作,用里甲作基础,户部劝谕,一里之内,有婚姻死丧,疾病患难,有钱的助钱,有力气的出力气。春耕秋收的时候,一家无力,百家帮忙。每乡里备有木铎,选出老人每月六次持铎游行宣讲。每里有一鼓,农桑时日,清早击鼓催人起床作工,有懒惰的由里老督责,里老不管事的处罚。[8]

除害指的是赈灾和肃清贪官污吏。

照规定,凡各地闹水旱灾歉收的,蠲免赋税。丰年无灾伤,也择地瘠民贫的地方特别优免。灾重的免交二税之外,还由官府贷米,或者是赈米施布给钞。各地设预备仓,由地方耆老经管,准备大批粮食救灾。灾场州县,如地方官不报告的,特许耆老申诉,处地方官以死刑。洪武二十六年又手令户部,地方官有权在饥荒年头,先发库存米粮赈济,事后呈报,立为永制。三十多年来,赏赐民间的布钞数百万,米百多万石,蠲免租税无数。[9]

凡地方官贪赃害民的,许人民到京师陈诉,《大诰》说:

今后所在布政司府州县,若有廉能官吏,切切为民造福者,所在人民必知其详。若被不才官吏同僚人等捏词排陷,一时不能明其公心,远在数千里,情不能上达,许本处城市乡村耆宿赴京面奏,以凭保全。自今以后,若欲尽除民间祸恶,无若乡里年高有德等,或百人,或五六十人,或三五百人,或千余人,岁终议赴京师面奏,本境为民患者几人,造民福者几人,朕必凭其奏，善者旌之，恶者移之，甚者罪之。呜呼！所在城市乡村耆民智人等皆依朕言，必举此行，即岁天下太平矣。民间若不亲发露其奸顽，明彰有德，朕一时难知，所以嘱民助我为此也。若城市乡村有等起灭词讼，把持官府，或拨置官吏害民者，若有此等，许四邻及阖郡人民指实赴京面奏，以凭祛除，以安吾民。[10]

甚至鼓励人民把贪污吏役和土豪绑赴京师：

今后布政司府州县在役之吏，在闲之吏，城市乡村老奸巨猾顽民，专一起灭词讼，教唆陷人，通同官吏，害及州里之间者，许城市乡村贤民方正豪杰之士，有能为民除患者，合议城市乡村，将老奸巨猾及在役之吏在闲之吏，绑缚赴京，罪除民患，以安良民，敢有邀截阻当者枭令。赴京之时，关津渡口毋得阻当。[11]

官吏贪赃到钞六十两以上的枭首示众，仍处以剥皮之刑。府州县衙门左首的土地庙，就是剥皮的刑场，也叫皮场庙。各衙门公座旁照例摆一张人皮，里面是稻草，叫作官的触目惊心，不敢作坏事。[12]地方官上任赏给路费，家属赐衣料。考绩以农桑和学校的成绩作标准。来朝时又特别告诫，说是"天下新定，百姓财力都困乏，像鸟儿刚学飞，和新栽的树木，拔不得毛，也动不得根"[13]。求他们暂时不要狠心剥削，危害皇家的安全。

话说得很多，手令面谕，告诫申斥，翻来覆去地要官吏替农民着想，替政府的租税和人力动员着想。成效如何呢？洪武九年叶伯巨上书说：

今之守令，以户口钱粮狱讼为急务，至于农桑学校，王政之本,乃视为虚文而置之,将何以教养斯民哉!

以农桑言之,方春,州县下一白帖,里甲回申文状而已,守令未尝亲视种艺次第,旱涝戒备之道也。

以学校言之,廪膳诸生,国家资之以取人才之地也。今四方师生缺员甚多,纵使具员,守令亦鲜有以礼让之实,作其成器者。

朝廷切切于社学,屡行取勘师生姓名,所习课业。乃今社镇城郭,或但置立门牌,远村僻处则又徒存其名,守令不过具文案备照刷而已。上官分部按临,亦但循习故常,依纸上照刷,赤尝巡行点视也。

兴废之实,上下视为虚文,小民不知孝弟忠信为何物,而礼义廉耻扫地矣。

官僚政治的任何作为,都是纸面上的,文字上的,和实际情形全不符合。弄得"民俗浇漓,人不知惧,法出而奸生,令下而诈起。故或朝信而暮猜者有之,昨日所进,今日被戮者有之。乃至令下而寻改,既赦而复收,天下臣民,莫之适从!"[14]十二年后,解缙奉诏上万言书,也说:

臣观地有盛衰,物有盈虚,而商税之征,率皆定额,是使其或盈也奸黠得以侵欺,其歉也良善困于补纳。夏税一也,而茶椒有粮,果丝有税,既税于所产之地,又税于所过之津,何其夺民之利至于如此之密也?且多贫下之家,不免抛荒之咎。今日之土地无前日之生殖,而今日之征聚有前日之税粮。或卖产以供税,产去而税存;或赔办以当役,役重而民困。土田之

第二章 专为皇帝个人服务:厂卫和锦衣卫系统　　　161

高下不均,起科之轻重无别,膏腴而税反轻,瘠卤而税反重。"[15]

也可见他的治绩只是纸面上的。苛捐杂敛,弄得贫民卖产赔纳;徭役繁重,弄得贫民困苦逃避。尽管杀的人多,处的刑重,贪污的空气还是照旧,用他自己的话来证明吧:

浙西所在有司,凡征收害民之奸,甚如虎狼。且如折收秋粮,府州县官发放,每米一石官折钞二贯,巧立名色,取要水脚钱一百文,车脚钱三百文,口食钱一百文。库子又要辨验钱一百文,蒲篓钱一百文,竹篓钱一百文,沿江神佛钱一百文。害民如此,罪可宥乎?[16]

急得跺脚,说:"我欲除贪赃官吏,奈何朝杀而暮犯?今后犯赃的,不分轻重都杀了!"[17]结果还是"国初至今,将二十载,无几时不变之法,无一日无过之人"。[18]

陆容(成化时人)曾经用具体的事实,分析洪武朝官僚政治的效果说:

国初惩元之弊,用重典以新天下,故令行禁止,若风草然。然有面从于一时而心违于身后者数事:如洪武钱、大明宝钞、《大诰》、洪武韵是已。洪武钱民间全不行,予幼时尝见有之,今不复见一文,盖销毁为器矣。宝钞今虽官府行之,然一贯(一千文)仅值银三厘,钱二文,民间得之,置之无用。《大诰》惟法司拟罪云"有《大诰》减一等"云尔,民间实未之见,况复有讲读者乎?洪武韵分并唐韵,最近人情,然今惟奏本内依其笔画而已,至于作诗,无间朝野,仍用唐韵。[19]

注释

[1]李焘《续资治通鉴长编》卷二二一。

[2]吴晗《论绅权》,载《时与文》三卷一期,1948年4月。

[3]《新唐书》卷一一七,《刘祎之传》。

[4]《汉书》卷四二,《申屠嘉传》。

[5]《宋史》卷二五六,《赵普传》。

[6]《明太祖实录》卷二二、卷二五〇。

[7]《明史》卷七八《食货志·赋役》,卷一三八《杨思义传》;谷应泰《明史纪事本末》卷一四《开国规模》。

[8]《明太祖实录》卷三五五;《明史·太祖本纪》洪武二十八年;《明朝小史》卷一;《明史纪事本末》卷一四《开国规模》。

[9]《明史》卷七八《食货志·赋役》。

[10]《大诰·耆民奏有司善恶第四五》。

[11]《大诰·乡民除患第四九》。

[12]赵翼《廿二史札记》卷三三《重惩贪吏条》引叶子奇《草木子》。

[13]《明史》卷二八一《循吏传序》。

[14]《明史》卷一三九《叶伯巨传》。

[15]《明史》卷一四七《解缙传》。

[16]《大诰·折粮科敛第四一》。

[17]刘辰《国初事迹》。

[18]《明史》卷一四七《解缙传》。

[19]《菽园杂记摘抄》卷五。

廷 杖

杖，这一字，拿清朝官吏惯说的话来翻译，是"打板子"。打老百姓的板子，自然不足为奇，可是打官吏就奇，打小官也罢了，可是打的是大官，是政府中要人就更奇。打的是大官，喝打的人，却是皇帝或太监，打的地方，就在殿廷，这就叫廷杖，廷杖这名词最流行的时期是明代，可是，创造制度的，却不是明太祖，蒙古人早已用这手段，对付他的文武大臣。试引数例作证，《元史·桑哥传》：

至元二十四年十一月，桑哥言，臣前以诸道宣慰司及路，府，州，县官吏，稽缓误事，奉旨遣人逼答责之。

这一次打的是地方长官，虽然没有指明是哪一些地方的长官，可是从"诸"字看来，大概挨板子的一定不少。打了以后，并没罢官，大概是将息了几天，就起来办事。据同书《赵孟頫传》，也记有同样的事件。

至元二十四年诏遣尚书刘宣与孟頫，驰驿至江南，问行省丞相慢令之罪，凡左右司官，及诸路官，则径笞之。孟頫受命而行，比还不笞一人，丞相桑哥大以为谴。

这事和《桑哥传》所记时月相同，主使人也相同，可是罪案不同，也许不是同一件事。那么，从此看来，可见那时期的政府，是时常派使臣出去打地方官吏的板子的。最妙的，是赵孟頫派他去打人，他不肯打，后来却自己挨了一顿打，只因为迟到几分钟的关系，同传：

> 桑哥钟初鸣时即坐省中，六曹官后至者则笞之。孟頫（兵部郎中）偶后至，断事官遽引孟頫受笞。孟頫入诉都堂叶李曰，古者刑不上大夫，所以养其廉耻，教之节义，且辱士大夫，是辱朝廷也。桑哥亟慰孟頫使出，自是所笞惟曹吏以下。

可是比起周戭来，孟頫总算便宜，《陈天祥传》：

> 左司郎中周戭因议事微有可否，卢世荣诬以沮法，奏令杖一百，然后斩之。

后来越打越手滑，即使是最小的过失，也照例打一顿，《阎复传》记：

> 元贞三年疏言：古者刑不上大夫，今郡守以征租受杖，非所以厉廉隅。

《韩镛传》：

> 至正七年，有旨以织币脆薄，遣使笞行省臣及诸郡长吏，独镛无预。

史臣竟因韩镛侥幸免打，而特笔记这件事，可见官吏挨打，在当时真做到家常便饭的地步了。

上引一些例，打的不过都是小臣，打的地方，都不在殿廷内。现在试引一件打的是宰相，又是在殿内打的史料，据《张珪传》：

> 延祐二年，拜中书平章政事。……失列门传皇太后旨，召珪切责，杖之。珪创甚，舁归京师，明日遂出国门。

第二章　专为皇帝个人服务：厂卫和锦衣卫系统　　165

这可以说是明代廷杖的师范。同样，外面的最高地方长官，也有挨打的，《史弼传》：

至元二十九年，拜荣禄大夫福建等处行中书省平章政事，往征爪哇。……朝廷以其失亡多，杖七十，没家赀三之一。

以上所记的，都不过是挨打而已，末年，竟有故意打死人的惨剧，《成遵传》：

至正十九年，用事者承望风旨，诬遵与参政赵中参议萧庸等六人皆受赃。遵等竟皆杖死。

据《铁失传》，蒙古人也同样地挨打：

至治二年十月，江南行台御史大夫脱脱以疾请于朝，未得旨辄去职。铁失奏罢之杖六十七，谪居云南。

《杨朵儿只传》：

江东西奉使斡来不称职，权臣匿其奸，冀不问。朵儿只劾而杖之，斡来愧死。

这倒是一个血性汉子，比汉人有气骨多了。

从此看来，廷杖并不是国粹，是蒙古人传下来的习惯，他们过去在蒙古是不是动不动就用板子打人，我不知道。可是，在中国，据上面所记的看来，确然是常常打无疑，明朝的皇帝们，绝不能引廷杖的威风为荣，因为打的是汉人，被打的也还是汉人。可是这两个朝代，也还有一个共通的可以自豪的一点，这一点，是凡被打的，都是知识分子，而且大部分是儒生。怪不得明太祖一做皇帝，就立下"寰中士夫不为君用"之条，儒生不肯做官的一律杀头，当时人之所以不肯做官，想也是怕挨板子的缘故。然而明代一代做官的，不论大小，至少有百分之九十，还是儒生，不知道是怕杀头的缘故，还是已经练好挨板子的本领缘故？

那么，从此看来，建州人入关以后，无论中外官吏，都一律对皇帝自称奴才的理由，是可以解释的了。这理由很简单的，是在清代不很听说有人挨板子。

从挨板子而到自称奴才，这是五百年来知识分子的生活缩影。

明代的廷杖，早已脍炙人口，不赘。

二十四年除夕

（原载《天津益世报》《史学》第二十四期，

一九三六年三月十七日）

第二章 特务机关的老大……东西厂

设立新的官僚机构[1]

由于历史包袱的继承,皇权的逐步提高,隋唐以来的官僚机构,以巩固皇权为目的的三省制度——中书省出命令,门下省掌封驳,尚书省主施行——中书官和皇帝最亲近,接触机会最多,权也最重。宋代后期,门下省不能执行审核诏令的任务,尚书省官只能平决庶务,不能与闻国政,三省事实上只是一省当权。到元代索性取消门下省,把尚书省的官属六部也归并到中书,成为一省执政的局面。地方则分设行中书省,总揽军民大政。其下有路、府、州、县,管理军民。

三省制的形成有它的历史背景和原因,就这制度本身而论,把政权分作三份,一个专管决策,一个负责执行,而又另有一个纠核的机构,驳正违误,防止皇权的滥用和官僚的缺失,对巩固皇权,维持现状的意义上说,是很有用的。可是,在事实上,官僚政治本身破坏了瘫痪了这个官僚机构,皇权和相权的冲突,更有目的地摧毁了这个官僚机构。

官僚政治特征之一是作官不作事,重床叠屋,衙门愈多,事情愈办不好,拿薪水的官僚愈多,负责作事的人愈少。例如从唐以来,往往因事设官:尚书省原有户部,专管户口财政,在国计困难时,政府要张罗财帛,供应军需,大张旗鼓,特设盐铁使、户部使、租庸使、国计使等官,由宰相或大臣兼任,

明朝锦衣卫和东西厂

意思是要提高搜括的效率，可是这样一来，户部位低权轻，职守都为诸使所夺，便变成闲曹了。兵部专管军政，从五代设了枢密使以后，兵部又无事可做了。礼部专掌礼仪，宋代却又另有礼院。几套性质相同的衙门，新创的抢了旧衙门的职司，本衙门的官照例作和本衙门不相干的事，或者索性不作事。千头万绪，名实不符，十个官僚有九个不知道自己的职司。冗官日多，要官更多，行政效率也就日益低落。[2] 到元代又添上蒙古的部族政治机构，衙门越发多，越发庞大，混乱复杂，臃肿不灵，瘫痪的病象在显露了。

而且就官僚的服务名义说，也有官、职、差遣之分。官是表明等级、分别薪俸的标识，职以待文学侍从之臣，只有差遣是"治内外之事"的。皇家的赏功酬庸，又有阶、勋、爵、食邑、功臣号等名目。以差遣而论，又有行、守、试、判、知、权知、权发遣的不同。其实除差遣以外，其他都是不大相干的。[3]

皇权和相权的矛盾：例如宋太宗讨厌中书的政权太重，分中书吏房置审官院，刑房置审刑院。[4] 为了分权而添置衙门，其实是夺相权归之于皇帝。皇帝的诏令照规矩是必须经过中书门下，才算合法，所谓"不经凤阁鸾台，何谓之敕？"[5] 用意是防止皇权的滥用。但是，这规矩只是官僚集团的规矩，官僚的任免生杀之权在皇帝，升沉荣辱甚至诛废的利害超过了制度的坚持，私人的利害超过了集团的利害。唐武后以来的墨敕斜封（手令），也就破坏了这个官僚制度，摧杀了相权，走上了独裁的道路。

第三章　特务机关的老大：东西厂　　　　　　　　　　*171*

朱元璋继承历代皇权走向独裁的趋势，对官僚机构大加改革，使之更得心应手，为皇家服务。

元代的行中书省是从中书省分出去的，职权太重，到后期鞭长莫及，几乎没法子控制了。朱元璋要造成绝对的中央集权，洪武九年（1376年）改行中书省为承宣布政使司，设左右布政使各一人，掌一区的政令。布政使是朝廷派驻地方的代表、使臣，禀承朝廷，宣扬政令。全国分浙江、江西、福建、北平、广西、四川、山东、广东、河南、陕西、湖广、山西十二布政使司，十五年增置云南布政使司。[6]布政使司的分区，大体上继承元朝的行省，布政使的职权却只掌民政财政，和元朝行中书省的无所不统，轻重大不相同了。而且就地位论，行省是以都省的机构分设于地方，布政使则是朝廷派驻的使臣，前者是中央分权于地方，后者是地方集权于中央，意义也完全不同。此外，地方掌管司法行政的另有提刑按察使司，长官为按察使，主管一区刑名按察之事。布按二司和掌军政的都指挥使司合称三司，是朝廷派遣到地方的三个特派员衙门。民政、司法、军政三种治权分别独立，直接由朝廷指挥，为的是便于控制，便于统治。布政司之下，真正的地方政府分两级，第一级是府，长官为知府；有直隶州，即直隶于布政使司的州，长官是知州。第二级是县，长官是知县；有州，长官是知州。州县是直接临民的政治单位。[7]

中央统治机构的改革，稍晚于地方。洪武十三年（1380年）胡惟庸案[8]发后，废中书省，仿周官六卿之制，提高六部地位；

吏、户、礼、兵、刑、工每部设尚书一人，侍郎（分左右）二人。吏部掌全国官吏选授封勋考课，甄别人才。户部掌户口、田赋、商税。礼部掌礼仪、祭祀、僧道、宴飨、教育及贡举（考试）和外交。兵部掌卫所官军选授、简练和军令。刑部掌刑名。工部掌工程造作（武器、货币等）、水利、交通。都直接对皇帝负责，奉行政令。

统军机关则改枢密院为大都督府，节制中外诸军。洪武十三年分大都督府为中、左、右、前、后五军都督府，每府以左右都督为长官，各领所属都司卫所，和兵部互相表里。都督府长官虽管军籍军政，却不直接统带军队，在有战事时，才奉令出为将军总兵官，指挥作战，战争结束，便得交还将印，回原职办事。[9]

监察机关原来是御史台，洪武十五年改为都察院，长官是左右都御史，下有监察御史一百十人，分掌十二道（按照布政使司政区分道）。职权是纠劾百司，辨明冤枉，凡大臣奸邪、小人构党作威福乱政、百官猥茸贪污舞弊、学术不正，和变乱祖宗制度的，都可随时举发弹劾。这衙门的官被皇帝看作是耳目，替皇帝听，替皇帝看，有对皇权不利的随时报告。也被皇帝看作是鹰犬，替皇帝追踪、搏击一切不忠于皇帝的官民，是替皇帝监视官僚的衙门，是替皇帝检举反动思想，保持传统纲纪的衙门。监察御史在朝监视各个不同的官僚机构，派到地方的，有巡按、清军、提督学校、巡监、茶马、监军等职务，就中巡按御史算是代皇帝巡狩，按临所部，大事奏裁，小事立断，是

第三章　特务机关的老大：东西厂

最威武的一个差使。

　　行政军事监察三种治权分别独立,由皇帝亲身总其成。官吏内外互用,其地位以品级规定。从九品到正一品,九品十八级,官和品一致,升迁调用都有一定的法度。百官分治,个别对皇帝负责。系统分明,职权清楚,法令详密,组织严紧。而在整套统治机构中,互相钳制,以监察官来监视一切臣僚,以特务组织来镇压威制一切官民。都督府管军不管民,六部管民不管军。大将在平时不指挥军队,动员复员之权属于兵部,供给粮秣的是户部,供给武器的是工部,决定战略的是皇帝。六部分别负责,决定政策的是皇帝。在过去,政事由三省分别处理,取决于皇帝,皇帝是帝国的首领。在这新统治机构下,六部府院直接隶属于皇帝,皇帝不但是帝国的首领,而且是这统治机构的负责人和执行人;历史上的君权和相权到此合一了,皇帝兼理宰相的职务,皇权由之达于极峰。[10]

注释

[1] 出自于《朱元璋传》第四章。——编者注

[2]《宋史·职官志一》。

[3] 司马光《司马文正公传家集》卷二一《乞分十二等以进退群臣上殿札子》；钱大昕《潜研堂文集》卷三四《答袁简斋书》。

[4] 司马光《涑水纪闻》卷三；李攸《宋朝事实》卷九；李焘《续资治通鉴长编》卷一二五。

[5]《旧唐书》卷一一七《刘祎之传》。

[6] 明成祖永乐元年（1403年）以北平布政使司为北京，五年置交阯布政使司，十一年置贵州布政使司。宣德三年（1428年）罢交阯布政使司，除两京外定为十三布政使司。

[7]《明史·职官志》。

[8]《明史·胡惟庸传》；吴晗《胡惟庸党案考》，载《燕京学报》十五期，1934年6月。

[9] 宋濂《洪武圣政记·肃军政第四》。

[10] 参看《明史·职官志》。

严防宦官和外戚干政[1]

历史的教训使朱元璋深切地明白宦官和外戚对于政治的祸害。他以为汉朝唐朝的祸乱都是宦官作的孽。这种人在宫廷里是少不了的,只能作奴隶使唤,洒扫奔走,人数不可过多,也不可用作耳目心腹;作耳目,耳目坏,作心腹,心腹病。对付的办法,要使之守法,守法自然不会作坏事;不要让他们有功劳,一有功劳就难于管束了。立下规矩,凡是内臣都不许读书识字。又铸铁牌立在宫门上面刻着:"内臣不得干预政事,犯者斩。"又规定内臣不许兼外朝的文武官衔,不许穿外朝官员的服装;作内廷官不能过四品,每月领一石米,穿衣吃饭官家管。并且,外朝各衙门不许和内官监有公文往来。这几条规定着着针对着历史上所曾发生的弊端,使内侍名符其实地作宫廷的仆役。[2] 对外戚干政的对策,是不许后妃干政,洪武元年三月即命儒臣修女诫,纂集古代贤德妇女和后妃的故事,刊刻成书,来教育宫人,要她们学样。又立下规程,皇后只能管宫中嫔妇的事,宫门之外不得干预。宫人不许和外间通信,犯者处死,以断绝外朝和内廷的来往以至通信,使之和政治隔离。外朝臣僚命妇按例于每月初一十五朝见皇后,其他时间,没有特殊缘由,不许进宫。皇帝不接见外朝命妇,皇族婚姻选配良家子女,有私进女口的不许接受。元璋的母族和妻族都绝后,没有外家,后代帝王也都遵守祖训,后妃必选自民家。外戚只是高爵厚禄,作大地主,住大房子,绝对不许预闻政事。[3]在洪武一朝三十多年中,内臣小心守法,宫廷和外朝隔绝,和前代相比,算是家法最严的了。

其次,元代以吏治国,法令极繁冗,档案堆成山,吏就从中舞弊,无法根究。而且,正因为公文条例过于琐细,不费一两年工夫,无从通晓,办公文、办公事成为专门技术,掌印正官弄不清楚,只好由吏作主张,结果治国治民的都是吏,不是官。小吏们唯利是图,毫不顾到全盘局面,政治(其实是吏治)自然愈闹愈坏。远在吴元年,朱元璋已注意到法令和吏治的关系,指令台省官立法要简要严选用深通法律的学者编定律令。经过缜密的商订,去烦减重,花了三十年工夫,更改删定了四五次,编成《大明律》,条例简于唐律,精神严于宋律,是中国法律史上极重要的一部法典。又为简化公文起见,于洪武十二年立案牍减烦式颁示各衙门,使公文明白好懂,文吏无法舞弊弄权。从此吏员在政治上被斥为杂流,不能作官。官和吏完全分开,官主行政,吏主事务,和元代的情形完全不同了。[4]

和上述相关的是文章的格式。唐宋以来的政府文字,从上而下的制诰,从下达上的表奏,照习惯是骈骊四六文。尽管有多少人主张复古,提倡改革,所谓古文运动,在民间是成功了,政府却仍然用老套头。同一时代用的是两种文字,庙堂是骈偶文,民间是古文。朱元璋很不以为然,以为古人作文章,讲道理,说世务,经典上的话,都明白好懂,像诸葛亮的《出师表》,又何

第三章 特务机关的老大:东西厂

尝雕琢、立意写文章？可是有感情，有血有肉，到如今读了还使人感动，怀想他的忠义。近来的文士，文字虽然艰深，用意却很浅近，即使写得和司马相如、扬雄一样好，别人不懂，又中什么用？以此他要秘书——翰林——作文字，只要说明白道理，讲得通世务就行，不许用浮辞藻饰。[5]到洪武六年，又下令禁止对偶四六文辞，选唐代柳宗元《柳公绰谢表》和韩愈《贺雨表》作为笺表法式。[6]这一改革不但使政府文字简单、明白，把庙堂和民间打通，现代人写现代文，就文学的影响说，也可以说很大，韩愈、柳宗元以后，他是提倡古文最有成绩的一个人。他自己所作的文章，写得不好，有时不通顺，倒容易懂。信札多用口语，比文章好得多，想来是受蒙古白话圣旨的影响，也许是没有念过什么书，中旧式文体的毒比较轻的缘故吧。

唐宋两代还有一样坏风气，朝廷任官令发表以后，被任用的官照例要辞官，上辞官表，一辞再辞甚至辞让到六七次，皇帝也照例拒绝，下诏敦劝，一劝再劝再六次七次劝，到这人上任上谢表才算罢休。辞的不是真辞，劝的也不是真劝，大家肚子里明白，是在玩文字的把戏，误时误事，白费纸墨。朱元璋认为这种做作太无聊，也把它废止了。

注释

[1] 出自于《朱元璋传》第四章。——编者注
[2]《洪武圣政记》;《明史》卷七四,《职官志》。
[3]《明史》卷一〇八《外戚恩泽侯表序》,卷一一三《后妃列传序》,卷三〇〇《外戚传序》。
[4]《明太祖实录》卷二六、卷一二六;《明史》卷七一《选举志》
[5]《明太祖实录》卷三九。
[6]《明太祖实录》卷八五。

明代靖难之役与国都北迁

一、明太祖的折中政策

自称为淮右布衣,出身于流氓而做天子的朱元璋,在得了势力称王建国之后,最惹他操心的问题:第一是怎样建立一个有力的政治中心,建立在何处。第二是用什么方法来维持他的统治权。

明太祖在初渡江克太平时(至正十五年六月,1355),当涂学者陶安出迎:

太祖问曰:"吾欲取金陵,何如?"安曰:"金陵古帝王都,取而有之,抚形胜以临四方,何向不克?"太祖曰:"善!"[1]

至正十八年(1358)叶兑献书论取天下规模曰:

今之规模,宜北绝李察罕(元将察罕帖木儿),南并张九四(吴张士诚),抚温、台,取闽、越,定都建康,拓地江、广,进则越两淮以北征,退则画长江而自守。夫金陵古称龙蟠虎踞,帝王之都,藉其兵力资财,以攻则克,以守则固。[2]

部将中冯国用亦早主定都金陵之说:

洪武初定淮甸,得冯国用,问以天下大计。国用对曰:"金陵龙蟠虎踞,真帝王之都,愿先渡江取金陵,置都于此。然后命将出师,扫除群寇,倡仁义以收人心,天下不难定也。上曰:

"吾意正如此。"[3]

参酌诸谋士的意见，经过了长期的考虑后，在至正二十六年（1366）六月拓应天城，做新宫于钟山之阳，至次年九月新宫成。这是吴王时代的都城。同月灭吴张士诚，十月遣徐达等北伐。十二月取温、台，降方国珍，定山东诸郡县。

至正二十八年（1368）正月吴王称帝，改元洪武，汤和平福建，四月平广东、河南。七月广西平。八月徐达率师入大都，元帝北走。十二月山西平。洪武二年八月陕西平，南北一统。四年夏明升降，四川平。十五年平定云南。二十年元纳哈出降，辽东归附，天下大定。在这个长时期，个人的地位由王而帝，所统辖的疆域由东南一隅而扩为全国。元人虽已北走，仍保有不可侮的实力，时刻有南下恢复的企图。同时沿海倭寇的侵扰也成为国防上的重大问题。在这样的情形之下，帝都的重建和国防的设计是当时朝野所最瞩目的两大问题。

基于天然环境的限制，东南方面沿海数千里时时处处有被倭寇侵犯的危险，东北方面长城以外即是蒙古人的势力，如不在险要处屯驻重兵，则黄河以北便非我有。防边须用重兵，如以兵权付诸将，则恐尾大不掉，有形成藩镇跋扈的危险。如以重兵直隶中央，则国都必须扼驻边界，以收统辖指挥之效。东南是全国的经济中心，东北为国防关系，又必须成为全国的军事中心。国都如建设在东南，则北边空虚，不能防御蒙古人的南侵；如建设在北边，则国用仍须仰给东南，转运劳费，极不合算。

第三章　特务机关的老大：东西厂

在政治制度方面，郡县制和封建制的选择，也成为当前的难题。秦、汉、唐、宋之亡，没有强藩屏卫是许多原因中之一。周代封建藩国，则又枝强干弱，中央威令不施。这两者中的折中办法，是西汉初期的郡国制。一面设官分治集大权于中央，一面又分封子弟，使为国家捍御。这样一来，设国都于东南财赋之区，封子弟于东北边防之地，在经济上、在军事上、在统治权的永久维持上都得到一个完满的解决。这就是明太祖所采用的折中政策。

二、定都南京[4]

明太祖定都南京的重要理由是受经济环境的限制。第一是因为江、浙富饶为全国冠，所谓"财赋出于东南，而金陵为其会"。[5]第二是因为吴王时代所奠定的宫阙，不愿轻易弃去。且若另建都邑，则又须重加一层劳费。第三是因为从龙将相都是江、淮子弟，不愿轻去乡土。洪武元年四月取汴梁后，他曾亲到汴梁去视察，觉得虽然地位适中，可是四面受敌，形势还不及南京。[6]在事实上，则西北未定，为转饷屯军计，不能不有一个军事上的后方重地，以便策应。于是仿成周两京之制以应天（金陵）为南京，开封为北京。二年八月陕西平。九月以临濠（安徽凤阳）为中都，事前曾和廷臣集议建都之地：

上召诸老臣问以建都之地，或言关中险固，金城天府之国。或言洛阳天地之中，四方朝贡道里适均。汴梁亦宋之旧京。又言北平元之宫室完备，就之可省民力。上曰："所言皆善，惟时有不同耳。长安、洛阳、汴京实周、秦、汉、魏、唐、宋所建国。但平定之初，民力未苏息，朕若建都于彼，供给力役悉资江南，重劳其民。若就北平，要之宫室不能无更，亦未易也。今建业长江天堑，龙蟠虎踞，江南形胜之地，真足以立国。临濠则前江后淮，以险可恃，以水可漕，朕欲以为中都。何如？"群臣称善。至是始命有司建置城池宫阙，如京师之制焉。[7]

在营建中都时，刘基曾持反对的论调，以为"凤阳虽帝乡，非建都地"。[8]八年四月罢营中都。[9]

洪武十一年（1378）以南京为京师。[10]太祖对于建都问题已经踌躇了十年，到这时才决定。可是为了控制北边，仍时时有迁都的雄心。选定的地点仍是长安、洛阳和北平。当时献议都长安的有胡子祺：

洪武三年以文学选为御史，上书请都关中。帝称善，遣太子巡视陕西。后以太子薨，不果。[11]

他的理由是：

天下形胜地可都者四。河东地势高，控制西北，尧尝都之，然其地苦寒。汴梁襟带河、淮，宋尝都之，然其地平旷，无险可凭。洛阳周公卜之，周、汉迁之，然嵩、邙非有崤函、终南之阻，涧、瀍、伊、洛非有泾、渭、灞、浐之雄。夫据百二河山之胜，可以耸诸侯之望，举天下莫关中若也。[12]

皇太子巡视陕西在洪武二十四年。则太祖在十一年定都南京以后仍有都长安之意。皇太子巡视的结果，主张定都洛阳：

太祖以江南地薄，颇有迁都之意。八月命皇太子往视关、

第三章　特务机关的老大：东西厂

洛。皇太子志欲定都洛阳，归而献地图。明年四月以疾薨。[13]

郑晓记此事始末，指出迁都的用意在控制西北：

国朝定鼎金陵，本兴王之地。然江南形势终不能控制西北，故高皇时已有都汴、都关中之意，以东宫薨而中止。[14]

《明史》记：

太子还，献陕西地图，遂病。病中上言经略建都事。[15]

是则假使太子不早死，也许在洪武时已迁都到洛阳或长安了。又议建都北平：

逮平陕西，欲置都关中。后以西北重地非自将不可，议建都于燕，以鲍频力谏而止。[16]

何孟春记鲍频谏都北平事说：

太祖平一天下，有北都意。尝御谨身殿亲策问延臣曰："北平建都可以控制边塞，比南京何如？"修撰鲍频对曰："元主起自沙漠，立国在燕今百年，地气天运已尽，不可因也。南京兴王之地，宫殿已完，不必改图。传曰：'在德不在险也。'"[17]

明太祖晚年之想迁都，次要的原因是南京新宫风水不好。顾炎武记：

南京新宫吴元年作。初大内填燕尾湖为之，地势中下南高而北卑。高皇帝后悔之。二十五年祭光禄寺灶神文曰："朕经营天下数十年，事事按古有绪。维宫城前昂后洼，形势不称，本欲迁都。今朕年老，精力已倦。又天下新定，不欲劳民，且兴废有数，只得听天。惟愿鉴朕此心，福其子孙。"[18]

由此看来，从洪武初年到二十四年这一时期中，明太祖虽然以南京作国都,可是为了控制北边的关系,仍时时有迁都的企图。迁都到北边最大的困难是漕运艰难,北边硗瘠,如一迁都,则人口必骤然增加,本地的粮食不能自给,必须仰给东南,烦费不赀。次之重新创建城地宫阙,财力和人力耗费过多。懿文太子死后,这老皇帝失去勇气,就从此不再谈迁都了。

三、封建诸王

洪武二年四月编《祖训录》,定封建诸王之制。[19]在沿边要塞,均置王国:

明兴,高皇帝以宋为惩,内域削弱,边围勿威,使胡人得逞中原而居闰位。于是大封诸子,连亘边陲。北平天险,为元故都,以王燕。东历渔阳、卢龙、出喜峰,包大宁,控塞葆山戎,以王宁。东渡榆关,跨辽东,西并海被朝鲜,联开原,交市东北诸夷,以王辽。西按古北口,濒于雍河,中更上谷、云中,巩居庸,蔽雁门,以王谷若代。雁门之南,太原其都会也,表里河山,以王晋。逾河而西,历延、庆、韦、灵,又逾河北,保宁夏,倚贺兰,以王庆。兼毂、陇之险,周、秦都圻之地,牧坰之野,直走金城,以王秦。西渡河领张掖、酒泉诸郡,西扃嘉峪,护西域诸国,以王肃。此九王者皆塞王也,莫不敷险陋,控要害,佐以元戎宿将,权崇制命,势匹抚军,肃清沙漠,垒帐相望。[20]

在内陆则有:

周、齐、楚、潭、鲁、蜀诸王,护卫精兵万六千余人,牧马数千匹，亦皆部兵耀武，并列内郡。[21]

洪武五年置亲王护卫指挥使司，每府设三护卫。[22]护卫甲士少者三千人，多者至一万九千人。[23]王国中央所派守镇兵亦得归王调遣：

> 凡王国有守镇兵，有护卫兵。其守镇兵有常选指挥掌之。其护卫兵从王调遣。如本国是险要之地，遇有警急，其守镇兵、护卫兵并从王调遣。[24]

守镇兵之调发，除御宝文书外并须得王令旨方得发兵：

> 凡朝廷调兵须有御宝文书与王，并有御宝文书与守镇官。守镇官既得御宝文书，又得王令旨，方许发兵。无王令旨，不得发兵。[25]

扼边诸王尤险要者，兵力尤厚。如宁王所部至"带甲八万，革车六千，所属朵颜三卫骑兵皆骁勇善战"。[26]洪武十年又以羽林等卫军益秦、晋、燕三府护卫。[27]时蒙古人犹图恢复，屡屡南犯。于是徐达、冯胜、傅友德诸大将数奉命往北平、山西、陕西诸地屯田练兵，为备边之计。又诏诸王近塞者每岁秋勒兵巡边，[28]远涉不毛，校猎而还，谓之肃清沙漠。[29]诸王封并塞居者皆预军务，而晋、燕二王尤被重寄，数命将兵出塞及筑城屯田，大将如宋国公冯胜、颍国公傅友德皆受节制。[30]洪武二十六年三月诏二王军务大者始以闻，[31]由此军中事皆得专决。一方面又预防后人懦弱，政权有落于权臣和异姓人之手的危险，特授诸王以干涉中央政事之权。诸王有权移文中央索取奸臣：

> 若大臣行奸，不令王见天子，私下傅致其罪而遇不幸者，

到此之时，天子必是昏君。其长史司并护卫移文五军都督府索取奸臣，都督府捕奸臣奏斩之，族灭其家。[32]

甚至得举兵入清君侧：

如朝无正臣，内有奸恶，则亲王训兵待命。天子密诏诸王统领镇兵讨平之。[33]

又怕后人变更他的法度，把一切天子亲王大臣所应做和不应做的事都定为祖训，叫后人永远遵守。洪武二十八年九月正式颁布《皇明祖训条章》于中外，并下令后世有言更祖制者以奸臣论。[34] 由此诸王各拥重兵，凭据险厄，并得干涉国事，在军事上和政治上都握大权，渐渐地酿成了外重内轻之势。

分封过制之害，在洪武九年叶伯巨即已上书言之。他说：

先王之制，大都不过三国之一，上下等差，各有定分，所以强干弱枝，遏乱源而崇治本耳。今裂土分封，使诸王各有分地，盖惩宋、元孤立，宗室不竞之弊。而秦、晋、燕、齐、梁、楚、吴、蜀诸国，无不连邑数十，城郭宫室亚于天子之都，优之以甲兵卫士之盛。臣恐数世之后，尾大不掉，然后削其地而夺之权，则必生觖望，甚者缘间而起，防之无及矣。……愿及诸王未之国之先，节其都邑之制，减其卫兵，限其疆理，亦以待封诸王之子孙。此制一定，然后诸王有贤且才者入为辅相，其余世为藩屏，与国同休。割一时之恩，制万世之利，消天变而安社稷，莫先于此。

书上，以离间骨肉坐死[35]。其实这时诸王只建藩号，尚未就国，有远见的人已经感觉到不安的预兆了。到洪武末年诸王

第三章 特务机关的老大：东西厂

数奉命出塞，强兵悍卒，尽属麾下，这时太祖衰病，皇太孙幼弱，也渐渐地感觉到强藩的迫胁了。有一次他们祖孙曾有如下的谈话：

先是太祖封诸王，辽、宁、燕、谷、代、晋、秦、庆、肃九国皆边房，岁令训将练兵，有事皆得提兵专制便防御。因语太孙曰："朕以御虏付诸王，可令边尘不动，贻汝以安。"太孙曰："虏不靖，诸王御之，诸王不靖，孰御之？"太祖默然良久，曰："汝意何如？"太孙曰："以德怀之，以礼制之，不可则削其地，又不可则废置其人，又其甚则举兵伐之。"太祖曰："是也，无以易此矣。"[36]

太孙又和黄子澄密谋定削藩之计：

惠帝为皇太孙时，尝坐东角门，谓子澄曰："诸王尊属拥重兵，多不法，奈何？"对曰："诸王护卫兵才足自守，倘有变，临以六师，其谁能支？汉七国非不强，卒底亡灭。大小强弱势不同，而顺逆之理异也。"太孙是其言。[37]

即位后高巍、韩郁先后上书请用主父偃推恩之策："在北诸王，子弟分封于南；在南，子弟分封于北。如此则藩王之权，不削而自削。"[38]当局者都主削藩，不用其计而靖难师起。

四、靖难

明太祖在位三十一年（1368—1398），皇太子标早卒，太孙允炆继位，是为惠帝（1399—1402）。时太祖诸子第二子秦王樉、第三子晋王棡均先卒，四子燕王棣、五子周王橚及齐、湘、代、岷诸王均以尊属拥重兵，多不法，朝廷孤危。诸王中燕王最雄杰，兵最强，尤为朝廷所嫉。惠帝用黄子澄、齐泰计谋削藩：

泰欲先图燕。子澄曰："不然。周、齐、湘、代、岷诸王，在先帝时尚多不法，削之有名。今欲问罪，宜先周。周王，燕之母弟[39]，削周是削燕手足也。"[40]

定计以后，第一步先收回王国所在地之统治权，下诏"王国吏民听朝廷节制，惟护卫官军听王"。[41]建文元年二月又"诏诸王毋得节制文武吏士"。[42]收回兵权及在王国之中央官吏节制权。洪武三十一年八月废周王橚为庶人。建文元年四月湘王柏惧罪自焚死，齐王榑、代王桂有罪，废为庶人。六月废岷王楩为庶人。

燕王智勇有大略，妃徐氏为开国元勋徐达女，就国后，徐达数奉命备边北平，因从学兵法。徐达死后，诸大将因胡惟庸、蓝玉两次党案诛杀殆尽，燕王遂与秦、晋二王并当北边御敌之任。洪武二十三年正月，与晋王率师往讨元丞相咬住太尉乃儿不花，征虏前将军颍国公傅友德等并听节制。三月师次迤都，咬住等降。[43]获其全部而还，太祖大喜。是后屡率诸将出征，并令王节制沿边士马，威名大震。[44]二十四年四月督傅友德诸将出塞，败敌而还。二十六年三月冯胜、傅友德备边山西、北平，其属卫将校悉听晋王、燕王节制。二十八年正月率总兵官周兴出辽东塞，自开原追敌至甫答迷城，不及而还。二十九年率师巡大宁，败敌于彻彻儿山，又追败之于兀良哈秃城而还。

第三章　特务机关的老大：东西厂　　　　　　　　　　　　　189

三十一年率师备御开平。⁴⁵太祖崩后，自以为三兄都已先死，伦序当立，不肯为惠帝下。周、湘诸藩相继得罪，遂决意反，阴选将校，勾军卒，收才勇异能之士，日夜铸军器。⁴⁶建文元年七月杀朝廷所置地方大吏，指齐泰、黄子澄为奸臣，援引祖训，入清君侧，称其师曰"靖难"。

兵起时惠帝正在和方孝孺、陈迪一些文士讨论周官法度，更定官制，讲求礼文。当国的齐泰、黄子澄也都是书生，不知兵事，以旧将耿炳文为大将往讨。八月耿炳文兵败于滹沱河，即刻召还，代以素不知兵的勋戚李景隆。时燕王已北袭大宁，尽得朵颜三卫骑而南。景隆乘虚攻北平，不能克，燕王回兵大破之。二年四月燕王又败景隆兵于白沟河、德州。进围济南，三月不克，为守将盛庸所掩击，大败解围去。九月盛庸代李景隆为大将军。十二月大败燕兵于东昌，燕大将张玉战死，精锐丧失几尽。三年燕兵数南下，胜负相当。所攻下的城邑，兵回又为朝廷据守，所据有的地方不过北平、保定、永平三府。恰好因惠帝待宫中宦官极严厉，宦官被黜责的逃奔燕军，告以京师虚实。十二月复出师南下。朝廷遣大将徐辉祖（达子，燕王妃兄）出援山东，与都督平安大败燕兵于齐眉山。燕军谋遁还。惠帝又轻信谣言，以为燕兵已退，一面也不信任徐辉祖，召之还朝。前方势孤，相继败绩。燕兵遂渡淮趋扬州，江防都督陈瑄以舟师迎降，径渡江进围南京，谷王橞及李景隆开金川门迎降，宫中火起，惠帝不知所终。燕王入京师即帝位，是为成祖（1403—1424）。⁴⁷

成祖入南京后做的第一件事是对主削藩议者的报复,下令大索齐泰、黄子澄、方孝孺等五十余人,榜其姓名曰奸臣,大行屠杀,施族诛之法,族人无少长皆斩,妻女发教坊司,姻党悉戍边。方孝孺之死,宗族亲友前后坐诛者至八百七十三人。[48]万历十三年(1585)释坐孝孺谪戍者后裔凡千三百余人。[49]即位后的第一件事是尽复建文中所更改的一切成法和官制,表明他起兵的目的是在拥护祖训和问惠帝擅改祖宗成法之罪。[50]由此《祖训》成为明朝一代治国的经典,太祖时所定的法令到后来虽然时移事变,也不许有所更改。太祖时所曾施行的制度,也成为明一代的金科玉律,无论无理到什么地步,也因为是祖制而不敢轻议。内中如锦衣卫和廷杖制,最为明一代的弊政。为成祖所创的有宦官出使专征监军分镇的制度,和皇帝的侦察机关东、西厂。

五、锦衣卫和东西厂[51]

锦衣卫和东、西厂,明人合称为厂卫。锦衣卫是内廷的侦察机关,东、西厂则由宦官提督,最为皇帝所亲信,即锦衣卫也在其侦查之下。

锦衣卫初设于明太祖时,是皇帝的私人卫队。其下有镇抚司,专治刑狱,可以直接取诏行事,不必经过外廷法司的手续。[52]锦衣卫的主要职务是"察不轨妖言人命强盗重事",专替皇帝侦察不忠于帝室的和叛逆者,其权力在外廷法司之上。洪武二十年(1387)曾一度取消锦衣卫的典诏狱权。到了成祖由庶子篡逆得位，自知人心不附，兼之内外大臣都是惠帝的旧臣，深恐惠帝未死，诸臣或有复国的企图，于是恢复锦衣卫的职权，使之活动，以为钳制臣民之计。

另一方面又建立了一个最高侦察机关叫东厂。因为在起兵时很得惠帝左右宦官的力量，深信宦官的忠心，赋以"缉访谋逆妖言大奸恶等"的职权。以后虽时革时复，名义也有时更换（如西厂、外厂、内行厂之类），但其职权及地位则愈来愈高，有任意逮捕官吏、平民和任意刑讯处死的权力。

靖难兵起时宦官狗儿、郑和等以军功得幸，即位后遂加委任。有派做使臣的，如永乐元年（1403）遣内官监李兴出使暹罗[53]，马彬出使爪哇诸国。三年遣太监郑和出使西洋。[54] 有派做大将的，如永乐三年之使中官山寿率兵出云州觇敌。[55] 又因各地镇守大将多为惠帝旧臣，特派宦官出镇和监军，使之伺察，永乐元年命内臣出镇及监京营军。[56] 出镇的例如马靖镇甘肃，马骐镇交趾，监军的如王安之监都督谭青军。[57] 由是司法权和兵权都慢慢地落在宦官手中。宣德以后，成主多不亲政事，内阁的政权也渐渐地转到内廷司礼监手中去了。在外则各地镇守太监成为地方最高长官，积重难返，形成一种畸形的阉人政治。英宗时的王振、曹吉祥，宪宗时的汪直、梁芳，武宗时的刘瑾，神宗时的陈增、高淮，熹宗时的魏忠贤，思宗时的曹化淳、高起潜，莫不窃弄政柄，祸国殃民，举凡军事、外交、内政、财政、司法一切国家大政，都由宦官主持，甚至阁臣之用黜都以宦官的好恶为定。他们只图私人生活的享乐，极力搜括掊敛，榨取民众的血汗，诱导皇帝穷奢极欲，大兴土木祷祠，对外则好大喜功，生衅外族，驯至民穷财尽，叛乱四起。外廷的士大夫与之相抗的都被诛杀、放逐，由此朝廷分为两党：一派附和宦官，希图富贵，甘为鹰犬；一派则极力攻击，欲将政权夺回内阁，建设清明的政府。阉人和士人两派势力互为消长，此扑彼兴，一直闹到亡国。

廷杖也是祖制的一种，太祖时曾杖死工部尚书薛祥[58]，鞭死永嘉侯朱亮祖父子。[59]以后一直沿用，正德十四年（1519）以谏止南巡廷杖舒芬等百四十六人，死者十一人。嘉靖三年（1524）群臣争大礼，廷杖丰熙等百三十四人，死者十六人。内外大臣一拂宦官或皇帝之意，即施廷杖，由锦衣卫执行，打而不死者或遣戍边地，或降官，或仍旧衣冠办事。宣宗时又创立枷之刑，国子祭酒李时勉至荷枷国子监前。[60]直到熹宗时魏忠贤杖死万燝，大学士叶向高以为言，忠贤乃罢廷杖，把所要杀的人都下镇抚司狱，用酷刑害死，算是代替了这一祖制。锦衣卫，东、西厂和廷杖制原都是为镇压反对势力，故意造成恐怖空气，使臣民慑于淫威不敢反侧的临时设施。一经施用，大小臣民都惴惴苟延，不知命在何日。太祖时朝官得生还田里，便为大幸。[61]皇帝的威权由之达于顶点。这三位一体的恐怖制度使专制政体的虐焰高得无可再高，列朝的君主也有明知这制度的残酷不合理，但是第一为着维系个人的威权，第二因为这是祖制，所以因仍不废。英宗以来的君主多高拱深宫，宦官用事，利用这制度来树威擅权，排斥异己，虽然经过若干次士大夫的抗议，终

第三章 特务机关的老大：东西厂

归无效。一直到亡国才自然消灭，竟和明运相终始。

六、迁都北京

成祖以边藩篡逆得位，深恐其他藩王也学他的办法再来一次靖难，即位之后，也采用惠帝的削藩政策，依次收诸藩兵权，非唯不使干预政事，且设立种种苛禁以约束之。建文四年（1402）徙谷王于长沙，永乐元年徙宁王于南昌，以大宁地界从靖难有功之朵颜、福余、泰宁三卫，以偿前劳。[62]削代王、岷王护卫。四年削齐王护卫，废为庶人。十年削辽王护卫（辽王已于建文元年徙荆州）。十五年谷王以谋反废。十八年周王献三护卫。尽削诸王之权，于护卫损之又损，必使其力不足与一镇抗。[63]到宣宗时汉王高煦，武宗时安化王真、宁王宸濠果然援例造反，遂更设为厉禁，诸王行动不得自由，即出城省墓亦须奏请。二王不得相见，[64]受封后即不得入朝。[65]甚至在国家危急时，出兵勤王亦所不许。[66]只能衣租食税，凭着王的位号在地方上作威作福，肆害官民。[67]王以下的宗人生则请名，长则请婚于朝，禄之终身，丧葬予费。[68]仰食于官，不使之出仕，又不许其别营生计，"不农不仕，吸民膏髓"。[69]生齿日藩，国力不给，世宗时御史林润言：

天下岁供京师粮四百万石，而诸府禄米凡八百五十三万石。以山西言，存留百五十二万石，而宗禄三百十二万。以河南言，存留八十四万三千石，而宗禄百九十二万。[70]

不得已大加减削，宗藩日困。[71]枣阳王祐"请除宗人禄，使以四民业自为生，贤者用射策应科第"，不许。[72] 万历二十二年（1594）郑靖王世子载堉请许宗室皆得儒服就试，毋论中外职，中式者视才品器使。[73] 从此宗室方得出仕。国家竭天下之力来养活十几万游荡无业的贵族游民，不但国力为之疲敝不支，实际上宗室又因不能就业而陷于贫困，势不能不作奸犯法，扰害平民。这也是当时创立"祖制"的人所意想不到的。

成祖削藩的结果，宁、谷二王内徙，尽释诸王兵权，北边空虚。按照当时的情势，"四裔北边为急，倏来倏去，边备须严。若畿甸去远而委守将，则非居重取轻之道"。[74] 于是有迁都北京之计，以北京为行在，屯驻重兵，抵御蒙古人的入侵：

太宗靖难之勋既集，切切焉为北顾之虑，建行都于燕，因而整戈秣马，四征弗庭，亦势所不得已也。銮舆巡幸，劳费实繁。易世而后，不复南幸，此建都所以在燕也。[75]

合军事与政治中心为一，以国都当敌。朱健曾为成祖迁都下一历史的地理的解释。他说：

自古建立都邑，率在北土，不止我朝，而我朝近敌为甚。且如汉袭秦旧都关中，匈奴入寇，烽火辄至甘泉。唐袭隋旧都亦都关中，吐蕃入寇，辄到渭桥。宋袭周旧都汴，西无灵、夏，北无燕、云，其去契丹界直浃旬耳。景德之后亦辄至澶渊。三治朝幅员善广矣，而定都若此者何？制敌便也。我朝定鼎燕京，东北去辽阳尚可数日，去渔阳百里耳。西北去云中尚可数日，去上谷亦仅倍渔阳耳。近敌便则常时封殖者尤勤，常时封殖则一日规划措置者尤亟。是故去敌之近，制敌之便，莫有如今日者也。[76]

建都北京的最大缺点是北边粮食不能自给，必须仰给东南。海运有风波之险，由内河漕运则或有时水涸，或被"寇盗"所阻，稍有意外，便成问题：

今国家燕都可谓百二山河，天府之国，但其间有少不便者，漕粟仰给东南耳。运河自江而淮，自淮而黄，自黄而汶，自汶而卫，盈盈衣带，不绝如线，河流一涸，则西北之腹尽枵矣。元时亦输粟以供上都，其后兼之海运。然当群雄奸命之时，烽烟四起，运道梗绝，惟有束手就困耳。此京师之第一当虑者也。[77]

要解决这两个困难，则第一必须大治河道，第二必须仍驻重兵于南京，镇压东南。成祖初年，转漕东南，水陆兼挽，仍元人之旧，参用海运，而海运多险，陆运亦艰。九年命宋礼开会通河，十三年陈瑄凿清江浦，通北京漕运，直达通州，而海陆运俱废。[78]运粮官军十二万人，有漕运总兵及总督统之。[79]十九年（1421）迁都北京后，以南京为留都，仍设五府六部官，并设守备掌一切留守防护之事，节制南京诸卫所。[80]

永乐元年以北平为北京。四年诏以明年五月建北京宫殿。十八年北京郊庙宫殿成，诏以北京为京师，不称行在。[81]在实际上，自七年以后，成祖多驻北京，以皇太子在南京监国。自邱福征本雅失里汗败死后，五入漠北亲征。[82]自十五年北巡以后，即不再南返。南京在事实上，从七年北巡后即已失去政治上的地位，十九年始正式改为陪都。

迁都之举，当时有一部分人不了解成祖的用心，力持反对论调：

初以殿灾诏求直言，群臣多言都北京非便。帝怒，杀主事萧仪，曰："方迁都时，与大臣密议，久而后定，非轻举也。"[83]

仁宗即位（1425）后，胡濙从经济的立场"力言建都北京非便，请还南都，省南北转运供亿之烦"。[84] 于是又定计还都南京，洪熙元年三月诏北京诸司悉称行在。五月仁宗崩，迁都之计遂又搁置不行。[85] 一直到英宗正统六年（1441）北京三殿两宫都已告成，才决定定都北京，诏文武诸司不称行在，仍以南京为陪都。[86]

成祖北迁以后，三面临敌，边防大重。东起鸭绿，西抵嘉峪，绵亘万里，分地守御。初设辽东、宣府、大同、延绥四镇，继设宁夏、甘肃、蓟州三镇，又加上太原、固原，是为九边。[87] 每边各设重兵，统以大将，副以褊裨，监以宪臣，镇以开府，联以总督，无事则画地防守，有事则犄角为援。[88] 失策的是即位后即徙封宁王于江西，把大宁一带地[89]，送给从征有功的朵颜三卫，自古北口至山海关隶朵颜卫，自广宁前屯卫西至广宁镇白云山隶泰宁卫，自白云山以北至开原隶福余卫。而幽燕东北之险，中国与夷狄共之，胡马疾驰半日可抵关下。辽东广宁、锦义等城自此与宣府、怀来隔断，悬绝声不相连。[90] 又以东胜[91]孤远难守，调左卫于永平，右卫于遵化而墟其地[92]。兴和[93]为阿鲁台所攻，徙治宣府卫城而所地遂虚。[94] 开平[95]为元故都，地处极边，西接兴和而达东胜，东西千里，最为要塞。自大宁弃后，宣、辽隔绝，开平失援，胡虏出没，饷道艰难，宣德五年（1430）从薛禄议，弃开平，徙卫于独石。[96]后来"三岔河弃而辽东悚，河套弃而陕右警，西河弃而甘州危"[97]，国防遂不可问。初期国力尚强，对付外敌的方法是以攻为守，太祖、成祖、宣宗三朝并大举北征，以兵力逼蒙古人远遁，使之不敢近塞。英宗以后国力渐衰，于是只以守险为上策，坐待敌来，诸要塞尽弃而边警由之日亟。正统十四年（1449），瓦剌也先入寇围北京。嘉靖二十九年（1550），鞑靼俺答入寇薄都城。这两次的外寇都因都城兵力厚不能得志，焚掠近畿而去。崇祯十七年（1644）李自成北上，宣府和居庸的守臣都开门迎降，遂长驱进围北京，太监曹化淳又开门迎入，明遂亡。由此看来，假如成祖当时不迁都北京，自以身当敌冲，也许在前两次蒙古人入犯时，黄河以北已不可守，宋人南渡之祸，又要重演一次了。

原载《清华学报》第十卷第四期 1935 年 10 月

注释

[1]《明史》卷一三六《陶安传》。

[2]《明史》卷一三五《叶兑传》。

[3] 孙承泽《春明梦余录》卷一,《明史》卷一二九《冯胜传附冯国用传》。

[4] 旧名建业、建康、金陵,元为集庆,明太祖克集庆后以为应天府,洪武二年以为南京,十一年改为京师,成祖北迁后以为南京,以北京为京师。文中为行文便利计,除引原文处仍其原称外,一律称南京。

[5] 邱濬《大学衍义补·都邑之建》。

[6] 刘辰《国初事迹》。

[7] 黄光昇《昭代典则》。

[8]《明史》卷一二八《刘基传》。

[9]《明史》卷二《太祖本纪二》。

[10]《明史》卷四〇《地理志一》。

[11]《明史》卷一四七《胡广传》。

[12]《明史》卷一一五《兴宗孝康皇帝传》。

[13] 姜清《姜氏秘史》卷一。

[14] 郑晓《今言》卷二七四。

[15]《明史》卷一一五《兴宗孝康皇帝传》。

[16]《春明梦余录》卷一。

[17] 何孟春《余冬录》卷二。

[18] 顾炎武《天下郡国利病书》卷一〇三《江南一》。

[19]《明史》卷二《太祖本纪二》。

[20] 何乔远《名山藏》卷一《分藩记》。

[21] 何乔远《名山藏》卷一《分藩记》。

[22]《明史》卷九〇《兵志二·卫所》。

[23]《明史》卷一一六《诸王传序》。

[24]《皇明祖训·兵卫》条。

[25]《皇明祖训·兵卫》条。

[26]《明史》卷一一七《宁王传》。

[27]《明史》卷二《太祖本纪二》。

[28]《明史》卷九一《兵志三·边防》。

[29] 祝允明《九朝野记》卷一。

[30]《明史》卷一一六《晋王传》。

[31]《明史》卷三《太祖本纪三》。

[32]《皇明祖训·法律》条。

[33]《皇明祖训·法律》条。

[34]《明史》卷三《太祖本纪三》。

[35]《明史》卷一三九《叶伯巨传》。

[36] 尹守衡《明史窃革除纪》。

[37]《明史》卷一四一《黄子澄传》。

[38]《明史》卷一四三《高巍传》。

[39] 高皇后无子。懿文太子标、秦王樉、晋王㭎,李淑妃出。燕王棣、周王橚,碽妃出。均为高皇后养子,故燕王起兵时冒称高后嫡子,以图耸动天下耳目!且以为三兄俱死,已伦序当立。(吴晗《明成祖生母考》,载《清华学报》十卷三期)。

[40]《明史》卷一四一《黄子澄传》。

[41] 谷应泰《明史纪事本末》卷一五,《明史》卷一四一《齐泰传》。

[42]《明史》卷四《恭闵帝本纪》。

[43]《明史》卷三《太祖本纪三》。

[44]《明史》卷三《太祖本纪三》。

[45]《明史》卷五《成祖本纪一》。

[46]《明史》卷一四五《姚广孝传》。

[47]《明史》卷四《恭闵帝纪》,卷五《成祖纪一》,卷一四四《盛庸传》,卷一二六《李文忠传》,卷一二五《徐达传》,《明史纪事本末》卷一六。

[48]《明史纪事本末》卷一八。

[49]《明史》卷一四一《方孝孺传》。

[50]《明史》卷五《成祖本纪一》,钞本《燕王令旨》。

[51] 作者有专文讨论,参阅《大公报·史地周刊》第十三期《明代的锦衣卫和东西厂》(1934年12月24日)。

[52] 王世贞《锦衣志》。

[53]《明史》卷三四〇《宦官传序》。

[54]《明史》卷二《成祖本纪二》。

[55]《明史》卷二《成祖本纪二》。

[56]《明史》卷二《成祖本纪二》。

[57]《明史》卷三四〇《宦官传序》。

[58]《明史》卷一三八《薛祥传》。

[59]《明史》卷九五《刑法志三》。

[60]《明史》卷一六三《李时勉传》。

[61]《明史》卷一三八《杨靖传附严德珉传》,卷二八五《孙蕡传》。

[62]《明史》卷三二八《朵颜三卫传》。《成祖本纪二》永乐元年三月"始以大宁地界兀良哈",《兵志》三同。按:兀良哈为地名,在潢水[西喇木伦(Sira Muren)]北。西起兴安岭,东至哈尔滨、长春等平野。南有全宁卫,更南有大宁卫。《太祖高皇帝实录》卷一九六:"二十二年五月辛卯,置泰宁、朵颜、福余三卫指挥使司于兀良哈之地以居降胡。"明人习称泰

第三章 特务机关的老大:东西厂　　201

宁、朵颜、福余为兀良哈三卫，更节为兀良哈。兀良哈及三卫之名称由来，详见日本箭内亘《兀良哈三卫名称考》。

[63] 万言《管邮文钞内编二·诸王世表序》。

[64] 《明史》卷一二〇《诸王传赞》，《明史》卷一一九《襄王传》。

[65] 《明史》卷一一九《崇王传》。

[66] 《明史》卷一一八《韩王传、唐王传》。

[67] 赵翼《廿二史札记》卷三二《明分封宗藩之制》。

[68] 《明史》卷一一六《诸王传序》。

[69] 《明史》卷二一四《靳学颜传》。]

[70] 《明史》卷八二《食货志六》。

[71] 《明史》卷一〇〇《诸王世表序》。

[72] 《明史》卷一一九《襄王传附枣阳王传》。

[73] 《明史》卷一一九《郑王传》。

[74] 章潢《图书编》卷三三《论北龙帝都垣局》。

[75] 顾祖禹《读史方舆纪要》卷一〇《直隶方舆纪要序》。

[76] 朱健《古今治平略·古今都会》。

[77] 谢肇《五杂俎》。

[78] 《明史》卷五《成祖本纪二》，《明史》卷八五《河渠志三》，《明史》卷七九《食货志三》。

[79] 《明史》卷七六《职官志五》，《明史》卷七九《食货志三》。

[80] 《明史》卷七六《职官志五》。

[81] 《明史》卷七《成祖本纪三》。

[82] 八年征鞑靼本雅失里，十二年征瓦剌马哈木，二十年至二十二年三征鞑靼阿鲁台。

[83] 《明史》卷一四九《夏原吉传》。

[84] 《明史》卷一六九《胡濙传》。

[85] 《明史》卷八《仁宗本纪》。

[86]《明史》卷一〇《英宗前纪》。

[87]《明史》卷九一《兵志三》。

[88]黄道周《博物典汇》卷一九《九边》。

[89]今热河平泉、赤峰、朝阳等县地。

[90]严从简《殊域周咨录》卷一六《鞑靼》。

[91]今绥远托克托县及蒙古茂明安之地。

[92]《明史》卷九一《兵志三》,卷四二《地理志二·山西》。

[93]元兴和路,自张家口以北至内蒙古苏尼特旗皆其境。洪武三年为府,后废。三十年置兴和守御千户所。今察哈尔张北县治即兴和故城。

[94]《明史》卷四〇《地理志·京师》。

[95]在今察哈尔多伦县地。

[96]《明史》卷四〇《地理志》,严从简《殊域周咨录》卷一七《鞑靼》,方孔《全边略纪》卷三《宣府略》。

[97]《博物典汇》卷一九。

太监、皇庄、皇木及其他[1]

太监的得势用事,和明代相终始。其中只有一朝是例外,这一朝代便是嘉靖朝。从正德宠任刘瑾、谷大用等八虎,坏乱朝政以后,世宗即位,力惩其弊,严抑宦侍,不使干政作恶。嘉靖九年(1530)革镇守内臣。十七年(1538)从武定侯郭勋请复设,在云贵、两广、四川、福建、湖广、江西、浙江、大同等处各派内臣一人镇守,到十八年四月以彗星示变撤回。在内廷更防微极严,不使和朝士交通,内官因之奉法安分,不敢恣肆。根基不厚的大珰,有的为了轮值到请皇帝吃一顿饭而破家荡产,无法诉苦。在有明一代中嘉靖朝算是宦官最倒霉失意的时期。反之在万历朝则从初年冯保、张宏、张鲸等柄用起,一贯地柄国作威,政府所有设施,须先请命于大珰,初年高拱任首相,且因不附冯保而被逐。张居正在万历初期的新设施,新改革,所以能贯彻实行,是因为在内廷有冯保和他合作。到张居正死后,宦官无所顾惮,权势更盛,派镇守,采皇木,领皇庄,榷商税,采矿税。地方官吏降为宦侍的属下,承其色笑,一抹其意,缇骑立至。内臣得参奏当地督抚,在事实上几成地方最高长官。在天启以前,万历朝可说是宦官最得势的时代。

《词话》中有许多关于宦官的记载,如清河一地就有看皇庄的薛太监,管砖厂的刘太监,花子虚的家庭出于内臣,王招宣家与太监缔姻。其中最可看出当时情形的是第三十一回西门庆宴客一段：

说话中间，忽报刘公公、薛公公来了。慌的西门庆穿上衣，仪门迎接。二位内相坐四人轿，穿过肩蟒，缨枪队喝道而至。西门庆先让至大厅上，拜见叙礼，接茶。落后周守备、荆都监、夏提刑等武官，都是锦绣服，藤棍大扇，军牢喝道，僚椽跟随，须臾都到了门口，黑压压的许多伺候，里面鼓乐喧天，笙萧迭奏。上坐递酒之时，刘、薛二内相相见。厅正面设十二张桌席，都是帏拴锦带，花插金瓶，桌上摆着簇盘定胜，地下铺着锦茵绣球。

西门庆先把盏让坐次，刘、薛二内相再三让逊："还有列位大人！"周守备道："二位老太监齿德俱尊。常言三岁内宦，居于王公之上，这个自然首坐，何消泛讲。"彼此逊让了一回。薛内相道："刘哥，既是列位不首，难为东家，咱坐了罢。"

于是罗圈唱了个喏，打了恭，刘内相居左，薛内相居右，每人膝下放一条手巾，两个小厮在傍打扇，就坐下了。其次者才是周守备、荆都监众人。

一个管造砖和一个看皇庄的内使，声势便煊赫到如此，在宴会时座次在地方军政长官之上，这正是宦官极得势时代的情景，也正是万历时代的情景。

皇庄之设立，前在天顺、景泰时代已见其端，正德时代达极盛期。世宗即位，裁抑恩幸，以戚里佞幸得侯者着令不许继世。中唯景王就国，拨赐庄田极多。《明史》卷七七《食货志一》说：

世宗初命给事中夏言等清核皇庄田，言极言皇庄为厉于民。

第三章　特务机关的老大：东西厂

自是正德以来投献侵牟之地，颇有给还民者。而宦戚辈复中挠之。户部尚书孙交造皇庄新册，额减于旧，帝命核先年顷亩数以闻，改称官地，不复名皇庄。诏所司征银解部。由此可知嘉靖时代无皇庄之名，只称官地。

《食货志一》又记：

神宗赍予过侈，求无不获。潞王、寿阳公主恩最渥，而福王分封，括河南、山东、湖广田为王庄，至四万顷，群臣力争，乃减其半。王府官及诸阉丈地征税，旁午于道，扈养厮役，廪食以万计，渔敛惨毒不忍闻，驾帖捕民，格杀庄佃，所在骚然。

由此可知《词话》中的管皇庄太监，必然指的是万历时代的事情。因为假如把《词话》的时代放在嘉靖时的话，那就不应称为管皇庄，应该称为管官地的才对。所谓皇木，也是明代一桩特别的恶政，《词话》第三十四回有刘百户盗皇木的记载：

西门庆告诉："刘太监的兄弟刘百户因在河下管芦苇场，撰了几两银子。新买了一所庄子。在五里店拿皇木盖房……"

明代内廷兴大工，派官往各处采大木，这木就叫皇木。这事在嘉靖万历两朝特别多，为民害极酷。《明史》卷八二《食货志六》说：

嘉靖元年革神木千户所及卫卒。二十年宗庙灾，遣工部侍郎潘鉴、副都御史戴金于湖广、四川采办大木。

二十六年复遣工部侍郎刘伯跃采于川、湖、贵州。湖广一省费至三百三十九万余两。又遣官核诸处遗留大木，郡县有司以迟误大工，逮治褫黜非一，并河州县尤苦之。万历中三殿工兴，采楠杉诸木于湖广、四川、贵州，费银九百三十余万两，征诸民间，较嘉靖年费更倍。而采鹰平条桥诸木于南直、浙江者，商人逋直至二十五万。科臣劾督运官迟延侵冒，不报。虚糜乾没，公私交困焉。

按万历十一年慈宁宫灾，二十四年乾清、坤宁二宫灾，《词话》中所记皇木，当即指此而言。

《词话》第二十八回有"女番子"这样一个特别名词。

经济道："你老人家是个女番子，且是倒会的放刁……

所谓番子，《明史·刑法志三》说：

东厂之属无专官，掌刑千户一，理刑百户一，亦谓之贴刑，皆卫官。其隶役悉取给于卫。最轻黠狯巧者乃拨充之。役长曰档头，帽上锐，衣青素褾，系小绦，白皮靴，专主伺察。其下番子教人为干事，京师亡命诓财挟仇视干事者为窟穴，得一阴事，由之以密白于档头，档头视其事大小，先予之金。事曰起数，金曰买起数。既得事，帅番子至所犯家左右坐曰打桩，番子即突入执讯之，无有左证符牒，贿如数，径去。少不如意，榜治之名曰干榨酒，亦曰搬罾儿，痛楚十倍官刑。且授意使牵有力者，有力者予多金，即无事，或靳不予，予不足，立闻上，下镇抚司狱，立死矣。

番子之刺探官民阴事为非作恶如此，所以在当时口语中就称平常人的放刁挟诈者为番子，并以施之女性。据《明史》在万历初年冯保以司礼监兼厂事，建厂东上北门之北曰内厂，而以初建者为外厂，声势煊赫一时，至兴王大臣狱，欲族高拱。但在嘉靖时代，则以世宗驭中官严，不敢恣，厂权且不及锦衣卫，番子之不敢放肆自属必然。

注释

[1] 出自于《〈金瓶梅〉的著作时代及其社会背景》一文。——编者注

党争代表阮圆海[1]

提起了明末的词人，风流文采、照耀一时的阮圆海，立刻会联想到他的名著《春灯谜》《燕子笺》。云亭山人的《桃花扇》，逼真活现，三百年后，此公形象如在目前。

阮圆海的一生，可以分为若干时期。第一时期声华未著，依附同乡清流东林重望左光斗，以为自重之计。第二时期急于做官，为东林所挤。立刻投奔魏忠贤，拜在门下为干儿，成为东林死敌。第三时期东林党人为魏阉所一网打尽，圆海的官也大了，和干爹相处得很好，可是他绝顶聪明，看出场面要散，就预留地步，每次见干爹，总花钱给门房买回名片。第四时期，忠贤被杀，阉党失势，他立刻反咬一口，清算总账，东林阉党混同攻击，可是结果还是挂名逆案，削官为民。崇祯一朝十七年，再也爬不起来。第五时期，南方诸名士缔盟结社，正在热闹，圆海也不甘寂寞，自托东林人物，谈兵说剑，想借此翻身，不料惹了复社名士的公愤。出了留都防乱揭，指出他是魏珰干儿，一棍打下去。第六时期，北都倾覆，马士英拥立弘光帝，圆海又勾上马士英，重翻旧案，排斥东林，屠死端士，重新引起党案，招引逆案人物，组织特务，准备把正人君子一网打尽。朝政浊乱，贿赂公行，闹到"职方贱如狗，都督满街走"。（职方有点像现在的军政部军政司长,都督相当于总司令。)把南京政权断送了。第七时期清兵南下,圆海叩马乞降,终为清军所杀。

总算圆海一生,前后七变,变来变去,都是从左到右,从右到左,明末三十年是东林党和阉党对立,一起一伏,互相倾轧排陷,变幻莫测,陆离光怪的时代,圆海算是经过所有的风波,用左制右,附右排左,有时不左不右,自命中立,有时不管左右,一味乱咬,有时以东林孽子的道貌求哀于正人,有时又以魏珰干儿的色相求援于阉寺,"有奶便是娘,无官不可做。"于是扶之摇之,魏珰时代他做到太常少卿,马士英时代他做到兵部尚书兼右副都御史。最后是做了降敌的国贼,原形毕露。

明末三十年党争黑暗面的代表是阮圆海,和阮圆海形迹相类的还有几千百人。这一类人可名曰之阮圆海型。

三百年后的历史和三百年前当然不同。最大的不同是如今是人民的世纪,黑白不但分明,而且有人民在裁判。然而,阮圆海型的正人君子们还是车载斗量,朝秦暮楚,南辕北辙,以清流之面目,作市侩之营生:一变两变三变都已记在历史上了,最后的一变将由人民来判决。

阮圆海名大铖,安徽怀宁人,《明史》卷三百八《奸臣传》有传。

(原载《历史的镜子》)

注释

[1] 出自于《阮圆海》一文。——编者注

第四章

维持皇权的高压……厂卫政治

胡惟庸党案考

一、《明史》所记之胡惟庸

胡惟庸事件是明代初叶的一件大事,党狱株连前后十四年,一时功臣宿将诛夷殆尽,前后达四万余人。且因此和日本断绝国交关系,著之《祖训》。另一方面再三颁布《昭示奸党录》《臣戒录》《志戒录》《大诰》《世臣总录》诸书,谆谆告谕臣下,以胡惟庸为前鉴。到明成祖时代,还引这事件来诫谕臣下,勿私通外夷。明代诸著作家的每一部提及明初史迹的著述中,都有这事件的记载。清修明史且把胡氏列入奸臣传。在政治制度方面,且因此而永废丞相,分权于六部、五府、都察院、通政司、大理寺等衙门。在这事件的影响方面说,一时元功宿将皆尽,靖难师起,仅余耿炳文、吴祯等支撑御侮,建文因以逊国。综之,从各方面说,无论是属于政治的、外交的、军事的、制度的、易代的,这事件之含有重大意义,其影响及于有明一代,则无可置疑。

《明史》记此事颠末云:

自杨宪诛,帝以惟庸为才,宠任之。惟庸亦自励,尝以曲谨当上意,宠遇日盛。独相数岁,生杀黜陟,或不奏径行。内外诸司上封事,必先取阅,害己者辄匿不以闻。四方躁进之徒及功臣武夫失职者争走其门，馈遗金帛名马玩好不可胜数。

大将军徐达深嫉其奸，从容言于帝。惟庸遂诱达阍者福寿以图达，为福寿所发。

御史中丞刘基亦尝言其短。久之，基病，上遣惟庸挟医视，遂以毒中之。基死，益无所忌。与太师李善长相结，以从女妻其从子佑。

学士吴伯宗劾惟庸既得危祸。自是势益炽。

其定远旧宅井中忽生石笋，出水数尺，谀者争引符瑞。又言其祖父三世塚上，皆夜有火光烛天。惟庸益喜自负，有异谋矣。

吉安侯陆仲亨自陕西归，擅乘传。帝怒责之曰："中原兵燹之余，民始复业，籍户买马，艰苦殊甚。使皆效尔所为，民虽尽鬻子女，不能给也。"责捕盗于代县。平凉侯费聚奉命抚苏州军民，日嗜酒色。帝怒，责往西北招降蒙古，无功。又切责之，二人大惧。惟庸阴以权利胁诱二人，二人素鸷勇，见惟庸用事，密相往来。尝过惟庸家，酒饮酣，惟庸屏左右言："吾等所为多不法，一旦事觉，如何！"二人益惶惧，惟庸乃告以己意，令在外收集军马。

又尝与陈宁坐省中阅天下军马籍，令都督毛骧取卫士刘遇贤及亡命魏文进等为心膂，曰："吾有所用尔也。"

太仆寺丞李存义者善长之弟，惟庸婿李佑父也。惟庸令阴说善长，善长已老，不能强拒，初不许，已而依违其间。

惟庸益以为事可就，乃遣明州卫指挥林贤下海招倭与期会。

又遣元故臣封绩致书称臣于元嗣君，请兵为外应，事皆未发。

会惟庸子驰马于市，堕死车下，惟庸杀挽车者。帝怒，命偿其死。惟庸请以金帛给其家，不许。惟庸惧，乃与御史大夫陈宁、中丞涂节等谋起事，阴告四方及武臣从己者。十二年九月占城来贡，惟庸等不以闻，中官出见之，入奏。帝怒，切责省臣，惟庸及广洋顿首谢罪，而微委其咎于礼部，礼部又委之中书，帝益怒，尽囚诸臣，穷诘主者。未几赐广洋死。广洋妾陈氏从死，帝询之，乃入官陈知县女也。大怒曰："没官妇女只给功臣家，文臣何以得给？"乃敕法司取勘。于是惟庸及六部堂属咸当坐罪。

明年正月，涂节遂上变告惟庸，御史中丞商皓时谪为中书省吏，亦以惟庸阴事告。帝大怒，下廷臣更讯，词连宁、节。廷臣言节本预谋，见事不成，始上变告，不可不诛。乃诛惟庸、宁并及节。

惟庸既死，其反状犹未尽露，至十八年李存义为人首告，免死安置崇明。十九年十月林贤狱成，惟庸通倭事始著。

二十一年蓝玉征沙漠，获封绩，善长不以奏。至二十三年五月事发，捕绩下吏，讯得其状，逆谋大著。会善长家奴卢仲谦首善长与惟庸往来状，而陆仲亨家奴封帖木亦首仲亨及唐胜宗、费聚、赵庸三侯与惟庸共谋不轨。帝发怒，肃清逆党，词所连及，坐诛者三万余人，乃为《昭示奸党录》布告天下，株连蔓引，迄数年未靖云。

惟庸通倭事，《明史》云：

先是胡惟庸谋逆，欲借日本为助，乃厚结宁波卫指挥林贤，佯奏贤罪，谪居日本，令交通其君臣。寻奏复贤职，遣使召之。密致书其王，借兵助己。贤还，其王遣僧如瑶率兵卒四百余人，诈称入贡，且献巨烛，藏火药刀剑其中。既至，而惟庸已败，计不行。帝亦未知其狡谋也。越数年，其事始露，乃族贤，而怒日本特甚，决意绝之，专以防海为务。

与李善长谋逆事，《明史》云：

京民坐罪应徙边者，善长数请免其私亲丁斌等，帝怒按斌，斌故给事惟庸家，因言存义等往时交通惟庸状。命逮存义父子鞫之，词连善长云："惟庸有反谋，使存义阴说善长，善长惊叱曰：'尔言何为者？审尔，九族皆灭！'又使善长故人杨文裕说之云：'事成当以淮西地封为王。'善长惊不许，然颇心动。惟庸乃自往说，善长犹不许。久之，惟庸复遣存义进说，善长叹曰：'吾老矣，吾死，汝等自为之。'"

或又告善长云将军蓝玉出塞至捕鱼儿海，获惟庸通沙漠使者封绩，善长匿不以闻。于是御史交章劾善长。而善长奴卢仲谦等亦告善长与惟庸通赂遗，交私语。狱具，谓善长元勋国戚知逆谋不发举，狐疑观望，怀两端，大逆不道。会有言星变，其占当移大臣，遂并其妻女弟侄家口七十余人诛之。而吉安侯陆仲亨、延安侯唐胜宗、平凉侯费聚、南雄侯赵庸、荥阳侯郑遇春、宜春侯黄彬、河南侯陆聚等皆同时坐惟庸党死。而已故荥阳侯杨璟、济宁侯顾时等追坐者又若干人。帝手诏条列其罪，傅著狱词，为《昭示奸党三录》布告天下。

谷应泰记胡惟庸被诛前又有云奇告变一事：

正月戊戌，惟庸因诡言第中井出醴泉，邀帝临幸，帝许之。驾出西华门，内使云奇冲跸道勒马衔言状，气方勃，舌駃不能达意，太祖怒其不敬，左右挝捶乱下，云奇右臂将折，垂毙，犹指贼臣第弗为痛缩。上悟，乃登城望其第，藏兵复壁间，刀槊林立。即发羽林掩捕考掠，具状磔于市。

综结以上的记载，胡惟庸党案的构成及经过是：

（1）胡惟庸擅权罔上。

（2）谋刺徐达。

（3）毒死刘基。

（4）与李善长相结交通。

（5）定远宅井生石笋，祖墓夜有火光，因有异志。

（6）结陆仲亨、费聚为助。

（7）收纳亡命。

（8）令李存义、杨文裕说李善长谋逆。

（9）遣林贤下海招倭，倭使如瑶伪贡率兵为助。

（10）遣封绩称臣于元求援。

（11）惟庸杀挽车者，太祖责偿死。

（12）阻占城贡使，被罪。

（13）私给文官以入官妇女坐罪。

（14）涂节上变。商皓白其私事。

（15）请上幸第谋刺，为云奇所发。

（16）狱具伏诛。胡党之名起。

（17）林贤狱成。

（18）李善长被杀。

（19）对日绝交。

（20）胡党株蔓数万人，元功宿将几尽。

以上试参证中日记载，说明这一事件的真相和明代初叶中日间的国际关系。

二、云奇告变

胡惟庸党案的真相，到底如何，即明人亦未深知，这原因大概是由于胡党事起时，法令严峻，著述家多不敢记载此事。到了事过境迁以后，实在情形已被淹没，后来的史家只能专凭《实录》，所以大体均属相同。他事有不见于《实录》的，便只能闭户造车，因讹传讹，所以极多矛盾的同时记载。正因为这许多记载之暧昧矛盾，所以当时人便有怀疑它的。郑晓以为"国初李太师、胡丞相、蓝国公诸狱未可知"。王世贞是明代的一个伟大精核的史学家，他的话应该可信了，他说：

胡惟庸谋逆，阴约日本国贡使以精兵装巨舶，约是日行弑，即大掠库藏，泛舟入海，事泄伏诛。上后却日本之贡以此。

他的儿子王士骐却不惜反对他的话，对这事件深为质疑，他以为：

按是年（十三年）诛丞相胡惟庸，延臣讯辞第云使林贤下海招倭军，约期来会而已。不至如野史所载，亦不见有绝倭之诏。本年日本两贡无表，又其将军奉丞相书辞意倨慢，故诏谕之。中云："前年浮辞生衅，今年人来匪诚。"不及通胡惟庸事，何耶？近年勘严世蕃亦云交通倭虏，潜谋叛逆，国史谓寻端杀之，非正法也。胡惟庸之通倭，恐亦类此。

由此可见，这事件的可信程度正如徐阶所授意的严世蕃狱词一样。按《明史》载世蕃狱具，徐阶以为彰主过，适所以活之，为手削其草。略云：

曩年逆贼汪直勾倭内讧，罪在不宥。直徽州人，与罗龙文姻旧，遂送十万金世蕃所，拟为授官……龙文亦招聚汪直通倭余党五百余人谋于世蕃。班头牛信亦自山海卫弃伍北走，拟诱致北虏，南北响应……

于是复勘实以"交通倭虏，潜谋叛逆，具有显证"上，严家由是方倒。狱辞中通倭诱虏二事，恰好作胡惟庸事件的影子。

在以上所引的史料中，冲突性最显著的是《明史》所记涂节、商皓告变和《纪事本末》所记的云奇告变二事。因为假使前者是真，则惟庸已得罪被诛，无请临幸谋刺之可能。假使后者是真，则惟庸亦当日被诛，无待涂、商二人之告发。质言之，两件告发案必有一件是假，或者两件都假，断不能两件都真。现试略征群籍，先谈云奇事件。

谷应泰关于云奇的记载，确有所本。此事最先见于雷礼所引《国琛集》。记述与谷氏小有异同。其文云：

太监云奇南粤人。守西华门，迩胡惟庸第，刺知其逆谋。胡诳言所居井涌醴泉，请太祖往观，銮舆西出，云虑必与祸，急走冲跸，勒马衔言状。气方勃崒，舌跲不能达。太祖怒其犯跸，左右挝捶乱下，云垂毙，右臂将折，犹奋指贼臣第。太祖乃悟，登城眺顾，见其壮士披甲伏屏帷间数匝，亟返棕殿，罪人就擒。召奇则息绝矣。太祖追悼奇，赐赠葬，令有司春秋祀之。墓在南京太平门外，钟山之西。

自后王世贞撰《胡惟庸传》即引此文，不过把"诳言所居井涌醴泉"改为："伪为第中甘露降。"把地下涌出来的换成天上掉下来的罢了。邓元锡索性把他列入《宦官传》，以为忠义之首，不过又将名字改成奇云奇。傅维麟本之亦为立专传，仍复其名为云奇。其他明清诸著述家如陈建、严从简、邓球、尹守衡、彭孙贻、谷应泰，日人如饭田忠彦等，均深信不疑，引为实录。

在上引的诸家记载中，有一个共通的可疑点。这疑点是云奇身为内使，所服务地点与胡惟庸第相近，他既知胡氏逆谋，为什么不先期告发，一定要到事迫眉睫，方才闯道报警呢？这问题彭孙贻氏把它弥缝解答了。他说：

时丞相胡惟庸谋大逆，居第距门甚迩。奇刺知其事，冀欲发未有路，适惟庸谩言所居井涌醴泉，邀上往赏，驾果当西出，奇虑必有祸，会走犯跸……

总算勉强可以遮过读者的究诘。但据以上诸书所记，惟庸请明太祖到他家里来看醴泉或甘露的日子是洪武十三年正月戊戌。据《明史》惟庸即以是日被诛。这样当天请客，当天杀头，中间并未经过审讯下狱的阶段，在时间上是否发生问题呢？这问题夏燮曾引《三编质实》证明其不可能，他说：

考《实录》正月癸巳朔，甲午中丞涂节告胡惟庸谋反，戊戌赐惟庸等死。若然，则正月二日惟庸已被告发，不应戌戌尚有邀帝幸第之事。

我们在时间上的比较，已知此事非真。如再从事实方面考核，南京城高数仞，胡惟庸第据文中"壮士匿屏帷（或厅事）间"决非无屋顶——露天可知（《有学集》一〇三引《明人记载》说：南京城西华门内有大门北向，其高与诸宫殿等，后门甍栋俱在，曰旧丞相府，即胡惟庸故第）。无论西华门离胡第怎样近（事实上愈近愈只能看屋脊），就譬如在景山山顶吧，故宫就在足下，除了黄澄澄的屋瓦以外，我们能看出宫殿内的任何事物出来吗？同理，胡第非露天，即使明太祖真有登过城这一回事，又何从知道胡第伏有甲兵，此甲兵且伏在厅事中，屏帷间！

据《国琛集》说胡惟庸第在西华门内——禁中。王世贞《旧丞相府志》颇疑其非是。考《昭示奸党第二录》载卢仲谦供，谓胡惟庸私第在细柳坊，按《洪武京城图志》：广艺街在上元县西，旧名细柳坊，一名武胜坊。又考《街市图》：广艺街在内桥之北，与旧内相近。则惟庸私第之不在禁中明甚。再按《实录》：丙午八月（1366）拓建康城；初旧内在建康旧城中，因元南台为宫，稍庳隘，上乃命刘基等卜地，定新宫于钟山阳。戊申正月（1368）自旧内迁新宫。由是知明太祖之迁居新宫在洪武元年，旧内固近惟庸第，新宫则在建康城北，云奇事件如在洪武十三年，则根本为不可能。

由以上的推断，云奇事件之无稽荒谬，已决然无可疑。不过这一传说又从何发生的呢？云奇与胡惟庸虽无关系，但这事件的本身是否有存在的可能性呢？这两疑问，何孟春氏的《云奇墓》碑将给我们一个满意的解答。

南京太平门外钟山西有内官享堂一区，我太祖高皇帝所赐，今加赠司礼监太监云公奇葬地也。案旧碑公南粤人，洪武间内使，守西华门。时丞相谋逆者居第距门甚迩，公刺知其事，冀因隙以发。未几，彼逆臣言所居井涌醴泉……

公所遭谋逆者旧状以为胡蓝二党。夫胡惟庸之不轨在洪武十三年，蓝玉在二十六年，胡被诛后，诏不设丞相，至蓝十四年矣。春敢定以胡为是，以补旧碑之缺，备他日史官之考证。

可见胡惟庸谋逆的真相，明初人就不大清楚。旧碑阙以存疑，尚不失忠实态度。何孟春自作聪明，硬断定为胡惟庸，后此史官，虽以此事不见《实录》，亦援引碑文，定为信谳，自王世贞以下至彭孙贻、饭田忠彦等都笃信其事，因讹传讹，结果当然是到处碰壁，怎么也解释不出时间性与空间的不可能和事实上的矛盾了。钱谦益《明太祖实录辨证》三说："云奇之事，国史野史，一无可考。嘉靖中朝廷因中人之请而加赠，何孟春据中人之言而立碑。"所谓中人，潘柽章以为是高隆。他说：

云奇事起于中官高隆等，相传为蓝玉时事。而何孟春从而附会之，以为玉未尝为丞相，故又移之胡惟庸。凿空说鬼，有识者所不道。他疑心云奇事件是由邵荣三山门谋逆之事衍变来的。

他说：

然考之史，惟平章邵荣尝伏兵三山门内欲为变，上从他道

第四章 维持皇权的高压：厂卫政治　　　　　　　　　　223

还，不得发。与墓碑所称相类。三山门在都城西南与旧内相近，上登城眺察，难悉睹也。岂云奇本守三山门，讹而为西华耶？或云奇以冲跸死，而宋国兴之告变踵至耶？事有无不可知，史之阙文，其为是欤？

三、如瑶藏主贡舶

《明史》所记之如瑶贡舶事，明清人记载极多。日人记载则多据中籍迻译，虽间有疑其支离者，亦仅及派使者之为征西或幕府，对于事实本身，则均一致承认。

关于胡惟庸通倭之明清人记述，其主要事实多根据《实录》及《大诰》，《明史》和《实录》更不过详略之异，大体一无出入。文中洋洋洒洒据口供叙述胡惟庸的罪状，于通倭投虏事，仅有二句：

惟庸使指挥林贤下海招倭军，约期来会。又遣元臣封绩致书称臣于元，请兵为外应。

惟庸诛后数日，在宣布罪状的演辞中，亦未提及通倭一字：

己亥，胡惟庸等既伏诛，上谕文武百官曰："……岂意奸臣窃国柄，枉法诬贤，操不轨之心，肆奸欺之蔽，嘉言结于众舌，朋比逞于群邪。蠹害政治，谋危社稷，譬堤防之将决，烈火之将燃，有滔天燎原之势，赖神发其蠹，皆就殄灭……"

于罢中书省诏中，亦只及其枉法挠政诸罪：

癸卯，罢中书省，诏曰："……丞相汪广洋、御史大夫陈宁昼夜淫昏，酣歌肆乐，各不率职，坐视废兴。以致胡惟庸私构群小，夤缘为奸，或枉法以贿罪，或挠政以诬贤，因是发露，人各伏诛……"

即在十六年后，太祖和刘三吾的谈话中，胡惟庸的罪状，也不过只是擅作威福和僭侈：

二十八年十一月上谓翰林学士刘三吾等曰："奸臣胡惟庸等擅作威福，谋为不轨，僭用黄罗帐幔，饰以金龙凤纹。迩者逆贼蓝玉，越礼犯分，床帐护膝，皆饰金龙，又铸金爵为饮器，家奴至于数百，马坊廊房，悉用九五间数，僭乱如此，杀身亡家。"

惟庸诛后七年，始于所颁《大诰》中提及林贤：

维十九年十二月望皇帝三诰于臣民曰："……帝若曰前明州卫指挥贤私通惟庸，劫倭舶，放居倭，惟庸私使男子旺借兵私归贤，贤将辅人乱，不宁于黔黎，诛及出幼子。"

在洪武二十八年九月所颁《祖训》中，方才正式列出惟庸通倭的记载，其文云：

四方诸夷皆限山隔海，僻在一隅，得其地不足以供给，得其民不足以使令，若其自不揣量，来挠我边，则彼为不祥。彼既不为中国患，而我兴兵轻犯，亦不祥也。吾恐后世子孙，倚中国富强，贪一时战功，无故兴兵，致伤人命，切记不可。但胡戎与西北边境，互相密迩，累世战争，必选将练兵，时谨备之。

今将不征诸夷国名列后：

东北：朝鲜国

正东偏北：日本国（虽朝实诈，暗通奸臣胡惟庸，谋为不轨，故绝之。）

正南偏东：大琉球国　小琉球国

西南：安南国　真蜡国　暹罗国　占城国　苏门答剌　西洋国　爪洼国　溢亨国　白花国　三弗齐国　淳泥国

考《明史·胡惟庸传》谓："十九年十月林贤狱成，惟庸通倭事始著。"查《实录》十九年十月条不载此事。胡惟庸罪状中之通倭一事，据史言发觉在十九年，其唯一之根据为当时官书《大诰三编》。据此则十九年以前不当有绝倭之事，而事实上则却相反。《祖训》之成，据《大事记》所言第一次编成于洪武二年。第二次在六年五月。第三次在二十八年九月，重定名为《皇明祖训》，其目仍旧，而更其《箴戒》章为《祖训》首章。由是可知最后定本即仍洪武六年之旧，不过把原来《箴戒》章改成首章而已。胡惟庸事败在洪武十三年正月，通倭事发在十九年十月，不应先于洪武六年绝倭！细绎《祖训》文意，知其大旨不过戒子孙勿务远略损国威，所列不征之国，亦以其阻绝海洋，不易征服，于胡惟庸事，初无关涉。盖日本之被列为不征之国事在洪武六年以前，在洪武十九年到二十八年这时期，中方把胡惟庸事加入，作为佐证。后来读史的人不留心，把不征之国和胡惟庸事因《祖训》先后放在一起，就混为一事，并误为有因果关系。因胡惟庸狱词和《大诰》所载，辗转附会，惟庸之通倭谋逆及明廷因之与日绝交数事，遂成信谳了。

《国朝列卿记》所记全用《实录》原文，明代向例于《实录》修成后即焚稿扃史馆中，不为外人所见。所以后来人的记载大部分可说都是根据《列卿记》这部书。

因为《皇明祖训》《大诰》和《实录》中的记载，出于朝廷。后来的史家便都一致相信，以为事实。自郑晓、郎瑛、章潢、邓元锡、茅瑞征、茅元仪、陈仁锡、张复、叶向高、方孔炤、黄道周及《制御四夷典故》诸书，一致以为太祖朝之中日绝交，是因为如瑶贡舶事件，如《苍霞草》所记：

已复纳兵贡艘中助逆臣胡惟庸，惟庸败，事发，上乃著《祖训》示后世毋与倭通。

《吾学编》《制御四夷典故》《皇明世法录》《图书编》诸书云：

十五年归廷用又来贡，于是有林贤之狱，曰故丞相胡惟庸私通日本，盖《祖训》所谓日本虽朝实诈，暗通奸臣胡惟庸，谋为不轨，故绝之也。是时惟庸死且三年矣。十七年如瑶又来贡，坐通惟庸，发云南守御。

渡边世祐《室町时代史》（页二三五）亦谓：

时明胡惟庸谋反，使宁波之指挥官请援于征西将军。征西府使僧如瑶率精兵四百余人伪入贡赴之。谋觉，胡惟庸伏诛，逮林贤狱起，我邦通谋事发觉，太祖大怒，尔后一时交通遂绝。

何乔远、郑若曾、严从简诸人记林贤与如瑶之事迹较详尽，《名山藏·王享记》云：

丞相胡惟庸得罪惧诛，谋诸倭不轨，奏调金吾卫指挥林贤备倭明州。阴遣宣使陈得中谕贤送日本使出境，则诬指为寇以为功。贤听惟庸计，事觉，惟庸佯奏贤失远人心，谪居之倭中。既惟庸请宥贤复职，上从之。惟庸以庐州人李旺充宣使召贤，且以密书奉日本王借精锐人为用，王许之。贤还，王遣僧如瑶等率精锐四百余人来，诈献巨烛，烛中藏火药兵器。比至惟庸已败，上犹未悉贤通惟庸状，发四百余人云南守御……十五年惟庸事觉，上追怒惟庸，诛贤磔之。于是名日本曰倭，下诏切责其君臣，暴其过恶天下，著《祖训》绝之。

所记恰与《大诰》合。《筹海图编》亦采此说，而误以胡惟庸为枢密使，为王士骐所讥。且以为先于洪武十六年诏绝日本，二十年如瑶事发，时代与各书歧异。日人辻善之助据之以为怀良亲王已于前四年卒，足证使非征西所遣。书中标明日使为归廷用，足补何氏之缺：

日本使归廷用入贡方物，厚赏回还，明州备倭指挥林贤在京随驾，时交通枢密使胡惟庸，潜遣宣使陈得中密与设谋，令将归廷用诬为倭寇，分用赏赐。中书省举奏其罪，流贤日本。洪武十六年诏绝日本之贡。贤流三年，逆臣胡惟庸暗遣人充宣使，私往日本取回，就借练精兵四百，与僧如瑶来献巨烛，中藏火药兵具，意在图乱，上大怒，磔贤于市，乃降诏责其君臣，绝其贡。

《殊域周咨录》本之，而以为十三年发如瑶云南守御，林贤事发则在洪武二十年。日人饭田忠彦、荻野由之、辻善之助、栗田元次及木宫泰彦和德人希泊鲁秃（Sicboldt）诸人所记大率根据以上所引。

李开先所记则与诸书微异,其所撰《宋素卿传》云:

自洪武年间因胡惟庸通倭密谋进寿烛,内藏刀箭。将夷以铜甑蒸死,绝其进贡。

这是他把永乐三年十一月日本使者自治倭寇的记载和如瑶贡舶事件混在一起误为一事的错误。

以上诸家所记都属于胡惟庸使林贤通倭,如瑶伪贡事件。王世贞一流的史家所记,则与此异:

日本来贡使,私见惟庸,乃为约其王,令舟载精兵千人,伪为贡者,及期会府中,力掩执上,度可取,取之;不可,则掠库物泛舸就日本有成约。

以下便接着叙云奇事件,把这两件事发生连带关系。他在另一记载中又说:

十三年丞相胡惟庸谋叛,令(日使)伏精兵贡艘中,计以表裹挟上,即不遂,掠库物,乘风而遁。会事露悉诛。而发僧使于陕西四川各寺中,著训示后世,绝不与通。

又把这事件和如瑶发生关系。陈仁锡、朱国桢诸人都相信这一说,引为定谳。稍后谷应泰、夏燮等,便兼采两家矛盾之说,并列诸事,作最完备之记录。

读了以上诸家记述之后,最后我们试一试与当时的官书一核,看到底哪些史料是可靠的,哪一些是不可靠的,《大诰三编》说:

前明州卫指挥林贤出海防倭,接至日本使者归廷用入贡方物。其指挥林贤移文赴都府,都府转奏,朕命以礼送来至京。

第四章 维持皇权的高压:厂卫政治　　229

廷用王事既毕，朕厚赏令归，仍命指挥林贤送出东海，既归本国。不期指挥林贤当在京随驾之时，已与胡惟庸交通，结成党弊。及归廷用归，惟庸遣宣使陈得中密与设计，令林指挥将廷用进贡舡只，假作倭寇舡只，失错打了，分用朝廷赏赐，却仍移文中书申禀。惟庸佯奏林指挥过，朕责指挥林贤就贬日本。居三年，惟庸暗差庐州人充中书宣使李旺者私往日本取回，就借日本国王兵，假作进贡来朝，意在作乱。其来者正使如瑶藏主左副使左门尉右副使右门尉，率精兵倭人带甲者四百余名——倭僧在外——比至，胡惟庸已被诛戮，其日本精兵，就发云南守御。洪武十九年朕将本人命法司问出造反情由，族诛了当。呜呼人臣不忠者如此！

又云：

其指挥林贤年将六旬，又将辅人为乱，致黔黎之不守，伤生所在，岂不得罪于天人者乎！遂于十九年冬十月二十五日将贤于京师大中桥及男子出幼者皆诛之，妻妾婢之。

我们且不推敲这事件的本身是否可靠，明太祖这样一个枭桀阴忮的人的话———一面之辞是否可信。光和其他的记载比较，至少以下几件事是明太祖或胡惟庸所未曾想及的。这几点是：

（一）诈献巨烛，烛中藏火药兵器的聪明主意。

（二）日本贡使私见惟庸，约贡千人相助绑票的事。

（三）时间的矛盾。

（四）归廷用十五年之再贡发觉事。

（五）奏调林贤备倭明州事。

明朝锦衣卫和东西厂

（六）三年前惟庸初由右丞改正，正得宠眷而反惧诛事。

四、胡惟庸之罪状

洪武十三年正月胡惟庸被诛时的罪状是：

（一）毒死刘基。

（二）阻隔占城贡使。

（三）私给文臣以没官妇女。

（四）枉法挠政，朋比为奸。

刘基事据《明史》《本传》说：

基在京病时，惟庸以医来，饮其药，有物积腹中如拳石。其后中丞涂节首惟庸逆谋，并谓其毒基致死云。

据《胡惟庸传》，则惟庸之毒基，实为太祖所遣：

御史中丞刘基亦尝言其短，久之，基疾，上遣惟庸挟医视，遂以毒中之。

据《行状》所述，基未死前且曾以被毒状告太祖，太祖不理：

洪武八年正月，胡丞相惟庸以医来视疾，饮其药二服，有物积腹中如拳石，遂白于上，上亦未之省也，自是疾遂笃。三月上以公久不出，遣使问之，知其不能起也，特御制文一通，遣使驰驿送公还乡，里居一月而薨。

即由史臣纂修之《实录》，也说太祖明知刘基被毒事：

御史中丞涂节言前诚意伯刘基遇毒死，广洋宜知状。上问广洋，广洋对以无是事。上颇闻基方病时，丞相胡惟庸挟医往候，因饮以毒药。乃责广洋欺罔，不能效忠为国，坐视废兴……

由上引诸记载，参以《明史·刘基传》所叙胡惟庸与基之宿怨，乘隙中伤，太祖对基怀疑事。可知胡惟庸之毒基，确受上命，所以刘基中毒后，虽质言情状，亦置不理。并且派人看他会不会死，直到确知他必定要死，方派人送他回家。我们看汪广洋之死是为涂节告发，胡惟庸之被罪，也和刘基死事牵连，但在宣布胡氏罪状时，却始终没提起这事。由此可见"欲盖弥彰"，涂节之所以与胡惟庸骈戮东市，其故亦正在是。

关于阻隔占城贡使事，《明史》云：

洪武十二年占城贡使至都，中书不以时奏，帝切责丞相胡惟庸、汪广洋，二人遂获罪。

《实录》载此事较详，其文云：

十二年九月戊午，占城国王阿答阿者遣其臣阳须文旦进表及象马方物，中书臣不以时奏。内臣因出外，见其使者以闻，上亟召见，叹曰："壅蔽之害，乃至此哉！"因敕责省臣曰："朕居中国，抚辑四夷，彼四夷外国有至诚来贡者，吾以礼待之。今占城来贡方物既至，尔宜以时告，礼进其使臣，顾乃泛然若罔闻知，为宰相辅天子出纳帝命，怀柔四夷者固当如是耶！"丞相胡惟庸、汪广洋等皆叩头谢罪。

《明史》言："帝怒，切责省臣，惟庸及广洋顿首谢罪，而微委其咎于礼部，礼部又委之中书，帝益怒，尽囚诸臣，穷诘主者。"《高皇帝文集》卷七载《向中书礼部慢占城入贡第二

敕》云:

> 敕问中书礼部必欲罪有所证。古有犯法者犯者当之,此私罪也。今中书礼部皆理道出纳要所,九月二十五日有慢占城入贡事,向及省部,互相推调,朕不聪明,罪无归著,所以囚省部,概穷缘由,若罪果有所证,则罪其罪者,仍前推调,未得释免。

旨意极严重,接着就是涂节上变告反,由此可见惟庸已于十二年九月二十五日下狱,到十二月又发生汪广洋妾陈氏从死事,再下法司取勘,涂节窥见太祖有欲杀之意,逢迎上变,遂于次年正月被诛。

庚午诏书中所指的"枉法朋比",《明史》所记无实事可征。李善长狱后数年方发觉,此时当不能预为周纳。惟吴伯宗事别见其本传云:

> 胡惟庸用事,欲人附己,伯宗不为屈。惟庸衔之,坐事谪居凤阳,上书谕时政,因言惟庸专恣不法,不宜独任,久之必为国患,辞甚剀切。帝得奏召还,赐衣钞。

则伯宗自以坐事谪徙,亦未尝得"危祸"也。刘崧事见《高皇帝文集》七《召前按察副使刘崧职礼部侍敕》云:

> 奸臣弄法,肆志跳梁,拟卿违制之责。迩者权奸发露,人各伏诛。卿来,朕命官礼部侍郎,故兹敕谕。

其朋比事,当时人的记载,《国初事迹》中,有这样一条:

> 杨宪为御史中丞。太祖尝曰:"杨宪可居相位。"数言李善长无大才。胡惟庸谓善长曰:"杨宪为相,我等淮人不得为大官

第四章 维持皇权的高压:厂卫政治

矣。"宪因劾汪广洋不公不法，李善长奏排陷大臣，放肆为奸等事，太祖以极刑处之。

刘辰曾佐太祖戎幕，所记当得之见闻，较可征信。且善长、惟庸均为淮人，惟庸之进用，又为善长所援引，为保全禄位树立党援计，其排斥非淮系人物，又为势之所必至。不过据这一条史料的引证，也仅能证明惟庸之树党而已。《高皇帝文集》卷十六《跋夏珪长江万里图》文中有指摘惟庸受赃语，不过尽他所能指摘的也还不过是一幅不甚著名的图。其文云：

洪武十三年春正月奸臣胡惟庸权奸发露，令法司捕左右小人询情究源，良久，人报左丞赃贪淫乱甚非寡欲。朕谓来者曰：果何为实，以验赃贪？对曰：前犯罪人某被迁，其左相犹取本人山水图一轴，名曰《夏珪长江万里图》。朕犹未信，遣人取以验，去不逾时而至，吁！微物尚然，受赃必矣。

促成惟庸谋反的动机，据《明史》说是：

会惟庸子乘马于市，堕死车下，惟庸杀挽车者，帝怒，命偿其死。惟庸请以金帛给其家，不许。惟庸惧，乃与御史大夫陈宁、中丞涂节等谋起事，阴告四方及武臣从己者。

此文全据《实录》，而略其下一段。今补列如下：

上日朝，觉惟庸等举措有异，怪之，涂节恐事觉，乃上变告。

据上文所申述，我们知道惟庸于十二年九月下狱取勘，《实录》所记太祖自己在朝堂上觉察惟庸举措，事实上为不可能。《宪章录》《皇明法传录》诸书因其矛盾，舍去不录，《明史》因之。我们如再细心检讨一下，就可以知道，不但《实录》之事后增饰和《明史》诸书之截短取长是靠不住的，即其所记之惟庸子死事，也是同样的叫人不敢相信。如王世贞记惟庸狱起前之所谓促成谋反之动机云：

会其家人为奸利事，道关榜辱关吏，吏奏之，上怒，杀家人，切责，丞相谢不知乃已。

又以中书违慢，数诘问所由。惟庸惧，乃计曰："主上鱼肉勋旧臣，何有我耶！死等耳，宁先发，毋为人束，死寂寂。"

同样是在叙述同一事件，并且用同一笔法，但所叙的事却全不相符，一个说是惟庸子死，一个说是惟庸家人被诛。显见这两种不同的记载是出于两种不同的来源，由此又可知胡惟庸事件在明嘉靖以前是怎样一个纷乱矛盾的样子了。

《高皇帝文集》卷七有《谕丞相柱序班敕》，所谓丞相当即指惟庸言，但细绎敕意，亦只是责其刑罚不中而已。敕云：

《传》曰：刑罚不中，则民无所措手足。今日序班奏，昨晚一使自山西至，一使自太仓来省，引进将至与姓名，且曰郎中教只于此处候丞相提奏引见，已而终不见，郎中复唤，于是不敢引见，是有丞相怪责，不由分诉，刑及二十而肤开，甚枉之。因序班奏枉，试释之，若为上者教人正其事而后罪人不行，此果刑罚之中乎？

总之，在上文所引述的史料中，我们找不出有"谋反"和"通倭"、"通虏"的具体记载。这正好像一个故事，时代越后，故事的轮廓便越扩大，内容也越充实。到了洪武二十三年后，胡惟庸的谋反便成铁案，装点得有条有理了。钱谦益引《昭示奸党三录》说：

自洪武八年以后，惟庸与诸公侯约日为变，殆无虚月，或候上早朝，则惟庸入内，诸公侯各守四门，或候上临幸，则惟庸扈从，诸公侯分守信地，皆听候惟庸调遣，期约举事。其间或以车驾不出而罢，或以宿卫严密，不能举事而罢，皆惟庸密遣人麾散，约令再举，五年之中，期会为变无虑二百余。

考《太祖本纪》胡惟庸以洪武六年七月壬子任右丞相，十年九月辛丑改左。其时惟庸正被恩眷，得太祖信任。《高皇帝文集》卷二载是时《命丞相大夫诏》："朕平天下之初，数更辅弼，盖识见浅薄，任非其人。前丞相汪广洋畏懦迂滑，其于申冤理枉，略不留意。以致公务失勤，乃黜为岭南广省参政，观其所施，察其所省。今中书久阙丞相，御史台亦阙大夫，揆古稽今，诚为旷典，特命左丞相胡惟庸为中书右丞相，中丞陈宁为右御史大夫。且惟庸与宁自广洋去后，独署省台，协诚匡济，举直措枉，精勤不怠，故任以斯职。播告臣民。"云云。据《奸党录》所言，则不特《实录》所记惟庸诸谋叛动机为子虚，即明人诸家所言亦因此而失其立足点。因为假使惟庸已蓄意谋叛，其行动且早至被诛之五年前，且屡试屡败，则何以史文又曲为之隐？于《奸党三录》所云"五年之中期会为变无虑二百余次"一事至不著一字！何以《明史》及《弇州别集》诸书仅著其"以祥瑞自喜有异谋""令费聚陆仲亨收集军马""收集亡命""通倭欵房""被责谋起事"诸近疑似暧昧之刑法上所谓

"意图"的记载，而及略其主要之已举未遂行为！

《实录》记李善长狱事，尤暧昧支离，使人一见即知其捏造。盖其所述谋反情事，皆援据当时狱辞，其不可信，又无待究诘。且即以所叙和《昭示奸党录》所条列善长诸招一校，亦有未核。《实录》云：

太仆寺丞李存义者，善长之弟，惟庸之婿父也。以亲故往来惟庸家。惟庸令存义阴说善长同起，善长惊悸曰："尔言何为者！若尔，九族皆灭。"存义惧而去，往告惟庸，惟庸知善长素贪，可以利动。后十余日，又令存义以告善长，且言事若成，当以淮西地封公为王，善长虽有才能，然本文吏计深巧，佯惊不许，然心颇以为然，又见以淮西之地王己，终不失富贵，且欲居中观望，为子孙后计，乃叹息起曰："吾老矣，由尔等所为。"存义还告，惟庸喜，因过善长，善长延入，惟庸西面坐，善长东面坐，屏左右欸语良久，人不得闻，但遥见颔首而已。惟庸欣然就辞出，使指挥林贤下海招倭军约期来会，又遣元臣封绩致书称臣于元，请兵为外应。

《明史》别据明人所记以为说善长以封王者为其故人杨文裕。于其冤抑，特载解缙所代草之王国用奏疏剖解甚明。钱谦益据当时招辞谓：

洪武十年九月惟庸以逆谋告李存义，使阴说善长，未得其要领。乃使其旧人杨文裕许以淮西地封王，是年十一月，惟庸亲往说善长，善长犹趑趄未许，即国史所记惟庸西面坐善长东面坐者是也。然此时善长未许，至十二年八月，存义再三往说，

第四章　维持皇权的高压：厂卫政治　　237

善长始有：我老了你每自做之语。

在上载的两项文件的矛盾中，最显著的是时间问题。《实录》说惟庸几经游说善长，得其赞许后，方进行通倭欵虏二事，《实录辨证》据当时口供考定为洪武十二年八月事。惟庸被诛在次年正月，离定谋只是五个月间的事。下狱在九月，离定谋更仅一月。据《明史·日本传》《名山藏·王享记》《筹海图编》诸记载，惟庸先遣林贤为明州卫指挥，再佯奏其罪谪日本，使交通其君臣，再请宥贤复职，以李旺召之，且以密书奉日本王借精锐人为用。然后有如瑶藏主之贡舶事件。林贤在日本的时间，《大诰三编》和《筹海图编》都说是三年。其回国在洪武十六年后，这当然是不可靠的（郑若曾连胡惟庸卒年都弄不清楚，以为是洪武二十年间事）。不过无论如何，照那时代的航海情形，这一来一往总非一二月可办。据雷礼记如瑶第一次来华之时日为洪武十四年七月戊戌，正值惟庸败后一年，事颇巧合。不过我们所注意的是胡惟庸能否在死后再派人去召回林贤，在定谋和被诛的五个月中要容纳至少要三年以上的时间才办得到的事实是否可能？通倭事发的年月据《明史》说是在洪武十九年十月，但除当时的官书《大诰》外，我们翻遍《实录》也找不出有这项记载的存在。即在钱谦益所引胡党供辞中亦不及此事。同时在日本方面，除了引征中国的记载外，亦不著如瑶使节之任何事实。甚至在中日双方的若干记载中，有的连日本使者和派遣者的本身都有无数异说。这到底是什么缘故呢？很明显的，此种不被当事人所注意的时间问题，因为事实的本身，出于故意捏造或附会，事后编制，只图假题入罪，便不能顾及时间上的冲突。更因为所附会周纳的故事见于朝廷所颁发的《大诰》，大家不敢不相信，载诸记录，因讹传讹，遂成铁案了。

惟庸私通外夷的第二件事是通虏。《明史》说：

遣故元臣封绩致书称臣于元嗣君，请兵为外应……二十一年蓝玉征沙漠，获封绩，善长不以奏，至二十三年五月事发，捕绩下吏，讯得其状，逆谋大著。

《李善长传》亦言：

将军蓝玉出塞至捕鱼儿海，获惟庸通沙漠使者封绩，善长匿不以闻。

嗣后王世贞、朱国桢诸人所记，均据之以封绩为元臣或元遗臣。这一些记载的根据都很有来历，《实录》记：

封绩河南人，故元臣来归，命之官，不受，遣还乡又不去，谪戍于边，故惟庸等遗书遗之。惟庸诛，绩惧不敢归，蓝玉于捕鱼儿海获绩，善长匿不以奏。

按《昭示奸党录》所载封绩供辞：

封绩招云："绩系常州府武进县人。幼系神童。大军破常州时被百户掳作小厮，拾柴使唤。及长，有千户见绩聪明，招为女婿。后与妻家不和，被告发迁往海南住。因见胡、陈擅权，实封言其非；为时中书省凡有实封到京，必先开视，其有言及己非者即匿不发，仍诬罪其人。胡丞相见绩所言有关于己，匿不以闻，诈传圣旨，提绩赴京，进刑部鞫问坐死。胡丞相著人问说，你今当死，若去北边走一遭，便饶了你。绩应允，胡丞相差宣使送往宁夏耿指挥（忠）、居指挥、于指挥（琥）、王指挥等处，耿指挥差千户张林、镇抚张虎、李用转送亦集乃地面，行至中途，遇达达人爱族保哥等就与马骑，引至火林，见唐兀不花丞相，唐兀不花令儿子庄家送至哈刺章蛮子处，将胡丞相消息备细说与：著发兵扰边，我奏了将京城军马发出去，我里面好做事。"

《国史考异》二引《庚午记书》亦云：

于琥（都督于）显男。先在宁夏任指挥时，听胡、陈分付，囚军封绩递送出京，往草地里通知消息。后大军克破胡营，获绩究问，二人反情，由是发觉。

与《实录》《明史》《弇州别集》《开国臣传》及明代诸记载家如黄金、陈仁锡、何乔远、雷礼诸人所言无一相合。由是知不但封绩非元臣，非河南人，非胡惟庸亲信，且与李善长亦始终无涉。不但上述诸正史及野记无一可信，即上引之封绩供辞亦不必实有，因为明代兵制初不集中兵力于首都，而于沿边要隘及内部冲区设卫分镇，明初尤重视北边防务，以燕王棣守北边，隶以重兵，自后九边终明一代为防虏重镇。即有侵轶，初无用于京军之调动，假使真有封绩使元这一件事，胡惟庸自身任军国大政，反说出这样荒谬绝伦的话，理宁可通！

由上引证，可知所谓通倭通虏都是"莫须有"的事。上文曾说过：胡惟庸事件正像一个在传说中的故事，时间越后，故事的范围便越扩大。根据这个原则，我们试再检校一下胡惟庸私通外夷这一捏造的故事的范围的扩大。

在时代较前的记载中,胡惟庸私通外夷的范围,仅限明代一代所视为大患的"南倭北虏"。稍后便加上一个三佛齐,再后又加上一个卜宠吉儿,最后又加上一个高丽。

《太祖实录》洪武三十年中,载胡惟庸通三佛齐事:

三十年,礼部奏诸番国使臣客旅不通。上曰:"……近者安南、占城……西洋、邦嗒剌等凡三十国,以胡惟庸谋乱,三佛齐乃生间谍,给我使臣至彼。爪哇国王闻知其事,戒饬三佛齐,礼送还朝。是后使臣商旅阻绝,诸国王之意,遂尔不通……"

于是礼部咨暹罗王曰:"……我朝混一之初,海外诸番莫不来庭。岂意胡惟庸造逆,通三佛齐,乃生间谍,给我信使,肆行巧诈……可转达爪哇,俾以大义告于三佛齐,三佛齐原系爪哇统属,其言彼必信,或能改过从善,则与诸国成礼遇之如初,勿自疑也。"

永乐五年诏敕陕西官吏,又有通卜宠吉儿事:

八月敕陕西行都司都指挥陈敬等及巡按监察御史,禁止外交。

上曰:"臣无外交,古有明戒,太祖皇帝申明此禁,最为严切。如胡惟庸私往卜宠吉儿,通日本等处,祸及身家,天下后世,晓然知也……"

高岱记太祖朝事,说胡惟庸和高丽也有关系:

十七年甲子三月上因高丽使来不遵臣礼,以贿结逆臣胡惟庸,事觉,遣其使还。以敕谕辽东守将唐胜宗、叶升,令绝高丽,勿通使命。

这样，胡惟庸私通外夷，东通日本高丽，西通卜宠吉儿，南通三佛齐，北通沙漠，东西南北诸夷，无不与胡惟庸之叛逆发生关系。

五、明初之倭寇与中日交涉

如瑶贡舶事件，记载纷纭，多不可信。举其矛盾处之显著者，如使节之派遣者或以为征夷将军源义满，或以为征西将军怀良亲王。明人如郑晓、雷礼、章潢、何乔远、李言恭、陈仁锡、王士骐、邓元锡、茅瑞征、严从简、方孔炤诸人均以为助胡惟庸谋逆者为怀良亲王。茅元仪、叶向高诸人则以为派遣如瑶来华者为征夷将军。《日本考》云：

十三年再贡皆无表，以其征夷将军源义满所奉丞相书来，书偈甚，命锢其使。明年复贡，命礼臣为檄，数而却之。已复纳兵贡艘中助逆臣胡惟庸。惟庸败，事发，上乃著《祖训》示后世，毋与倭通。

此以贡舶之来为在十四年后，时胡惟庸已死垂二年，叶向高所记全同。日人松下见林采其说，谓：

明太祖答日本征夷大将军曰："前奉书我朝丞相。"丞相谓胡惟庸也。又《武备志》曰："征夷将军源义满所奉丞相书来，已复纳兵贡艘中助胡惟庸。"观此则义满助胡惟庸者也。

荻野由之反之，肯定如瑶为怀良所遣。希泊鲁秃则不特坚持怀良遣使之说，且著其遣使之年为元中元年（洪武十七年，1384）并云：

胡之谋图被发觉，诛三族，如瑶（如瑶，刊讹）不知入明，故被捕流云南，数年之后，被宥归国。

小林博氏亦主是说，且记此阴谋之发觉时间为弘和二三年间（明洪武十五、十六年，1382—1383）。辻善之助则误据《筹海图编》所记，以贡舶为洪武二十年事，而断云：

时怀良亲王死已四年，良成亲王继任，无出兵海外之余裕，此事恐为边陲倭寇之首魁所为。

他知道怀良的卒年，因以断定贡舶非其所遣，同时他却忘记了胡惟庸也已死了八年，这事如何能同胡惟庸发生联系！木宫泰彦亦主二十年之说，且以怀良之遣使事为必有。他说：

此所指日本国王系指怀良亲王，细读《明史》，自能了解。此事不见于日本国史，但弘和元年曾有为亲王使者抵明之僧，由当时亲王对明之强硬态度，与弘安以来养成之冒险的风气推之，想必有此事也。

所说纯据想象，虚构楼阁，不足置信。

在另一方面的各家记载纷歧，也不一而足，如如瑶贡舶所纳兵士或以为四百人（《名山藏》《明史》诸书），或以为千人（《弇州别集》《献征录》诸书），通倭之经过，或以为使林贤下海招约（《明史》），或以为适日本贡使来因与私约（《弇州别集》），林贤狱具或以为在洪武十九年十月（《明史》），或以为在洪武十五年（《皇明书》《制御四夷典故》《皇明世法录》），或以为在二十年（《殊域周咨录》），如瑶末次来华或以为在十七年（《皇明书》），或以为在十九年（《大政记》），或以为在二十年

第四章　维持皇权的高压：厂卫政治

(《筹海图编》)。如瑶末次来华之谪徙地方或以为发陕西(《明史纪事本末》),或以为发云南(《名山藏》《殊域周咨录》),或以为发川陕(《日本国志》),如瑶所率精兵或以为尽被诛夷(《献征录》《明史纪事本末》),或以为尽发云南守御(《皇明书》《名山藏》)。种种歧异矛盾,数不胜数。

如瑶贡舶事在《日本国史》既无足征,中籍所记又荒唐如此,由此可知这本是一件莫须有的事,如瑶即使真有其人,也不过只是一个通常的使僧或商贩,和胡惟庸党案根本无关。

向来中日两方的记载都以为明初中日绝交的主要原因是如瑶贡舶事件。上文既已论及如瑶贡舶之莫须有,以下试略一述中日初期交涉之经过,以说明其绝交前后之情势,从反面证明在此情势中实无容纳如瑶贡舶事件之可能。

明初中日两方之所以发生外交关系,在中国方面是因为倭寇出没,请求制止,在日本方面则可说完全是基于经济的关系。

《明史》说:

明兴,高皇帝即位,方国珍、张士诚相继诛服,诸豪亡命往往纠岛人入寇山东滨海州县。

日本在王朝之末,纪纲大乱,濑户内海,海贼横行,至镰仓时代不绝。南北争乱之顷,其势逾逞。伊豫之住人村上三郎左卫门义弘者统一近海海贼为之首长,义弘死后,北昌显家之子师清代为首长,率其党以掠夺为事。入寇者以萨摩、肥后、长门、三州之人居多,其次则大隅、筑前、筑后、博多、日向、摄摩、津州、纪伊、种岛,而丰前、丰后和泉之人亦间有之,盖因商于萨摩而附行者，其来或因贡舶，或因商舶。随风所之，南至广东，北至辽阳，无不受其荼毒。由是海防成明代大政，设戍置寨，巡捕海倭，东南疲于奔命。

明廷要解决倭患，只有三个办法：上策是用全国兵力，并吞日本以为藩属，倭患不扫自除。中策是以恩礼羁縻，示以小惠，许以互市，以其能约束国人为相对条件。下策是不征不纳，取闭关政策，努力防海，制止入犯。在这三个办法中，最难办到的是下策。因为中国海岸线延长二万里，倭寇可以随处侵入，中国却没有这财力和兵力来到处设防，即使可能，兵力太单了也不济事。上策也感觉困难，因为中国是一个大陆国，没有强大的海军，要征服这一倔犟的岛国，简直办不到。并且基于过去隋、元二代的历史教训，也不敢轻易冒这大险。元吴莱曾作了一篇《论倭》的文章，反复地说明伐倭之无益和大海之阻隔，要征服它是不可能的事。他建议应当遣使往谕，以外交的手腕去解决倭寇问题。这篇文章影响到明代的对日政策，明太祖差不多全盘地接受了他对元朝的劝告和建议，毅然地抛弃上策，把日本列为十五不征之国之一，著在《祖训》。

但是，一个国家要能行使它的统治权，先决问题是这个国家的统一。不幸在这时期，日本国内却陷于南北分裂的对峙局面，政治上的代表人物，在北朝是征夷将军源义满，在南朝是征西将军怀良亲王，北朝虽愿和中国通商，解决它财政上的困难，南朝却以倭寇为利，且以政治地位的关系，也不肯让北朝和明有任何外交关系。以此，明廷虽经几度的努力，终归无效，

第四章 维持皇权的高压：厂卫政治　　　　　　　　　　245

结果仍不得不采取下策，行闭关自守之计。

第一次的倭寇交涉完全是恐吓性质，洪武二年三月明廷派吴用、颜宗鲁、杨载、吴文华使日，到征西府责以倭寇责任，诏书云：

……间者山东来奏，倭兵数寇海边，生离人妻子，损害物命，故修书特报正统之事，兼谕越海之由。诏书到日，如臣奉表来庭，不臣则修兵自固，永安境土，以永天休。如必为寇盗，朕当命舟师扬帆诸岛，捕绝其徒，直抵其国缚其王，岂不代天伐不仁者哉！惟王图之。

怀良的答复是杀明使五人，拘留杨载、吴文华两人三个月才放回。

三年三月又作第二次交涉，以莱州府同知赵秩往谕，委婉劝导中含有恐吓的意味，诏书说：

……蠢尔倭夷，出没海滨为寇，已尝遣人往问，久而不答，朕疑正使之故扰我民，今中国奠定，猛将无用武之地，智士无所施其谋，二十年鏖战精锐，饱食终日，投食超距，方将整饬巨舟，致罪于尔邦，俄闻被寇者来归，始如前日之寇，非王之意，乃命有司暂停造舟之役。

呜呼！朕为中国主，此皆天造地设，华夷之分。朕若效前王恃甲兵之众，谋士之多，远涉江海，以祸远夷安靖之民，非上帝之所托，亦人事之不然。或乃外夷小邦故逆天道，不自安分，时来寇扰，此必神人共怒，天理难容，征讨之师，控弦以待；果能革心顺命，共保承平，不亦美乎！……

一面又派前曾使日之杨载送还捕获之日本海贼僧侣十五人，想用示惠的手腕，使日本自动地禁捕倭寇。这一次的交涉，总算博得相当的成功。洪武四年十月怀良遣其臣僧祖来进表笺，贡方物，并僧九人来朝。又送至明州、台州被掳男女七十余口。

日使祖来到南京后，明廷向之经过几度的咨询，才恍然知日本国内分裂情形，怀良并非日本国王，以前几次的交涉，不幸都找错了对手。

明廷于是改变方针，想和北朝直接交涉。洪武五年五月特派僧仲猷祖阐、无逸克勤为使，以日僧椿庭海寿、权中巽为通事，使者一行八人，送祖来回国。先是建德二年（洪武四年）肥后守菊池武光奉怀良亲王起兵谋复筑紫，与今川贞世（了俊）战于镇西，败绩，贞世寻为镇西探题，势力方盛。怀良由博多移于肥后之菊池。明使一登岸，新设的北朝守土官见其与祖来同来，以为是征夷府向中国乞师回来的使节，因加以拘辱。不久即遣送至京，滞留二月，始就归途。途经征西府，怀良愤其秘密入京，及颁示大统历有使奉正朔之意，复加拘辱。七年五月始还南京。

这一次对北朝交涉的结果，北朝因连年征战，帑藏奇绌，正盼能和中国通商，解决财政上的困难，所以明使一至京，便完全容纳禁倭之请，一面因征西府梗中日商道，派兵来攻。一面派僧宣闻溪（摁州太守圆宣）净业喜春备方物来贡，又送还所掳中国及高句丽民百五十人。这是征夷府第一次遣明的使节，不幸因无正式国书，征南之举又失败，道路不通，被明廷疑为商人假冒，以拒绝接待。

同年大隅守护之岛津氏久和征西府之菊池武政都遣使来贡，冀图通商，明廷以其非代表国家，且不奉正朔，均却之。又以频入寇掠，命中书移牒责之。

洪武八年七月征西府遣僧廷用文圭（归廷用，圭廷用）奉表贡马及方物，表词倔强负固。此时明廷对日方有进一步之了解，他们知道日本南朝在利用倭寇，万不肯加以禁止，自闭财源。北朝虽极盼通商，并愿禁倭，但为南朝所阻，无力制止，其他派使入贡者又全是不能代表政府的大名藩士和唯利是图的商人。外交解决的途径至此全穷，在事实上不能不放弃中策，予日本以经济上的封锁，一面严修海防为自卫之计了。

明廷虽已决计绝日，但在表面上仍和日本派来的正式使节虚与委蛇，希望能得外交上的转机。洪武十三四年间和征夷、征西两方打了几次笔墨官司。征西府的挑战倔强态度，给明廷以极大的侮辱。明廷极力容忍。以后通使较稀，但仍未完全断绝外交关系。西元1383年怀良亲王死，北朝势旺，忙于国内之统一运动，和明廷的关系因之暂时停止。

根据以上简约的叙述，可知明初即已列日本为十五不征之国之一，其地位和朝鲜、安南、爪哇、渤泥诸国同。明廷之所以决意绝日的原因是倭寇频繁，日政府不能禁止，无再向请求或恫吓之必要。且绝日的动机肇于洪武八年，在三次交涉失败之后，在胡惟庸死前五年。胡氏死后中日亦未完全断绝国交，时有使节往来。洪武十九年后的中日关系疏淡，则以倭患较稀，日本国内政治势力发生变化之故。由此可知，一切关于胡惟庸和明初中日国际关系之传说，均系向壁虚造，毫无根据。

六、胡惟庸党案之真相

据上文所论证，我们知道关于中日关系部分：

（一）明初明廷通好日本的真正原因，纯为请其禁戢倭寇。在日本方面，征西府借海贼寇掠所得支撑偏局，一面虚与明廷委蛇，借得赏赐贸易之大利，故态度倔强，有恃无恐。征夷府极盼能和明廷缔结正当的外交关系，盼能因而达通商的愿望，但因政局不统一，且阻于南朝之割据，没有禁倭的力量。兼之明廷数度来日的使节，都因不明国情而发生严重的误会。日本使节则因其非代表整个国家，不能禁倭，且有时无正式国书和商人冒名入贡因而入寇的阂隔，使明廷不敢接待。在明初十数年中虽努力交涉，用尽外交上恫吓讲理示惠的能事，但倭寇仍不因之少减，对方仍蛮不讲理，明廷不得已，改采下策，却仍藕断丝连，企图贯彻前策。

（二）明太祖列日本于十五不征之国，事在洪武六年以前，和如瑶贡舶及绝交事根本无关。

（三）如瑶贡舶事纯出捏造。即使有如瑶其人，亦与胡案无任何联属。

（四）林贤下海招倭事，据记载上之矛盾及时间上之不可能，亦可决为必无。虽证出官书，不足置信。

关于胡案部分：

（一）云奇事件出于中人附会，也许即由邵荣谋叛事转讹。

（二）刘基被毒，出于明太祖之阴谋。胡惟庸旧与刘基有恨，不自觉地被明太祖所利用，胡下狱后涂节窥见明太祖欲兴大狱之意旨因以此上告，商皓亦受朝廷指，发其阴事，胡案因起。同时涂节等因触明太祖私稳，亦被杀灭口。

（三）占城贡使事及汪广洋妾从死事都只是胡惟庸和廷臣连带下狱的偶然口实，不过借此使人知胡失宠，无形中示意言官使其攻击胡氏，因以罗织成狱的一个过程而已。

（四）李善长狱与封绩使元事根本无关系。《明史》诸书所记封绩事最荒谬不可信。李善长之被株连，其冤抑在当时解缙所代草之王国用疏辞辨之甚明。

胡惟庸的本身品格，据明人诸书所记是一个枭猾阴险、专权树党的人。以明太祖这样一个十足的自私惨刻的怪杰，自然是不能相处在一起。一方面深虑身后子懦孙弱，生怕和他自己并肩起事的一班功臣宿将不受制驭，因示意廷臣，有主张地施行一系列的大屠杀，胡案先起，继以李案，晚年太子死复继以蓝案。胡惟庸的被诛，不过是这一大屠杀案的开端。

胡案的组织过程，根据当时的公私记载，很显然地摆露在我们的目前。在胡案初起时，胡氏的罪状只是擅权植党，这条文拿来杀胡惟庸有余，要用以牵蔓诸勋臣宿将却未免小题大做。在事实上有替他制造罪状的必要。明代的大患是南倭北虏，人臣的大罪是结党谋叛，于是明太祖和他的秘书们便代替胡氏设想，巧为造作，弄一个不相干的从未到过北边的江苏人封绩，叫他供出胡惟庸通元的事迹，算作胡党造反的罪状。后来又觉得有破绽，便强替封绩改籍为河南人，改身份为元遗臣，又叫他攀出李善长，引起第二次屠杀。一面又随便拣一个党狱中人林贤，捏造出一串事迹，算他通倭。恰巧胡惟庸死后不久，日使或日商来华，因无国书被明廷诘责，他们就把这两件事并为一事，装点成有因果关系，再加上洪武六年前所纂的《皇明祖训》中的文证，这反情便成铁案了。同时中日关系因倭寇问题恶化，明廷感于外交的失败，不得不采取下策，闭关自守，却又不愿自承失败，贻讥藩属，就大肆宣传名正言顺地把绝倭的责任委在莫须有先生的如瑶头上。为取信于天下后世计，又把此事特别写在《大诰》中叫全国人读，一面又在《祖训》首章加入小注，于是胡惟庸之通虏通倭，成为信谳，明廷也从此脱卸了外交失败的耻辱。

除上文所说的政治的国际的关系之外，胡案构交的因素，还有经济的、阶级的关系在鼓动着。

明初连年用兵，承元疲敝之后，益以兵荒天灾，国库奇绌。一面又因天下未定，不能不继续用兵。明太祖及其部属大抵都出身卑贱，自来就不满于一般专事尅削的地主钜商，因此除不断用徙富民的政策以夺其田产以益军实外，又不断地寻出事来择肥而噬，屡兴大狱的目的只是措财筹款，最显著的如《明史·刑法志》所记郭桓事件：

郭桓吏部侍郎也。帝疑北平二司官吏李彧、赵全德等与桓为奸利，自六部左右侍郎下皆坐死。赃七百万，词连直省诸官吏，系死者数万人，核赃所寄借遍天下，民中人之家大抵皆破。

又是一疑心，就筹出七百万的大款，这是一件最便当的生财大道。又如空印事件：

十五年空印事发。每岁布政司府州县吏诣户部核钱粮军需诸事，以道远预持空印文书，遇部驳即改以为常。及是帝疑有奸，大怒，论诸长吏死，佐贰榜百戍边。

也只是一疑心，把天下的财政官长都杀了，杀头与籍没相连，这一疑心又自然地筹了一笔大款。胡案、蓝案的副目的也不外此，在这一串党狱中，把一切够得上籍没资格的一起给网进去，除了不顺眼的文官，桀骜的宿将以外，他所特别注意的是由大地主充当的粮长和大富豪充当的盐商，如《大诰三编》所举出的于友、李茂实、陆和仲和他书所记的浦江郑氏、苏州沈氏诸狱，均足以证明此狱的动机。

另一方的明太祖自身出身寒贱，寄迹缁流，且又赋性猜嫌，深恐遭知识分子所讥刺。在他初起事的时候，不能不装作礼贤下士的神气，借作号召，及至大事已定，便不惜吹毛求疵，屡兴文字之狱。又恐知识分子不为所用，特颁《大诰》，立寰中士夫不为君用之目。一面算是严刑示威，一面却也不无带着一些嫉视的阶级意识。《大诰》中所列文士得罪者不下千人。在胡蓝二狱中所杀的几万人中大部属于知识分子，其中之著者如宋濂以一代帝师匡翊文运，仍不惜曲为归纳，以其孙慎与胡党有连为辞，流之致死。其他同时诸文士，凡和明太祖稍有瓜葛的也都不得善终，赵瓯北《廿二史劄记》曾替他算过一笔草账。另一方面却极力设学兴教,进用宋讷一流刻薄寡恩的教师,用廪禄刑责造就出一批听命唯谨的新知识分子出来,作皇帝个人的驯仆,来代替老一辈的士大夫。这是明太祖巩固君权的方法,也是这几次大狱的起因。

原载《燕京学报》第十五期,1934 年 6 月

胡蓝党案

以朱元璋为首的淮西农民武装集团，在取得胜利以后，都转化为拥有大量土地佃户的大地主；成为皇帝、国公、列侯，高官显爵，治理六千万臣民的统治阶级了。

洪武四年统计，韩国公李善长、魏国公徐达、郑国公常茂、曹国公李文忠、宋国公冯胜、卫国公邓愈六个国公和延安侯、吉安侯等二十八侯，都拥有大量庄田，佃户凡三万八千一百九十四户。[1]

皇帝是淮人，丞相李善长徐达和大部分公侯、朝廷要官都是淮人。远在朱元璋初据集庆时，诗人贝琼的诗就说："两河兵合尽红巾，岂有桃源可避秦？马上短衣多楚客，城中高髻半淮人。"[2]到建国称帝以后，淮人在政治上在军事上越发占压倒优势，非淮人很难露头角了。

功臣以血战立功封公侯，拥有部曲、义子和大量奴仆，他们又和各地卫所军官有过统率关系，在和平环境里，这种虽然数量不大的武装力量和袍泽关系，却有可能成为倾覆皇家统治的因素。

管理全国政事的机构中书省这个制度，是从元朝继承下来的。中书省丞相综理政务，职权很重。相权重了，皇帝的权力就相对地削弱了，朱元璋是个权力欲极强的人，凡事都要自己作主。但是有长期历史传统的丞相制度，却对皇帝的至高权力起了牵制作用。

贵族地主对人民的非法剥削，对皇朝赋役的隐蔽侵占；淮西集团对非淮人的排挤、打击；军事贵族可能发生叛变的威胁；相权和君权的矛盾，这些内部矛盾的因素随着国家机器的加强而日益发展，冲突日益严重，最后达到不可调和的地步。朱元璋倚靠中小地主的支持，运用检校和直接掌握的军队，采取流血手段，巩固了自己的政权。洪武十三年（1380）杀丞相胡惟庸，二十六年（1393）杀功臣蓝玉，胡惟庸和蓝玉的关联人犯被杀的称为胡党蓝党，人数在四万人左右。

贵族地主侵犯人民和国家利益的事实，洪武六年五月申诫公侯的铁榜曾加以列举：

凡公侯之家，强占官民山场湖泊茶园芦荡及金银铜场铁冶；倚恃权豪，欺压良善，虚钱实契，侵夺人田地地房产孳畜；受人田土，曚胧投献物业；

凡公侯功臣之家，屯田佃户、管庄干办、火者、奴仆、及其亲属人等，倚势在乡欺殴人民，倚势凌民，侵夺田产财物；私托门下，影蔽差徭。

逐项规定了处罚和处刑的法律。[3]朱元璋必须制定专门法律条例来约束淮西集团的公侯功臣和他们的管庄人等，说明了铁榜所列举的罪状已经是普遍而严重了。具体事例如汤和的姑夫隐瞒常州的田土，为元璋所杀。[4]立铁榜以后，蓝玉尝占东昌民田，百姓向御史告状，御史依法提审，蓝玉一顿乱棍把他打走。[5]

第四章　维持皇权的高压：厂卫政治

又令家人私买云南盐一万余引,倚势兑支,侵夺民财,阻坏盐法。[6]郭英私养家奴百五十余人,又擅杀男女五人。[7]可见封建皇朝的法律对这批淮西集团的贵族地主的约束力是并不大的。

淮人官僚集团的中心人物是李善长。他是朱元璋起兵后的幕府书记,称王时的右相国,称帝后的左相国、左丞相,在朝廷上位列第一,儿子是驸马都尉。他的亲戚同乡胡惟庸也继为丞相。从李善长到胡惟庸先后执政,极力排挤非淮人,不使当权。开国功臣刘基为李善长所忌,洪武四年即告老还乡,八年被胡惟庸毒死。[8]山西阳曲人杨宪御史台中丞,元璋尝说:"杨宪可居相位。"杨宪和检校凌说、高见贤、夏煜轮流向朱元璋诉说李善长无宰相材,要挤掉善长,朱元璋说:"善长虽无相材,但是与我同乡,一起兵就跟我,经过艰险,勤劳簿书,功劳很多。我做皇帝,他自然该做宰相,今后不要再说了。"嘴上虽这般说,却又和刘基商量,要用杨宪为相。胡惟庸听得风声,连忙告诉善长说:"杨宪为相,我等淮人不得为大官矣。"合力倾陷,杨宪终于被杀,凌说、高见贤、夏煜也先后被处死刑。[9]

军事贵族对皇家统治的威胁,从龙凤八年邵荣案发以后,就使朱元璋十分紧张,提高警惕,用尽一切方法来维护自己的统治。

邵荣骁勇善战,是濠州旧将,战功和徐达不相上下。因事对元璋不满,和参政赵继祖一起发牢骚埋怨,知道有人要告发,乘元璋到三山门外阅兵,两人伏兵门内,不料元璋从另条路回宫,命壮士执邵荣赵继祖,当面审问,邵荣承认:"我等同年出外，取讨城池，多受劳苦，不能在家与妻子相守同乐，所以举此谋。"两人都被杀抄家。[10]

元璋对将领不敢信任，以其家属作质。将领因此怨望。邵荣死后，元璋对诸将越发不放心，倚靠检校侦察将士私事，将领人人自危。徐达汤和为人十分小心谨慎，也被猜疑，朝臣纷纷传说，越发造成紧张气氛。洪武五年铁榜用法律形式规定：凡内外各指挥、千户、百户、镇抚并总旗小旗等，不得私受公侯金帛衣服钱物；内外各卫官军，非当出征之时，不得辄于公侯门首侍立听候；公侯等官，非奉特旨，不得私役官军。[11] 元璋对公侯大将的防制愈严密，矛盾就愈深，裂痕也愈大。

最后，封建统治阶级的内部矛盾集中表现为皇权和相权的斗争。

胡惟庸是元璋在和州时的帅府奏差，因李善长的推荐，洪武三年拜中书省参知政事，六年拜右丞相，进左丞相。深得元璋信任，权势日盛。生死人命和升降官员等大事，有时独断专行，不向朱元璋报告。内外诸司的报告有对自己不利的也就扣压不报。各地想做官、升官的，功臣、军人失意的都奔走门下，送金帛名马玩好不计其数。做了七年宰相，门下故旧僚友结成了庞大的集团。

中书省综掌全国大政，丞相对一切庶务有权专决，统率百官，只对皇帝负责。在胡惟庸以前，丞相李善长小心谨慎，徐达经常统兵在外，和朱元璋的冲突还不十分明显。接着是高邮人汪广洋，文人爱喝酒，庸庸碌碌没主张，不大管事，以罪被杀。胡惟庸在中书省最久，权最重，已经使元璋觉得碍事。特别是得罪被谴责的功臣吉安侯陆仲亨、平凉侯费聚都和惟庸密相往来，冲突便越发严重了。[12]朱元璋直接统率军队和检校，决心消灭这一心腹之患，洪武十三年以擅权枉法的罪状杀了胡惟庸，并罢中书省，由皇帝直接管理国家政事。立下法度，以后不许再设丞相。二十八年下令："自古三公论道，六卿分职。自秦始置丞相，不旋踵而亡。汉、唐、宋因之，虽有贤相，然其间所用者多有小人，专权乱政。我朝罢相，设五府、六部、都察院、通政司、大理寺等衙门，分理天下庶务，彼此颉颃，不敢相压，事皆朝廷总之，所以稳当。以后嗣君并不许立丞相，臣下敢有奏请设立者，文武群臣即时劾奏，处以重刑。"[13]罢相以后，府、部、院、司分理庶务，目的是把权力分散，"不敢相压"，一切权利都由皇帝总之，"所以稳当"。从中书省综掌政权一变而为由皇帝亲自管理庶政，封建专制的政权从此更加集中，集中于一人之手，皇帝便成为总揽一切的独裁者了。

  杀胡惟庸是为了"稳当"。二十六年又以有人告大将蓝玉谋反，族诛蓝玉。蓝玉，定远人，常遇春妇弟。在遇春麾下，骁勇善战，多立战功。洪武二十年以征虏左副将军从大将军冯胜征纳哈出，冯胜得罪，即军中代为大将军。二十一年率师十五万伐蒙古，直至捕鱼儿海，元主脱古思帖木儿以数十骑遁去，大胜而回，封凉国公。常遇春、徐达死后，蓝玉继为大将，总军征战，立了大功，元璋待他极厚，蓝玉就骄傲自满起来，蓄庄奴假子数千人，乘势暴横，在军中擅自黜陟将校，进止自专，元璋多不采纳，越发怏怏不满。总兵多年，麾下骁将十数人，威望很高。洪武二十六年元璋的特务组织锦衣卫官员首告蓝玉谋反，说他和景川侯曹震等公侯要在元璋出去籍田时起事，审讯结果，连坐被族诛的一万五千多人。这一案把军中勇武刚强之士差不多杀了个干净。

从胡惟庸被杀以后，胡案成为朱元璋进行政治斗争的方便武器，凡是怨恨的、跋扈的、对皇家统治有危险性的文武官员，都陆续被罗织为胡党，处死抄家。胡惟庸的罪状也随着统治阶级内部矛盾的发展而发展，随时扩大。最初增加的罪状是私通日本，接着又是私通蒙古，日本和蒙古是当时两大敌人，通敌当然是谋反了。后来又发展为串通李善长谋反，最后是蓝玉案。被杀的都以家族作单位，杀一人也就是杀一家。死于胡案的有御史大夫陈宁、中丞涂节、太师韩国公李善长、延安侯唐胜宗、吉安侯陆仲亨、平凉侯费聚、南雄侯赵庸、荥阳侯郑遇春、宜春侯黄彬、河南侯陆聚、宜德侯金朝兴、靖宁侯叶升、申国公邓镇、济宁侯顾敬、临江侯陈镛、营阳侯杨通、淮安侯华中；大将毛骧、李伯昇、丁玉、和宋濂的孙子宋慎等，宋濂也被牵连，贬死茂州。死于蓝党的有吏部尚书詹徽、户部侍郎傅友文、开国公常升、景川侯曹震、鹤庆侯张翼、舳舻侯朱寿、东莞伯何荣、普定侯陈桓、宣宁侯曹泰、会宁侯张温、怀远侯曹兴、西凉侯濮玙、东平侯韩勋、全宁侯孙恪、沈阳侯察罕、徽先伯桑敬和都督黄辂、汤泉等人。胡案有《昭示奸党录》，蓝案有《逆臣录》，把口供和判案详细纪录公布，让全国人都知道他们的罪状。[14]

李善长被牵涉到胡惟庸案后，钦天监说有星变，得杀大臣应灾，连妻女弟侄家口七十余人一起杀掉，这年善长已经七十七岁了。一年后有人上疏替他喊冤说：

善长与陛下同心，出万死以取天下，勋臣第一，生封公，死封王，男尚公主，亲戚拜官，人臣之分极矣。藉令欲自图不轨，尚未可知，而今谓其欲佐胡惟庸者，则大谬不然。人情爱其子，必甚于兄弟之子，安享万全之富贵者，必不侥幸万一之富贵。善长与惟庸，犹子之亲耳，于陛下则亲子女也。使善长佐惟庸成，不过勋臣第一而已矣，太师国公封王而已矣，尚主纳妃而已矣，宁复有加于今日？且善长岂不知天下之不可幸取？当元之季，欲为此者何限，莫不身为齑粉，覆宗绝祀，能保首领者几何人哉！善长胡乃身见之，而以衰倦之年身蹈之也？凡为此者，必有深仇激变，大不得已。父子之间，或至相挟，以求脱祸。今善长之子祺，备陛下骨肉亲，无纤介嫌，何苦而忽为此？若谓天象告变，大臣当灾，杀之以应天象，则尤不可。臣恐天下闻之，谓功如善长且如此，四方因之解体也。今善长已死，言之无益，所愿陛下作戒将来耳。

元璋看了，无话可驳，只好算了。[15]

二案以外，开国功臣被杀的，洪武八年德庆侯廖永忠以僭用龙凤不法等事赐死；十三年永嘉侯朱亮祖父子被鞭死；十七年临川侯胡美以犯禁死；二十五年江夏侯周德兴以帷薄不修暧昧的罪状被杀；二十七杀定远侯王弼、永平侯谢成、颍国公傅友德；二十八年杀宋国公冯胜。[16]

不但列将以次被杀，甚至坚守南昌七十五日，力拒陈友谅的义子亲侄朱文正也以"亲近儒生，胸怀怨望"被鞭死。[17]义子亲甥李文忠南征北伐，立下大功，也因为左右多儒生，礼贤下士，被毒死。[18]徐达为开国功臣第一，洪武十八年生背疽，说这病最忌吃蒸鹅，病重时元璋却特赐蒸鹅，徐达流泪当着使臣的面吃下，不多日就死了。[19]

功臣宿将侥幸得以善终的有几个例子：一个是汤和交还兵权，他是元璋同村子人，一块儿长大的看牛伙伴。徐达、李文忠死后，元璋想要解除诸宿将兵权，不好意思说出口，汤和懂得老伙伴心事，首先告老。元璋大喜，立刻派官给他在凤阳盖府第，赏赐礼遇，特别优厚。[20]另一个例子是曹国公李景隆、武定侯郭英归还庄田和佃户，洪武二十三年崇山侯李新建议："公侯家人和仪从户都有规定数目，超过的应该归还国家。"元璋正对这批贵族地主不满意，听了很高兴，下令叫把超过规定的人户都发凤阳为民。还叫礼部编一部《稽制录》，严禁公侯奢侈逾越。二十六年李景隆交还庄田六所，田地山塘池荡二百余顷。郭英交还佃户，依法纳税。这两人在洪武朝都没有出事。[21]

第四章　维持皇权的高压：厂卫政治

注释

[1]《明太祖实录》卷六八。
[2]《清江诗集》卷五。
[3]《明太祖实录》卷七四。
[4] 刘辰《国初事迹》。
[5]《明太祖实录》卷二二五。
[6] 刘辰《国初事迹》。
[7]《明史》卷一三〇《郭英传》。
[8]《明史》卷一二八《刘基传》。
[9] 刘辰《国初事迹》。
[10] 刘辰《国初事迹》,《明太祖实录》卷一一。
[11]《明太祖实录》卷七四。
[12]《明史》卷三八〇《胡惟庸传》。
[13]《明太祖实录》卷二三九。
[14] 钱谦益《太祖实录辨证》,潘柽章《国史考异》,《燕京学报》十五期吴晗《胡惟庸党案考》。
[15]《明史》卷一二七《李善长传》。
[16] 王世贞《史乘考误》,钱谦益《太祖实录辨证》,潘柽章《国史考异》。
[17] 刘辰《国初事迹》,孙宜《大明初略》三,王世贞《史乘考误》一。
[18] 王世贞《史乘考误》一,钱谦益《太祖实录辨证》五,潘柽章《国史考异》二。
[19] 徐祯卿《翦胜野闻》。
[20]《明史》卷一二六《汤和传》。
[21]《明史》卷一三二《李新传》,朱国桢《大政记》。

空印案和郭桓案

对地方官贪污害民的，朱元璋用极严厉的手段惩处，进行了长期的残酷的斗争。

对朝廷和地方的官僚奸贪舞弊严重损害了国家利益的，朱元璋集中力量，全面地大规模地加以打击。洪武十五年的空印案，十八年的郭桓案，两案连坐被杀的达七八万人，追赃牵连到的各地地主，都弄得倾家荡产。

照规定，每年各布政使司和府、州、县都得派计吏到户部，核算钱粮军需等账目，必需府报省，省报部，一层层上报，一直到部里审核数目对了，准许报销，才算手续完备结了案。钱谷数字如有分、毫、升、合对不拢，整个报销册便被驳回，重新填造。布政使司离京师有的六七千里，有的三四千里，重造册子还不要紧，问题是重造的册子要盖上原衙门的印信才算合法，为了盖这颗印，来回时间就得好几个月。为了免除部里挑剔，减省来回奔走的麻烦，上计吏照习惯都带有事先预备好盖过印的空白文书，遇有部驳，随时填用。洪武十五年朱元璋忽然发觉这秘密，大发雷霆，以为一定有弊病，下令地方各衙门的长官主印的一律处死，佐贰官杖一百充军边地。其实上计吏所带的空印文书盖的是骑缝印，不能作别的用途，预备了也不一定用得着。全国各地方衙门的人都明白这道理，连户部官员也是照例默认的，算是一种上下一致同意的通行办法。但是案发后，朝廷上谁也不敢说话，有一个老百姓拼着死命上书把事情解释清楚，也不中用，还是把地方上的长吏一杀而空。当时最有名的好官方克勤（建文朝大臣方孝孺的父亲）也死在这案内，上书人也被罚做苦工。[1]

郭桓官户部侍郎。洪武十八年有人告发北平二司官吏和郭桓通同舞弊，从六部左右侍郎以下都处死刑。追赃粮七百万石，供词牵连到各直省官吏，死的又是几万人。追赃又牵连到全国各地地主，中产以上的地主破产的很多。宣布的罪状是：

户部官郭桓等收受浙西秋粮，合上仓四百五十万石。其郭桓等只收六十万石上仓，钞八十万锭入库，以当时折算，可抵二百万石，余有一百九十万石未曾上仓。其桓等受要浙西等府钞五十万贯，致使府、州、县官黄文通等通同刁顽人吏边源等作弊，各分入己；

其应天等五府、州、县数十万没官田地夏秋税粮，官吏张钦等通同作弊，并无一粒上仓，与同户部官郭桓等尽行分受；

其所盗仓粮，以军卫言之，三年所积卖空。前者榜上若欲尽写恐民不信，但略写七百万耳。若将其余仓分并十二布政司通同盗卖见在仓粮，及接受浙西等府钞五十万张卖米一百九十万不上仓，通算诸色课程鱼盐等项，及通同承运库官范朝宗偷盗金银，广惠库官张裕妄支钞六百万张，除盗库见在金银宝钞不算外，其卖在仓税粮及未上仓该收税粮及鱼盐诸色等项，共折米算，所废者二千四百余万（石）精粮。[2]

据同时人和地主子孙的纪录："三吴巨姓，享农之利而不亲其劳,数年之中,既盈而覆,或死或徙,无一存者。"³如苏州"城东,乡人多被谪徙,或死于刑,邻里迨空。"⁴华亭赵氏"以富豪于一方,竟罹法禁。"⁵吴江莫氏"所与通姻,皆极一时富豪,后党祸起,父子相继死于法,余谪戍幽闭,一家无能免者。"⁶无锡华氏"家故多田,富甲邑中,尽散所积以免祸。"⁷胡案起后,"时严通财党与之诛,犯者不问实不实,必死而覆其家。当是时,浙东西巨室故家多以罪倾其宗。"⁸经过几次党案大狱,"豪民巨族,铲削殆尽。"⁹这些纪载,虽然不免夸大,但是也反映了一部分地主被消灭的情况。这样严重的打击,当然会引起地主阶级和官僚的恐慌和抗议,他们不能申说买卖官粮这一严重犯法行为是合法的,应该的,只能指斥、攻击、告发处理这个案件的御史和法官,议论沸腾,情势严重。元璋一面以手诏公告郭桓等罪状,讲清道理,一面把原审法官也杀了,作为对地主阶级和官僚的让步,结束了这件大案。¹⁰

除空印案和郭桓案之外,还有洪武四年录天下官吏;十三年连坐胡党;十九年逮官吏积年为民害者;二十三年罪妄言者,四次有系统的诛杀。¹¹

四十年中,据朱元璋的著作,《大诰》《大诰续编》《大诰三编》《大诰武臣》的统计,所列凌迟、枭示、种诛有几千案,弃市(杀头)以下有一万多案。三编所定的案件算是最宽容的了:"进士监生三百六十四人,愈见奸贪,终不从命,三犯四犯而至杀身者三人,三犯而诽谤杀身者三人,姑容戴斩、绞、徒流罪在职者三十人,一犯戴死罪、徒流罪办事者三百二十八人。"¹²戴死罪和徒流罪办事是元璋新创的办法,有御史戴死罪,带着

第四章 维持皇权的高压:厂卫政治

脚镣坐堂审案的，有打了八十大棍回衙门做官的。

凌迟是最野蛮最残酷的刑法，处死的犯人被杀三千三百五十七刀，每十刀一歇一吆喝。[13] 枭示也叫枭令，用铁钩钩住犯人脊骨，横挂在竿上。种诛就是族诛，论家论族的杀。此外有刷洗，把犯人光身子放在铁床上，浇开水，用铁刷刷去皮肉；有秤竿，把犯人缚在竿上，另一头挂石头对称；有抽肠，用铁钩钩人谷门把肠子钩出；有剥皮，还有踪刺、非、劓、阉割、挑膝盖、锡蛇游种种名目。[14] 种种酷刑，造成朝宫中的恐怖气氛，人人提心吊胆。据说在上朝时，朱元璋是否将下决心大批杀人很容易看出来，要是这一天他的玉带高高帖在胸前，大概杀人不多。要是撤玉带在肚皮底下，便是大风暴的信号，准有大批官员被杀，满朝官员都吓得脸无人色，个个发抖。[15] 朝官照规矩每天得上朝，天不亮起身梳洗穿戴。在几件大案发作以后，朝官在出门以前，和妻子诀别，吩咐后事，要是居然活着回家，便阖家庆贺，算是又多活一天了。[16]

用重刑惩治违法官僚，效果还是不大，洪武十八年朱元璋慨叹说："朕自即位以来，法古命官，布列华夷。岂期擢用之时，并效忠贞，任用既久，俱系奸贪？朕乃明以宪章，而刑责有不可恕。以至内外官僚，守职维艰，善能终是者寡，身家诛戮者多。"[17] 郭桓案发后，他又说："其贪婪之徒，闻桓之奸，如水之趋下，半年间弊若蜂起，杀身亡家者人不计其数。出五刑以治之，挑筋、剁指、刖足、髡发、文身，罪之甚者欤！"[18] 他没有也不可能懂得封建专制的独裁统治，地主阶级专政的统治，官僚政治和贪污舞弊是分不开的，单纯地用严刑重罚、流血手段来根绝贪污,是不可能有什么效果的。

诛杀以外,较轻的犯罪官员,罚做苦工,洪武九年,单是官吏犯笞以下罪,谪戍到凤阳屯田的便有一万多人。[19]

朝官被杀有记载可查的,有礼部侍郎朱同、张衡、户部尚书赵勉、吏部尚书余㸅、工部尚书薛祥、秦逵、刑部尚书李质、开济、户部尚书茹太素、春官王本、祭酒许存仁、左都御史杨靖、大理寺卿李仕鲁、少卿陈汶辉、御史王朴、纪善白信蹈等。[20]外官有苏州知府魏观、济宁知府方克勤、番禺知县道同、训导叶伯巨、晋王府左相陶凯等。[21]茹太素性情刚直,爱说老实话,几次为了说话不投机被廷杖、降官,甚至镣足治事。一天,在便殿赐宴,元璋赐诗说:"金杯同汝饮,白刃不相饶。"太素磕了头,续韵吟道:"丹诚图报国,不避圣心焦。"元璋听了倒也很感动。不多时还是被杀。李仕鲁是朱熹学派的学者,劝皇帝不要太尊崇和尚道士,想学韩文公辟佛,发扬朱学。元璋不理会,仕鲁着急,闹起迂脾气,当面交还朝笏,要告休回家。元璋大怒,当时叫武士把他掼死在阶下。陶凯是御用文人,一时诏令封册歌颂碑志多是他写的,做过礼部尚书,参加制定军礼和科举制度。只为起了一个别号叫"耐久道人",元璋恨他"自去爵禄之名,怪称曰耐久道人,是其自贱。""忘君爵而书耐久。"借题目杀了,还特别写两篇文章骂他。[22]员外郎张来硕谏止取已许配的少女做宫人,说"于理来当",被碎肉而死。参议李饮冰被割乳而死。[23]

对内外官僚的残酷刑罚,引起了官僚集团的反对,洪武七年便有人抗议,说是杀得太多了,"才能之士,数年来幸存者百无一二。"[24] 九年叶伯巨以星变上书，论用刑太苛说：

臣观历代开国之君，未有不以任德结民心，以任刑失民心者，国祚长短，悉由于此。议者曰宋元中叶，专事姑息，赏罚无章，以致亡灭。主上痛惩其敝，故制不宥之刑，权神变之法，使人知惧而莫测其端也。臣又以为不然。开基之主，垂范百世，一动一静，必使子孙有所持守。况刑者民之司命，可不惧欤！夫笞、杖、徒、流、死，今之五刑也，用此五刑，既无假贷，一出乎大公至正可也。而用刑之际，多裁自圣衷，遂使治狱之吏，务趋求意志，深刻者多功，平反者得罪，欲求治狱之平，岂易得哉！近者特旨杂犯死罪，免死充军，又删定旧律诸则，减宥有差矣。然未闻有戒饬治狱者，务从平恕之条，是以法司犹循故例，虽闻宽宥之名，未见宽宥之实。所谓实者，诚在主上，不在臣下也。故必有罪疑唯轻之意，而后好生之德洽于民心，此非可以浅浅期也。何以明其然也？古之为士者以登仕为荣，以罢职为辱，今之为士者以溷迹无闻为福，以受玷不录为幸，以屯田工役为必获之罪，以鞭笞捶楚为寻常之辱。其始也，朝廷取天下之士，网罗捃摭，务无余逸，有司敦迫上道，如捕重囚，比到京师，而除官多以貌选，所学或非所用，所用或非其所学。洎乎居官，一有差跌，苟免诛戮，则必在屯田工役之科，率是为常，不少顾惜。此岂陛下所乐为哉！诚欲人之惧而不敢犯也。窃见数年以来，诛杀亦可谓不少矣，而犯者相踵，良由激劝不明，善恶无别，议贤议能之法既废，人不自励而为善者怠也。有人于此，廉如夷齐，知如良平，少戾于法，上将录长弃短而用之乎？将舍其所长苟其所短而置之法乎？苟取其长而舍其短，则中庸之才争自奋于廉智；倘苟其短而弃其长，则为善之人皆曰某廉若是，某智若是，朝廷不少贷之，吾属何所容其身乎？致使朝不谋夕，弃其廉耻，或自掊克，以备屯田工役之资者，率皆是也。若是，非用刑之烦者乎。汉尝徙大族于山陵矣，未闻实之以罪人也，今凤阳皇陵所在，龙兴之地，而率以罪人居之，怨嗟愁苦之声，充斥园邑，殆非所以恭承宗庙意也。

元璋看了气极，连声音都发抖了，连声说这小子敢如此！快逮来！我要亲手射死他，隔了些日子，中书省官趁他高兴的时候，奏请把叶伯巨下刑部狱，不久死在狱中。[25] 元璋晚年时所最喜欢的青年才子解缙，奉命说老实话，上万言书，也说：

臣闻令数改则民疑，刑太繁则民玩。国初至今将二十载，无几时不变之法，无一日无过之人。尝闻陛下震怒，锄根剪蔓，诛其奸逆矣，未闻褒一大善，赏延于世，复及其乡，始终如一者也。陛下进人不择贤否，授职不量重轻，建"不为君用"之法，所谓取之尽锱铢；置朋奸倚法之条，所谓用之如泥沙。监生进士经明行修，而多屈于下僚；孝廉人材冥蹈瞽趋，而或布于朝省。椎埋嚚悍之夫，阘茸下愚之辈，朝捐刀镊，暮拥冠裳；左弃筐篚，右绾组符。是故贤者羞为之等列，庸人悉习其风流，以贪婪苟免为得计，以廉洁受刑为饰辞。出于吏部者无贤否之分，入于刑部者无枉直之判。天下皆谓陛下任喜怒为生杀，而不知皆臣下之乏忠良也。夫罪人不孥，罚弗及嗣，连坐起于秦法，孥戮本于伪书，今之为善者，妻子未必蒙荣，有过者里胥必陷其罪，况律以人伦为重，而有给配之妇女条，听之于不义，则又何取夫节义哉！此风化之所由也。

第四章　维持皇权的高压：厂卫政治

话说得很露骨，但是他把这一切都归咎于"臣下之乏忠良"元璋读了很舒服，连说"才子！才子"。[26]

在鞭笞、苦工、剥皮、挑筋、以至抄家灭族的恐怖气氛中，凡是做官的，不论大官小官，近官远官，随时随地都会有不测之祸，人人在提心吊胆，战战兢兢过日子。太紧张了，太可怕了，有人实在受不了，只好辞官，回家做老百姓。这样又刺着元璋的痛处，说是不肯帮朝廷做事："奸贪无福小人，故行诽谤，皆说朝廷官难做。"大不敬，非杀不可。[27]真弄得官僚们"知惧而莫测其端"了。

也有个别得罪的官僚以装疯幸免的，一个是御史袁凯。有一次元璋要杀许多人，叫袁凯把案卷送给皇太子复讯，皇太子主张从宽。袁凯回报，元璋问："我要杀人，皇太子却要宽减，你看谁对？"袁凯不好说谁不对，只好回答："陛下要杀是守法，皇太子要赦免是慈心。"元璋大怒，以为袁凯两头讨好，老滑头，要不得。袁凯吓得要死，假装疯癫。元璋说疯子不怕痛，叫人拿木钻来刺他的皮肤，袁凯咬紧牙齿，忍住不喊痛。回家后，自己用铁链锁住脖子，蓬头垢面，满口疯话。元璋还是不相信，派使者召他做官，袁凯瞪眼对使者唱月儿高曲，爬在篱笆边吃狗矢，使者回报果然疯了，才不追究。这一回朱元璋却受了骗，原来袁凯预先叫人用炒面拌糖稀，捏成段段，散在篱笆下，救了一条命，朱元璋哪里会知道。[28]另一个例子是外戚郭德成，郭宁妃的哥哥。一天他陪元璋在后苑喝酒，醉了趴在地上去冠磕头谢恩，露出稀稀的几根头发。元璋笑着说："醉疯汉，头发秃到这样，可不是酒喝多了？"德成说："这几根还嫌多呢，剃光了才痛快。"元璋不作声。德成酒醒，知道闯了大祸，索性装疯，剃光了头，穿了和尚衣，成天念佛。元璋信以为真，告诉宁妃说："原以为你哥哥说笑话，如今真个如此，真是疯汉。"不再在意。党案起后，德成居然漏网。[29]

吴人严德珉由御史升左佥都御史，因病辞官，犯了忌讳，被黥面充军南丹（今广西），遇赦放还，到宣德时还很健朗。一天因事被御史所逮，跪在堂下，供说也曾在台勾当公事，颇晓三尺法度来。御史问是何官，回说洪武中台长严德珉便是老夫。御史大惊谢罪，第二天去拜访，却早已挑着铺盖走了。有一个教授和他喝酒，见他脸上刺字，头戴破帽，问老人家犯了什么罪过，德珉说了详情，并说先时国法极严，做官的多半保不住脑袋，说时还北面拱手，嘴里连说："圣恩！圣恩！"[30]

元璋有一天出去私访，到一破寺，里边没有一个人，墙上画一布袋和尚，有诗一首："大千世界浩茫茫，收拾都将一袋藏，毕竟有收还有放，放宽些子又何妨。"墨迹还新鲜，立刻派人搜索作画题诗的人，已经不见了。[31]

洪武二十八年五月，元璋下令，"朕自起兵至今四十余年，亲理天下庶务，人情善恶真伪，无不涉历。其中奸顽刁诈之徒，情犯深重，灼然无疑者，特令法外加刑，意在使人知所警惧，不敢轻易犯法。然此特权时措置，顿挫奸顽，非守成之君所用长法。以后嗣君统理天下，止守律与大诰，并不许用黥刺剕劓阉割之刑。臣下敢有奏用此刑者，文武群臣即时劾奏，处以重刑"。[32]

注释

[1]《明史》卷九四《刑法志》,卷一三九《郑士利传》。
[2]《明史》卷九四《刑法志》,《大诰》二十三郭桓卖放浙西秋粮,四十九郭桓盗官粮。
[3] 贝琼《清江集》卷一九《横塘农诗序》。
[4] 吴宽《匏翁家藏集》卷六一《先考封儒林郎翰林院修撰府君融墓志》,卷五七《先世事略》。
[5]《匏翁家藏集》卷七四《山西提刑按察司副使朱公墓表》。
[6]《匏翁家藏集》卷五八《莫处士传》。
[7]《匏翁家藏集》卷七三《怡隐处士墓表》。
[8] 方孝孺《逊志斋集》卷二二《采苓子郑处士墓碣》。
[9]《匏翁家藏》集卷五八《莫处士传》:"吴自唐以来,号称繁雄。延及五代,钱氏跨有浙东西之地,国俗侈靡,用度不足。则益赋于民,不胜其困。宋兴,钱氏纳土,赖其臣湛其籍于水,更定赋法,休养生息,至于有元极矣。民既习见故俗,而元政更弛,赋更薄,得以其利自私,服食宫室,僭拟逾制,卒之徒足以资寇兵而已。皇明受命,政令一新,豪民巨族,划削殆尽,盖所以鉴往弊而矫之地。"
[10]《明史》卷九四《刑法志》。
[11]《明史》卷一三九《周敬心传》。
[12]《大诰三编》二进士监生戴罪办事。
[13] 邓之诚《骨董琐记续记》卷二十碟条引张文宁年谱,计六奇《明季北略》记郑鄤事。
[14] 吕毖《明朝小史》卷一《国初重刑》。

[15] 徐祯卿《翦胜野闻》。

[16]《廿二史札记》卷三二《明祖晚年去严刑条引草木子》。

[17]《明朝小史》卷二。

[18]《大诰三编》逃囚第十六。

[19]《明史》卷一三九《韩宜可传》。

[20]《明史》卷一三六《朱升传》，卷一三七《刘三吾传》《宋讷传》《安然传》卷一三八《陈修传》《杨靖传》《薛祥传》卷一三九《茹太素传》《李仕鲁传》《周敬心传》。

[21]《明史》卷一〇四《魏观传》，卷二八一《方克勤传》，卷一四〇《道同传》，卷一三九《叶伯巨传》，卷一三六《陶凯传》。

[22]《明太祖文集》卷一六辩答录异名洛上翁及谬赞，设大官卑职馆阁山林辩。

[23] 刘辰《国初事迹》。

[24]《明史》卷一三九《茹太素传》。

[25]《明史》卷一三九《叶伯巨传》。

[26]《明史》卷一四七《解缙传》。

[27]《大诰》奸贪诽谤第六十四。

[28]《明史》卷二八三《袁凯传》，徐祯卿《翦胜野闻》，陆深《金台纪闻》。

[29]《明史》卷一三一《郭兴传》。

[30]《明史》卷一三八《周祯传》。

[31] 徐祯卿《翦胜野闻》。

[32]《明太祖实录》卷二三九。

文字狱

虽然在《大明律》上并没有这一条,说是对皇帝的文字有许多禁忌,违犯了就得杀头,但是,在明初,百无是处的文人,却为了几个方块字,不知道被屠杀了多少人,被毁灭了多少家族。

所谓禁忌,含义是非常广泛的。例如朱元璋从小穷苦,当过和尚,和尚的特征是光头,没有头发,因之不但"光"、"秃"这一类字犯忌讳,就连"僧"这个字也被讨厌,推而广之,连和僧字同音的"生"字也不喜欢。又如他早年是红巾军的小兵,红巾军在元朝政府,和地主官僚士大夫的口头上、文字上,是被叫作红贼红寇的,作过贼的最恨人提起贼字,不管说的是谁,总以为骂的是他,推而广之,连和贼字形相象的"则"字也看着心虚了。这一类低能的护短的禁忌心理,在平常人,最多是骂一场,打一架,可是皇帝就不同了,严重了,一张嘴,一个条子,就是砍头、抄家、灭族。法律,刑章,不过为对付老百姓用的,皇帝在法律之上,在法律之外,而且,还可以为自己的方便,临时添进一两款,弄得名正言顺;要不然,作皇帝的图的是什么来?

大明帝国的第一代皇帝,从小失学,虽然曾经在皇觉寺混了一些日子,从佛经里生吞活剥认了几个字,后来在行伍里和读书人搞在一起,死命记,刻苦学,到发迹了,索性请了许多文人学者来讲学，更明白往古还有许多大道理。可是，到底根基差，认字不太多，学问不到家，许多字认不真，加上心虚护短的自卑心理，凭着有百万大军的威风，滥用权力，就随随便便糊里糊涂杀了无数文人，造成明初的文字狱。

他的自卑心理，另一现象就是卖弄身份。论出身，既不是像周文王那样的王子王孙，也不是隋文帝那样世代将门；论祖先，既搬不出尧子舜孙那一套，也不会像唐朝拉李耳、宋朝造赵玄朗那玩意；父亲、祖父是佃农，外祖是巫师，没什么值得夸耀的。为了怕人讪笑，索性强调自己是无根基的，没来头的，不是靠祖宗先人基业起家的。在口头上，在文字上，甚至在正式的诏书上，一张嘴，一动笔，总要插进"朕本淮右布衣"，或者"江左布衣"，以及"匹夫"、"起自田亩"、"出身寒微"一类的话；尤其是"布衣"这一名词，仔细研究他的诏书，差不多很难找出不提这两个字的。强烈的自卑感表现为自尊，自尊为同符汉高祖，原来历史上的汉高祖也和他一样，是个平民出身的大皇帝。不断地数说，成为卖弄，卖弄他赤手空拳，没一寸地打出来的天下。可是，尽管他左一个"布衣"，右一个"布衣"，以至"寒微"之类，一套口头禅，像是说得很利落，却绝不许人家如此说，一说就以为是挖苦他的根基，又是一场血案。

其实，他又何尝不想攀一个显赫知名的人作祖宗，只是被人点破，不好意思而已。据说，当他和一批文臣商量修《玉牒》（家谱）的时候，原来打算拉宋朝的朱熹作祖先的。恰好一个徽州人姓朱作典史的来朝见，他打算拉本家，就问："你是朱文公的子孙吗？"这人不明底细，又怕撒谎会闯祸，只好回说不是。

第四章　维持皇权的高压：厂卫政治

他一想，区区的典史尚且不肯冒认别人作祖宗，堂堂大皇帝又怎么可以？而且几代以前也从没有听说和徽州有过瓜葛，万一硬联上，自给人作子孙倒不打紧，被识破了落一个话柄，如何值得？只好打消了这念头，不作名儒的后代，却向他的同志汉高祖去看齐了。[1]

文字狱的经过如此：

地方三司官和知府、知县、卫所官，逢年过节和皇帝生日以及皇家喜庆所上的表笺，照例委托学校教官代作。虽然都是陈词滥调刻板一套颂圣的话，朱元璋偏喜欢仔细阅读，挑出恭维话来娱悦自己。当然也知道这些话只是文字的堆砌，没有真感情，不过，总算综合了文字上的好字眼来歌颂，看了也不由得肌肉发松，轻飘飘有飞上云雾里的快感，紧绷绷的脸腮上有时候也不免浮出一丝丝的笑意来。不料看多了，便出问题：怎么全是说我好的？被屠宰的猪羊会对屠夫讨好感谢？推敲又推敲，总觉得有些字在纸上跳动，在说你这个暴君，这个屠户，穷和尚，小叫花，反贼，强盗，一些不愉快的往事在苦恼他的心灵。

他原来不是使小心眼的人，更不会挑剔文字。从渡江以后，很得到文人的帮忙。开国以后，朝仪制度，军卫、户籍、学校等等典章规程又多出于文人的计划，使他越发看重文人，以为治国非用文人不可。百战功高的勋臣们很感觉不平，以为我们流血百战，却让这些瘟书生来当权，多少次向皇帝诉说，都不理会。商量多时，生出主意，一天又向皇帝告状，元璋还是那一套老话，说是世乱用武，世治宜文，马上可以得天下，不能治天下，总之，治天下是非文人不可的。有人就说："不过文人也不能过于相信，太相信了会上当的。一般的文人好挖苦毁谤，拿话刺人，譬如张九四一辈子宠待儒生，好房子，大薪水，三日一小宴，五日一大宴，把文人捧上天，作了王爷后，要起一个官名，有人取为士诚。"元璋说："不错呵，这名字不错。"那人说："不然，上大当了。《孟子》上有'士，诚小人也'。把这句话连起来，割裂起来念，就读成'士诚，小人也。骂他是小人，'他哪里懂得，给人叫了半辈子小人，到死还不明白，真是可怜。"[2]元璋听了这番话，正中痛处，从此加意读表笺，果然满纸都是和尚贼盗，句句都是对着他骂的，有的成语，转弯抹角揣摩了半天，也是损他的，一怒之下，叫把这些作文字的文人，一概拿来杀了。

　　文字狱的著名例子，如浙江府学教授林元亮替海门卫作谢增俸表，有"作则垂宪"一句话，北平府学训导赵伯宁为都司作贺万寿表，有"垂子孙而作则"一语，福州府学训导林伯璟为按察使撰贺冬表的"仪则天下"，桂林府学训导蒋质为布政使按察使作正旦贺表的"建中作则"，澧州学正孟清为本府作贺冬表的"圣德作则"。他把所有的"则"都念成"贼"。当州府学训导蒋镇为本府作正旦贺表，有"睿性生知"，生字被读作"僧"。怀庆府学训导吕睿为本府作谢赐马表："遥瞻帝扉"，"帝扉"被读成"帝非"。祥符县学教谕贾翥为本县作正旦贺表的"取法象魏"，"取法"读作"去发"。亳州训导林云为本府作谢东宫赐宴笺"式君父以班爵禄"，"式君父"硬被念成"失君父"，说是咒诅。尉氏县教谕许元为本府作万寿贺表"体乾法

第四章　维持皇权的高压：厂卫政治　　　　277

坤，藻饰太平。"更严重了，"法坤"是"发髡"，"藻饰太平"是"早失太平"。德安府县训导吴宪为本府作贺立太孙表："永绍亿年，天下有道，望拜青门。""有道"变成"有盗"，"青门"当然是和尚庙了。都一概处死。甚至陈州学训导周冕为本州作贺万寿表的"寿域千秋"，念不出花样来的也是被杀。[3]

象山县教谕蒋景高以表笺误被逮赴京师斩于市。[4]杭州教授徐一夔贺表有"光天之下，天生圣人，为世作则。"元璋读了大怒说："'生'者僧也，骂我当过和尚。'光'是剃发，说我是秃子，'则'音近贼，骂我作过贼！"立刻逮来杀了。吓得礼部官魂不附体，求皇帝降一道表式，使臣民有所遵守。[5]洪武二十九年七月特派翰林院学士刘三吾、右春坊右赞善王俊华撰庆贺谢恩表笺成式，颁布天下诸司，以后凡遇庆贺谢恩，如式录进。[6]

文字狱从洪武十七年到二十九年（1384至1396年）前后经过十三年。[7]唯一幸免的文人是翰林编修张某，此人在翰林院时说话太直，被贬作山西蒲州学正，照例作庆贺表，元璋特别记得这人名字，看表词里有"天下有道"、"万寿无疆"，发怒说："这老头还骂我是强盗"，差人逮来面讯，说是："把你送法司，更有何话可说？"张某说："只有一句话，说了再死也不迟。陛下不是说过表文不许杜撰，都要出自经典，要有根有据的话吗？'天下有道'是孔子的格言，'万寿无疆'是《诗经》里的成语，说臣诽谤，不过如此。"元璋无话可说，想了半天，才说："这老头还嘴强，放掉吧！"左右侍从私下谈论："几年来才见容了这一个人！"[8]

有一个和尚叫来复，巴结皇帝，作一首谢恩诗，有"殊域"

和"自惭无德颂陶唐"之句。元璋大生气，以为殊字分为歹朱，明明骂我，又说"无德颂陶唐"，是说我无德，虽欲以陶唐颂我而不能，又把这乱讨好的和尚斩首。[9]

在戡乱建国声中，文人作反战诗也是犯罪的。佥事陈养浩有诗云："城南有嫠妇，夜夜哭征夫。"元璋恨他动摇士气，取到湖广，投在水里淹死。[10]甚至作一首宫词，也会被借题处死。翰林编修高启作题宫女图诗，有云："小犬隔花空吠影，夜深宫禁有谁来？"元璋以为是讽刺他的，恨在心头。苏州知府魏观改修府治被杀，元璋知道上梁文又是高启写的，旧仇新罪都发，把高启腰斩。[11]地方官报告就本身职务有所陈请，一字之嫌，也会送命，卢熊作兖州知州，具奏州印兖字误类衮字，请求改正，元璋极不高兴，说："秀才无理，便道我衮哩！"原来又把衮字缠作滚字了。不久，卢熊终于以党案被诛。[12]

从个人的避忌进一步便发展为广义的避忌了。洪武三年禁止小民取名用天、国、君、臣、圣、神、尧、舜、禹、汤、文、武、周、汉、晋、唐等字，洪武二十六年出榜禁止百姓取名太祖、圣孙、龙孙、黄孙、王孙、太叔、太兄、太弟、太师、太保、太傅、大夫、待诏、博士、太医、太监、大官、郎中字样，并禁止民间久已习惯的称呼，如医生只许称医士、医人、医者，不许称太医、大夫、郎中，梳头人只许称梳篦人或称整容，不许称待诏，官员之家火者，只许称阍者，不许称太监，违者都处重刑。[13]

不只是文字，甚至口语也有避忌。传说有一次他便装出外察访，有一老婆子和人谈话，提起上位（明初人对皇帝的私下称呼）时左一个老头儿，右一个老头儿，当时不好发作，走到徐达家，绕着屋子踱来踱去，气得发抖，后来打定主意，传令五城兵马司带队到那老婆子住的地方，把那一带民家都给抄没了，回报时他还哑着嗓子说："张士诚占据东南，吴人到现在还叫他张王，我作了皇帝，这地方的老百姓居然叫我老头儿，真气死人，气死人！"[14]

其他文人被杀的如处州教授苏伯衡以表笺误论死；太常丞张羽曾代撰滁阳王庙碑，坐事投江死；河南左布政使徐贲下狱死；苏州经历孙蒉曾为蓝玉题画，泰安州知府王蒙坐尝谒胡惟庸，在胡家看画，王行坐曾作蓝玉家馆客，都以党案论死。苏伯衡和王行都连两个儿子同命，一家杀绝。郭奎曾参朱文正大都督府军事，文正被杀，奎也论死。王彝曾修《元史》，坐魏观案和高启同死。同修《元史》的山东副使张孟兼，博野知县傅恕，和福建佥事谢肃，都坐事死。何真幕府里的人物，岭南五先生之一的赵介，死在被逮途中。初定金华时，罗致幕中讲述经史的戴良，坚决不肯作官，得罪自杀。不死的，如曾修《元史》的张宣，谪徙濠梁；杨基被谪罚作苦工，一直到死；乌斯道谪役定远；唐肃谪佃濠梁；顾德辉父子在吴平后，并徙濠梁，都算是万分侥幸的了。[15]

明初的著名诗人吴中四杰：高启、杨基、张羽、徐贲，没有一个是善终的。

元璋晚年时，所最喜欢的青年才子解缙，奉命说老实话，上万言书说：

臣闻令数改则民疑，刑太繁则民玩。国初至今将二十载，无几时不变之法，无一日无过之人。尝闻陛下震怒，锄根剪蔓，诛其奸逆矣，未闻褒一大善，尝延于世，复及其乡，终始如一者也。陛下进人不择贤否，授职不量重轻。建不为君用之法，所谓取之尽锱铢，置朋奸倚法之条，所谓用之如泥沙。监生进士经明行修，而多屈于下僚，孝廉人材冥蹈瞀趋，而或布于朝省，椎埋嚚悍之夫，阘茸下愚之辈，朝捐刀镘，暮拥冠裳，左弃筐筬，右绾组符。是故贤者羞为之等列，庸人悉习其风流，以贪婪苟免为得计，以廉洁受刑为饰辞。出于吏部者无贤否之分，入于刑部者无枉直之判，天下皆谓陛下任喜怒为生杀，而不知皆臣下之乏忠良也。夫罪人不孥，罚弗及嗣，连坐起于秦法，孥戮本于伪书。今之为善者，妻子未必蒙荣，有过者里胥必陷其罪，况律以人伦为重，而有给配之条，听之于不义，则又何取夫节义哉？此风化之所由也。

所说全是事实。迫文人作官则取之尽锱铢，作了官再屠杀，简直像泥沙一样，毫不动心；稍不如意便下刑部，一进刑部是没有冤枉可诉的；而且，不但罚延及嗣，连儿子一起杀，甚至妻女也不免受辱，听凭官家给配。真是任喜怒为生杀，和"臣下乏忠良"何干？解缙这么说，只是行文技巧，不给上位太难堪而已。元璋读了，连说："才子！才子！"可见他自己也是心服的。[16]

网罗布置好了，包围圈逐渐缩小了，苍鹰在天上盘旋，猎犬在追逐，一片号角声，呐喊声，呼鹰唤狗声，已入网的文人一个个断胫破胸，呻吟在血泊中。在网外、围外的在战栗，在恐惧，在逃避，在伪装。前朝老文学家杨铁崖（维桢）被征，婉辞谢绝，说快死的老太婆不能再嫁人了，赋《老客妇谣》明志，抵死不肯作官，被迫勉强到南京打一转，请求还山，宋濂赠诗说："不受君王五色诏，白衣宣至白衣还。"[17]胡翰、赵壎、陈基修《元史》成后，即刻回家。张昱被征，元璋看他老态龙钟，说是回家去吧，可以闲一闲了，因自号为可闲老人。王逢是张士诚的馆客，吴亡，隐居不起，洪武十五年被征，地方官押送上路，亏得儿子作通事司令的，向皇帝磕头苦求，才放回去。高则诚（明）以老疾辞官，张宪隐姓埋名，寄食僧寺，丁鹤年学佛庐墓，都得逍遥网外，终其天年。[18]开国谋臣秦从龙避乱镇江，元璋先嘱徐达访求，又特派朱文正、李文忠到门延聘，亲自到龙湾迎接，事无大小，都和他商量，称为先生而不名，有时用竹板写字问答，连左右侍从都不知道他们说的是什么；儒臣中礼貌优厚，没人能比得上。陈遇在幕中被比作伊吕诸葛，最为亲信，元璋作吴王，辞作供奉司丞，称帝后，三次辞翰林学士，又辞中书左丞，辞礼部侍郎兼弘文馆大学士，辞太常少卿，最后又辞作礼部尚书，元璋无法，要派他的儿子作官，还是不肯；他在左右劝少杀人，替得罪臣僚说好话，密谋秘计，外人无法与闻。他越是不肯作官，元璋对他越敬重，见面称先生或君子，宠礼在勋戚大臣之上。这两人都不作官，都为元璋所信任尊重，都能平安老死，和刘基那样被猜毒死，宋濂那样暮年谪死，真是不可同日而语了。[19]

　　元璋渡江以前幕府里的主要人物，还有一人名田兴，金陵下后便隐遁江湖，元璋多方设法寻访，都不肯回来。洪武三年又派专使以手书敦劝说：

元璋见弃于兄长，不下十年，地角天涯，未知云游之处，何尝暂时忘也。近闻打虎留江北，为之喜不可抑。两次诏请，更不得以勉强相屈。文臣好弄笔墨，所拟词意，不能尽人心中所欲言。特自作书，略表一二，愿兄长听之：昔者龙凤之僭，兄长劝我自为计，又复辛苦跋涉，参谋行军。一旦金陵下，告遇春曰：大业已定，天下有主，从此浪迹江湖，安享太平之福，不复再来多事矣。我故以为戏言，不意真绝迹也。皇天厌乱，使我灭南盗，驱北贼，无才无德，岂敢妄自尊大，天下遽推戴之，陈友谅有知，徒为所笑耳。三年在此位，访求山林贤人，日不暇给。兄长移家南来，离京甚近，非但避我，且又拒我。昨由去使传信，令人闻之汗下。虽然，人之相知，莫如兄弟，我二人者不同父母，甚于手足，昔之忧患，与今之安乐，所处各当其事，而平生交谊，不为时势变也。世未有兄因弟贵，惟是闭门逾垣以为得计者也。皇帝自是皇帝，元璋自是元璋，元璋不过偶然作皇帝，并非作皇帝便改头换面，不是朱元璋也。本来我有兄长，并非作皇帝便视兄长如臣民也。愿念兄弟之情莫问君臣之礼，至于明朝事业，兄长能助则助之，否则，听其自便。只叙兄弟之情，断不谈国家之事。美不美，江中水，清者自清，浊者自浊，再不过江，不是脚色。[20]

情辞恳切到家，还是不理。此人神龙见首不见尾，如实有其人，可说是第一流人物，也是最了解他小兄弟性格的一个人物。

注释

[1] 吕毖《明朝小史》卷一。
[2] 黄溥《闲中今古录》。
[3] 赵翼《廿二史劄记》卷三二《明初文字之祸》引《朝野异闻录》。
[4] 黄溥《闲中今古录摘抄》。
[5] 徐祯卿:《翦胜野闻》。
[6] 此据《明太祖实录》卷二四六。赵翼《廿二史劄记》卷三二《明初文字之祸》条作"帝乃自为之,播天下",是错的。
[7] 黄溥《闲中今古杂录》。
[8] 李贤《古穰杂录》。
[9] 赵翼《廿二史劄记》卷三二《明初文字之祸》。
[10] 刘辰《国初事迹》。
[11] 朱彝尊《静志居诗话》;《明史》卷二八五《高启传》。
[12] 叶盛《水东日记摘抄》卷二。
[13] 《明太祖实录》卷五二;顾起元《客座赘语》卷十《国初榜文》。
[14] 徐祯卿《翦胜野闻》。
[15] 《明史》卷二八五《苏伯衡传》《高启传》《王冕传》附《郭奎传》《孙蕡传》《王蒙传》《赵壎传》《陶宗仪传》附《顾德辉传》。赵翼《廿二史劄记》卷三二,《明初文人多不仕》。
[16] 《明史》卷一四七《解缙传》。
[17] 《明史》卷二八五《杨维桢传》。
[18] 《明史》卷二八五《胡翰传》、《赵壎传》、《赵㧑谦传》附《张

昱传》、《戴良传》附《王逢传》、《丁鹤年传》、《陶宗仪传》附《高明传》。
[19] 陆深《豫章漫钞》;《玉堂漫笔》;《明史》卷一三五《陈遇传》。
[20] 方觉慧《明太祖革命武功记引》。

第五章

与明王朝一同落幕……厂卫的覆灭

《金瓶梅》里描述的明朝黑暗社会[1]

要知道《金瓶梅》这部书的社会背景,我们不能不先考定它的产生时代。同时,要考定它的产生时代,我们不能不把一切关于《金瓶梅》的附会传说肃清,还它一个本来面目。

《金瓶梅》是一部现实主义作品,所集中描写的是作者所处时代的市井社会的奢靡淫荡的生活。它的细致生动的白描技术和汪洋恣肆的气势,在未有刻本以前,即已为当时的文人学士所叹赏惊诧。但因为作者敢对于性生活作无忌惮的大胆的叙述,便使社会上一般假道学先生感觉到逼胁而予以摈斥,甚至怕把它刻板行世会有堕落地狱的危险,但终之不能不佩服它的艺术的成就。另一方面一般神经过敏的人又自作聪明地替它解脱,以为这书是"别有寄托",替它捏造成一串可歌可泣悲壮凄烈的故事。

无论批评者的观点怎样,《金瓶梅》的作者,三百年来却都公认为王世贞而无异词。他们的根据是:

一、沈德符的话:说这书是嘉靖中某大名士作的。这一位某先生,经过几度的附会,就被指实为王世贞。

二、因为书中所写的蔡京父子,相当于当时的严嵩父子。王家和严家有仇,所以王世贞写这部书的目的是(甲)报仇,(乙)讽刺。

三、是据本书的艺术和才气立论的。他们先有了一个"苦孝说"的主观之见,以为像这样的作品非王世贞不能写。

现在我们不管这些理由是否合理,且把他们所乐道的故事审查一下,看是王世贞作的不是。

一、《金瓶梅》的故事

《金瓶梅》的作者虽然已被一般道学家肯定为王世贞(他们以为这样一来,会使读者饶恕它的"猥亵"描写),但是他为什么要写这书?书中的对象是谁?却众说纷纭,把它归纳起来不外是:甲、复仇说。对象(1)严世蕃,(2)唐顺之。乙、讽刺说。对象——严氏父子。

为什么《金瓶梅》会和唐顺之发生关系呢?这里面又包含着另外一个故事——《清明上河图》的故事。

(一)《清明上河图》和唐荆川

《寒花盦随笔》:

世传《金瓶梅》一书为王弇州(世贞)先生手笔,用以讥严世蕃者。书中西门庆即世蕃之化身,世蕃亦名庆,西门亦名庆,世蕃号东楼,此书即以西门对之。

或谓此书为一孝子所作,所以复其父仇者。盖孝子所识一巨公实杀孝子父,图报累累皆不济。后忽侦知巨公观书时必以指染沫,翻其书叶。孝子乃以三年之力,经营此书。书成黏毒药于纸角,觇巨公外出时,使人持书叫卖于市,曰天下第一奇书,巨公于车中闻之,即索观,车行及其第,书已观讫,啧啧叹赏，呼卖者问其值，卖者竟不见，巨公顿悟为所算，急自营救已不及，毒发遂死。

今按二说皆是，孝子即凤洲（世贞号）也，巨公为唐荆川（顺之），凤洲之父忬死于严氏，实荆川赞之也。姚平仲《纲鉴絜要》载杀巡抚王忬事，注谓"忬有古画，严嵩索之，忬不与，易以摹本。有识画者为辨其赝。嵩怒，诬以失误军机杀之。"但未记识画人姓名，有知其事者谓识画人即荆川，古画者《清明上河图》也。

凤洲既抱终天之恨，誓有以报荆川，数遣人往刺之，荆川防护甚备。一夜，读书静室，有客自后握其发将加刃，荆川曰："余不逃死，然须留遗书嘱家人。"其人立以俟，荆川书数行，笔头脱落，以管就烛，佯为治笔，管即毒弩，火热机发，镞贯刺客喉而毙。凤洲大失望！

后遇于朝房，荆川曰："不见凤洲久，必有所著。"答以《金瓶梅》，实凤洲无所撰，姑以诳语应耳。荆川索之急，凤洲归，广召梓工，旋撰旋刊，以毒水濡墨刷印，奉之荆川。荆川阅书甚急，墨浓纸黏，卒不可揭，乃屡以纸润口津揭书，书尽毒发而死。

或传此书为毒死东楼者。不知东楼自正法，毒死者实荆川也。彼谓以三年之力成书，及巨公索观于车中云云，又传闻异词耳。

这是说王忬进赝画于严嵩，为唐顺之识破，致陷忬于法。世贞图报仇，进《金瓶梅》毒死顺之。刘廷玑的《在园杂志》

也提到此事，不过把《清明上河图》换成《辋川真迹》，把识画人换成汤裱褙，并且说明顺之先和王忬有宿怨。他说：

明太仓王思质（忬）家藏右丞所写《辋川真迹》，严世蕃闻而索之。思质爱惜世宝，予以抚本。世蕃之裱工汤姓者，向在思质门下，曾识此图，因于世蕃前陈其真赝，世蕃衔之而未发也。会思质总督蓟辽军务，武进唐应德顺之以兵部郎官奉命巡边，严嵩觞之内阁，微有不满思质之言，应德领之。至思质军，欲行军中驰道，思质以己兼兵部堂衔难之，应德怫然，遂参思质军政废弛，虚糜国帑，累累数千言。先以稿呈世蕃，世蕃从中主持之，逮思质至京弃市。

到了清人的《缺名笔记》又把这故事变动一下：

《金瓶梅》为旧说部中四大奇书之一，相传出王世贞手，为报复严氏之《督亢图》。或谓系唐荆川事。荆川任江右巡抚时有所周纳，狱成，罹大辟以死。其子百计求报，而不得间。会荆川解职归，偏阅奇书，渐叹观止。乃急草此书，渍砒于纸以进，盖审知荆川读书时必逐叶用纸黏舌，以次披览也。荆川得书后，览一夜而毕，蓦觉舌木强涩，镜之黑矣。心知被毒；呼其子曰："人将谋我，我死，非至亲不得入吾室。"逾时遂卒。

旋有白衣冠者呼天抢地以至，蒲伏于其子之前，谓曾受大恩于荆川，愿及未盖棺前一亲其颜色。鉴其诚许之入，伏尸而哭，哭已再拜而出。及殓则一臂不知所往，始悟来者即著书之人，因其父受缳首之辱，进酖不足，更残其支体以为报也。

第五章 与明王朝一同落幕：厂卫的覆灭

（二）汤裱褙

识画人在另一传说中，又变成非大儒名臣的当时著名装潢家汤裱褙。这一说最早的要算沈德符的《野获编》，他和世贞同一时代，他的祖、父又都和王家世交，所以后人都偏重这一说。《野获编补遗》卷二《伪画致祸》：

严分宜（嵩）势炽时，以诸珍宝盈溢，遂及书画骨董雅事。时鄢懋卿以总鹾使江淮，胡宗宪、赵文华以督兵使吴越，各承奉意旨，搜取古玩，不遗余力。时传闻有《清明上河图》手卷，宋张择端画，在故相王文恪（鏊）胄君家，其家巨万，难以阿堵动。乃托苏人汤臣者往图之，汤以善装潢知名，客严门下，亦与娄江王思质中丞往还，乃说王购之。王时镇蓟门，即命汤善价求市，既不可得，遂嘱苏人黄彪摹真本应命，黄亦画家高手也。

严氏既得此卷，珍为异宝，用以为诸画压卷，置酒会诸贵人赏玩之。有妒王中丞者知其事，直发为赝本。严世蕃大惭怒，顿恨中丞，谓有意绐之，祸本自此成。或云即汤姓怨弇州伯仲自露始末，不知然否？

这一说是《清明上河图》本非王忬家物，由汤裱褙托王忬想法不成功，才用摹本代替，末了还是汤裱褙自发其覆。顾公燮《消夏闲记摘抄》作《金瓶梅缘起王凤洲报父仇》一则即根据此说加详，不过又把王鏊家藏一节改成王忬家藏，把严氏致败之由，附会为世蕃病足，把《金瓶梅》的著作目的改为讥刺严氏了：

太仓王忬家藏《清明上河图》，化工之笔也。严世蕃强索之，忬不忍舍，乃觅名手摹赝者以献。先是忬巡抚两折，遇裱工汤姓流落不偶，携之归，装潢书画，旋荐之世蕃。当献画时，汤在侧谓世蕃曰："此图某所目睹，是卷非真者，试观麻雀小脚而踏二瓦角，即此便知其伪矣。"世蕃恚甚，而亦鄙汤之为人，不复重用。

会俺答入寇大同，忬方总督蓟辽，鄢懋卿嗾御史方辂劾忬御边无术，遂见杀。后范长白公允临作《一捧雪》传奇，改名为莫怀古，盖戒人勿怀古董也。

忬子凤洲（世贞）痛父冤死，图报无由。一日偶谒世蕃，世蕃问坊间有好看小说否？答曰有，又问何名，仓促之间，凤洲见金瓶中供梅，遂以《金瓶梅》答之，但字迹漫灭，容钞正送览。退而构思数日，借《水浒传》西门庆故事为蓝本，缘世蕃居西门，乳名庆，暗讥其闺门淫放，而世蕃不知，观之大悦。把玩不置。

相传世蕃最喜修脚，凤洲重赂修工，乘世蕃专心阅书，故意微伤脚迹，阴擦烂药，后渐溃腐，不能入直，独其父嵩在阁，年衰迟钝，票本批拟，不称上旨，宠日以衰。御史邹应龙等乘机劾奏，以至于败。

徐树丕的《识小录》又以为汤裱褙之证画为伪，系受贿不及之故，把张择端的时代由宋升至唐代，画的内容也改为汴人掷骰：

汤裱褙善鉴古，人以古玩赂严世蕃必先贿之，世蕃令辨其真伪，其得贿者必曰真也。吴中一都御史偶得唐张择端《清明上河图》临本馈世蕃而贿不及汤。汤直言其伪，世蕃大怒，后御史竟陷大辟。而汤则先以诖谩遭戍矣。

余闻之先人曰《清明上河图》皆寸马豆人，中有四人樗蒲，五子皆六而一犹旋转，其人张口呼六，汤裱褙曰："汴人呼六当撮口，而今张口是采闽音也。"以是识其伪。此与东坡所说略同，疑好事者伪为之。近有《一捧雪》传奇亦此类也，特甚世蕃之恶耳。

（三）况叔祺及其他

梁章炬《浪迹丛谈》记此事引王襄《广汇》之说，即本《识小录》所载，所异的是不把识画人的名字标出，他又以为王忬之致祸是由于一诗一画：

王襄《广汇》："严世蕃常索古画于王忬，云值千金，忬有临幅绝类真者以献。乃有精于识画者往来忬家有所求，世贞斥之。其人知忬所献画非真迹也，密以语世蕃。会大同有房警，巡按方辂劾忬失机，世蕃遂告嵩票本论死。"

又孙之騄《二申野录》注："后世蕃受刑，弇州兄弟赎得其一体，熟而荐之父灵，大恸，两人对食，毕而后已。诗画贻祸，一至于此，又有小人交构其间，酿成尤烈也。

按所云诗者谓杨椒山（继盛）死，弇州以诗吊之，刑部员外郎况叔祺录以示嵩，所云画者即《清明上河图》也。

综合以上诸说，归纳起来是：

1.《金瓶梅》为王世贞作，用意（甲）讥刺严氏，（乙）作对严氏复仇的《督亢图》,(丙)对荆川复仇。

2. 唐荆川潛杀王忬,忬子世贞作《金瓶梅》,荆川于车中阅之中毒卒。

3. 世贞先行刺荆川不遂,后荆川向其索书,遂撰《金瓶梅》以毒之。

4. 唐、王结怨之由是荆川识《清明上河图》为伪,以致王忬被刑。

5.《金瓶梅》为某孝子报父仇作,荆川因以被毒。

6. 汤裱褙识王忬所献《辋川真迹》为伪,唐顺之行边与王忬忤,两事交攻,王忬以死。

7.《清明上河图》为王鏊家物,世蕃门客汤臣求之不遂,托王忬想法也不成功,王忬只得拿摹本应命,汤裱褙又自发其覆,遂肇大祸。

8. 严世蕃强索《清明上河图》于王忬,忬以赝本献,为旧所提携汤姓者识破。

9. 世蕃向世贞索小说,世贞撰《金瓶梅》以讥其闺门淫放,而世蕃不知。

10. 世贞赂修工烂世蕃脚,不能入直,严氏因败。

11. 王忬献画于世蕃,而贿不及汤裱褙,因被指为伪,致陷大辟。

12. 王忬致祸之由为《清明上河图》及世贞吊杨继盛诗触怒严氏。

以上一些五花八门的故事,看起来似乎很多,其实包含着

第五章 与明王朝一同落幕:厂卫的覆灭

两个有联系的故事——《清明上河图》和《金瓶梅》。

二、王忬的被杀与《清明上河图》

按《明史卷二〇四·王忬传》：

嘉靖三十六年（1557）部臣言蓟镇额兵多缺宜察补。乃遣郎中唐顺之往核。还奏额兵九万有奇，今惟五万七千，又皆羸老，忬与……等俱宜按治……三十八年二月把都儿、辛爱数部屯会州挟朵颜为乡导……由潘家口入渡滦河……京师大震。御史王渐、方辂遂劾忬及……罪，帝大怒……切责忬令停俸自效。至五月辂复劾忬失策者三，可罪者四，遂命逮忬及……下诏狱……明年冬竟死西市。忬才本通敏，其骤拜都御史及屡更督抚也，皆帝特简，所建请无不从。为总督数以败闻，由是渐失宠。既有言不练主兵者，帝益大恚，谓忬怠事负我。嵩雅不悦忬，而忬子世贞复用口语积失欢于嵩子世蕃，严氏客又数以世贞家琐事构于嵩父子，杨继盛之死，世贞又经纪其丧，嵩父子大恨，滦河变闻，遂得行其计。

当事急时，世贞"与弟世懋日蒲伏嵩门涕泣求贷，嵩阴持忬狱，而时为谩语以宽之。两人又日因服跽道旁遮诸贵人舆搏颡请救，诸贵人畏嵩，不敢言"[2]。

王忬死后，一般人有说他"死非其罪"的，也有人说他是"于法应诛"的，他的功罪我们姑且不管，要之，他之死于严氏父子之手，却是一件不可否认的事实。

我们要判断以上所记述的故事是否可靠，第一我们先要研

求王忬和严氏父子结仇的因素,关于这一点最好拿王世贞自己的话来说明。《弇州山人四部稿》卷一二三《上太傅李公书》:

> 至于严氏所以切齿于先人者有三:其一,乙卯冬仲芳兄(杨继盛)且论报,世贞不自揣,托所知向严氏解救不遂,已见其嫂代死疏辞憼,少为笔削。就义之后,躬视含殓,经纪其丧。为奸人某某(按即指况叔祺)文饰以媚严氏。先人闻报,弹指唾骂,亦为所诇。其二,杨某为严氏报仇曲杀沈炼,奸罪万状,先人以比壤之故,心不能平,间有指斥。渠误谓青琐之柙,先人预力,必欲报之而后已。其三,严氏与今元老相公(徐阶)方水火,时先人偶辱见收葭莩之末。渠复大疑有所弃就,奸人从中构牢不可解。以故练兵一事,于拟票内一则曰大不如前,一则曰一卒不练,所以阴夺先帝(嘉靖帝)之心而中伤先人者深矣。预报贼耗,则曰王某恐吓朝廷,多费军饷。虏贼既退,则曰将士欲战,王某不肯。兹谤既腾,虽使曾参为子,慈母有不投杼者哉!

以上三个原因是(1)关于杨继盛,(2)关于沈炼,(3)关于徐阶,都看不出有什么书画肇祸之说。试再到旁的地方找去,《明史》卷二八七《王世贞传》说:

> 奸人阎姓者犯法,匿锦衣都督陆炳家,世贞搜得之。炳介严嵩以请,不许。杨继盛下吏,时进汤药。其妻讼夫冤,为代草。既死,复棺殓之。嵩大恨。吏部两拟提学,皆不用。用为青州兵备副使。父忬以滦河失事,嵩构之论死。

沈德符《野获编卷八·严相处王弇州》:

第五章　与明王朝一同落幕:厂卫的覆灭　　297

王弇州为曹郎,故与分宜父子善。然第因乃翁思质(忬)方总督蓟辽,姑示密以防其抟,而心甚薄之。每与严世蕃宴饮,辄出恶谑侮之,已不能堪。会王弟敬美继登第,分宜呼诸孙切责以"不克负荷"诃诮之,世蕃益恨望,日谮于父前,分宜遂欲以长史处之,赖徐华亭(阶)力救得免,弇州德之入骨。后分宜因唐荆川阅边之疏讥切思质,再入鄢剑泉(懋卿)之赞决,遂置思质重辟。

这是说王忬之得祸,是由于世贞之不肯趋奉严氏和谑毒世蕃,可用以和《明史》相印证。所谓恶谑,丁元荐《西山日记》曾载有一则:

王元美先生善谑,一日与分宜胄子饮,客不任酒,胄子即举杯虐之,至淋漓巾帻。先生以巨觥代客报世蕃,世蕃辞以伤风不胜杯杓,先生杂以诙谐曰:"爹居相位,怎说出伤风?"旁观者快之。

也和《清明上河图》之说渺不相涉。现在我们来推究《清明上河图》的内容和它的流传经过,考察它为什么会和王家发生关系,衍成如此一连串故事的由来。

《清明上河图》到底是一幅怎样的画呢?李东阳《怀麓堂集卷九·题清明上河图》一诗描写得很清楚详细:

宋家汴都全盛时,四方玉帛梯航随,清明上河俗所尚,倾城士女携童儿。城中万屋翚甍起,百货千商集成蚁,花棚柳市围春风,雾阁云窗粲朝绮。芳原细草飞轻尘,驰者若飙行若云,红桥影落浪花里,搉舵撒篷俱有神。笙声在楼游在野,亦有驱牛种田者，眼中苦乐各有情，纵使丹青未堪写！翰林画史张择端，研朱吮墨镂心肝，细穷毫发夥千万，直与造化争雕镌。图成进入缉熙殿，御笔题签标卷面，天津一夜杜鹃啼，倏忽春光几回变。朔风卷地天雨沙，此图此景复谁家？家藏私印屡易主，赢得风流后代夸。姓名不入《宣和谱》，翰墨流传藉吾祖，独从忧乐感兴衰，空吊环州一抔土！丰亨豫大纷彼徒，当时谁进流民图？乾坤頫仰意不极，世事荣枯无代无！

钱谦益《牧斋初学集卷八五·记清明上河图卷》：

嘉禾谭梁生携《清明上河图》过长安邸中，云此张择端真本也……此卷向在李长沙家，流传吴中，卒为袁州所购致，袁州籍没后已归御府，今何自复流传人间？书之以求正于博雅君子。天启二年壬戌五月晦日。

按长沙即李东阳，袁州即严嵩。据此可知这图的收藏经过是：

1. 李东阳家藏；

2. 流传吴中；

3. 归严氏；

4. 籍没入御府。

一百年中流离南北，换了四个主人，可惜不知道在吴中的收藏家是谁。推测当分宜籍没时，官中必有簿录，因此翻出《胜朝遗事》所收的文嘉《钤山堂书画记》，果然有详细的记载，在《名画部·宋》有：

张择端《清明上河图》。图藏宜兴徐文靖（徐溥）家，后归西涯李氏（东阳），李归陈湖陆氏，陆氏子负官缗，质于昆山顾氏，有人以一千二百金得之。然所画皆舟车城郭桥梁市廛之景，亦宋之寻常画耳，无高古气也。

按田艺蘅《留青日札》严嵩条记嘉靖四十四年八月抄没清单有：

石刻法帖三百五十八册轴，古今名画刻丝纳纱纸金绣手卷册共三千二百零一轴。内有……宋张择端《清明上河图》……乃苏州陆氏物，以千二百金购之，才得其赝本，卒破数十家。其祸皆成于王彪、汤九、张四辈，可谓尤物害民。

这一条记载极关重要，它所告诉我们的是：

1.《清明上河图》乃苏州陆氏物。

2. 其人以千二百金问购，才得赝本，卒破数十家。

3. 诸家记载中之汤裱褙或汤生行九，其同恶为严氏鹰犬者有王彪、张四诸人。

考陈湖距吴县三十里，属苏州。田氏所记的苏州陆氏当即为文氏所记之陈湖陆氏无疑。第二点所指明的也和文氏所记吻合。由苏州陆氏的渊源，据《钤山堂书画记》："陆氏子负官缗，质于昆山顾氏。"两书所说相同，当属可信。所谓昆山顾氏，考《昆新两县合志》卷二〇《顾梦圭传》：

顾懋宏字靖甫，初名寿，一字茂俭，潜孙，梦圭子。十三补诸生，才高气豪，以口过被祸下狱，事白而家壁立。依从父梦羽蕲州官舍，用蕲籍再为诸生。寻东还，游太学，举万历戊子乡荐。授休宁教谕，迁南国子学录，终莒州知州。自劾免。

筑室东郊外，植梅数十株吟啸以老。

按梦圭为嘉靖癸未（1523）进士，官至江西布政使。他家世代做官，为昆山大族。其子懋宏十三补诸生。嘉靖四十一年（1562）五月严嵩事败下狱，四十四年三月严世蕃伏诛，严氏当国时代恰和懋宏世代相当，由此可知传中所谓"以口过被祸下狱，事白而家壁立"一段隐约的记载，即指《清明上河图》事，和文田两家所记相合。

这样，这图的沿革可列如下：

1. 宜兴徐氏；
2. 西涯李氏；
3. 陈湖陆氏；
4. 昆山顾氏；
5. 袁州严氏；
6. 内府。

在上引的史料中，最可注意的是《钤山堂书画记》。因为文嘉家和王世贞家是世交，他本人也是世贞好友之一。他在嘉靖四十四年（1565）应何宾涯之召检阅籍没入官的严氏书画，到隆庆二年（1568）整理所记录成功这一卷书。时世贞适新起用由河南按察副使擢浙江布政使司左参政分守湖州。假如王氏果和此图有关系，并有如此悲惨的故事包含在内，他决不应故没不言！

在以上所引证的《清明上河图》的经历过程中，很显明安插不下王忬或王世贞的一个位置。那末，这图到底是怎样才

第五章　与明王朝一同落幕：厂卫的覆灭　　301

和王家在传说中发生关系的呢？按《弇州山人四部稿续稿》卷一六八《清明上河图：别本跋》

张择端《清明上河图》有真赝本，余均获寓目。真本人物舟车桥道宫室皆细于发，而绝老劲有力，初落墨相家，寻籍入天府为穆庙所爱，饰以丹青。

赝本乃吴人黄彪造，或云得择端稿本加删润，然与真本殊不相类，而亦自工致可念，所乏腕指间力耳，今在家弟（世懋）所。此卷以为择端稿本，似未见择端本者。其所云于禁烟光景亦不似，第笔势道逸惊人，虽小粗率，要非近代人所能办，盖与择端同时画院祗候，各图汴河之胜，而有甲乙者也。吾乡好事人遂定为真稿本，而谒彭孔嘉小楷，李文正公记，文征仲苏书，吴文定公跋，其张著杨准二跋，则寿承休承以小行代之，岂惟出蓝！而最后王禄之陆子傅题字尤精楚。陆于逗漏处，毫发贬驳殆尽，然不能断其非择端笔也。使画家有黄长睿那得尔？

其第二跋云：

按择端在宣政间不甚著，陶九畴纂《图绘宝鉴》，搜括殆尽，而亦不载其人。昔人谓逊功帝以丹青自负，诸祗候有所画，皆取上旨裁定。画成进御，或少增损。上时时草创下诸祗候补景设色，皆称御笔，以故不得自显见。然是时马贲、周曾、郭思、郭信之流，亦不致泯然如择端也。而《清明上河》一图，历四百年而大显，至劳权相而出死构，再损千金之值而后得，嘻！亦已甚矣。择端他图余见之殊不称，附笔于此。

可知此图确有真赝本,其赝本之一确曾为世贞爱弟世懋所藏,这图确曾有一段悲惨的故事:"至劳权相出死构,再损千金之值而后得"。这两跋都成于万历三年(1575)以后,所记的是上文所举的昆山顾氏的事,和王家毫不相干。这一悲剧的主人公是顾懋宏,构祸的是汤九或汤裱褙,权相是严氏父子。

由以上的论证,我们知道一切关于王家和《清明上河图》的记载,都是任意捏造,牵强附会。无论他所说的是《辋川真迹》,是《清明上河图》,是黄彪的临本,是王鏊家藏本,或是王忬所藏的,都是无中生有。事实的根据一去,当然唐顺之或汤裱褙甚至第三人的行谮或指证的传说,都一起跟着不存在了。

但是,像沈德符、顾公燮、刘廷玑、梁章炬等人,在当时都是很有名望的学者,沈德符和王世贞是同一时代的人,为什么他们都会捕风捉影,因讹承讹呢?

这原因据我的推测,以为是:

一是看不清《四部稿》两跋的原意,误会所谓"权相出死力构"是指他的家事,因此而附会成一串故事。

二是信任《野获编》作者的时代和他与王家的世交关系,以为他所说的话一定可靠,而靡然风从,群相应和。

三是故事本身的悲壮动人,同情被害人的遭遇,辗转传述,甚或替它装头补尾,虽悖"求真之谛"亦所不惜。

次之因为照例每个不幸的故事中,都有一位丑角在场,汤裱褙是当时的名装潢家,和王严两家都有来往,所以顺手把他拉入作一点缀。

第五章　与明王朝一同落幕:厂卫的覆灭

识画人的另一传说是唐顺之，因为他曾有疏参王忬的事迹，王忬之死他多少应负一点责任。到了范允临的时候，似乎又因为唐顺之到底是一代大儒，不好任意得罪，所以在他的剧本——《一捧雪》传奇中仍旧替回了汤裱褙。几百年来，这剧本到处上演，剧情的凄烈悲壮，深深地感动了千万的人，于是汤裱褙便永远留在这剧本中做一位挨骂的该死丑角。

三、《金瓶梅》非王世贞所作

最早提到《金瓶梅》的，是袁宏道的《觞政》：

凡《六经》《语》《孟》所言饮式，皆酒经也。其下则汝阳王《甘露经酒谱》……为内典……传奇则《水浒传》《金瓶梅》为逸典……[3]

袁宏道写此文时《金瓶梅》尚未有刻本，已极见重于文人，拿它和《水浒》并列了。可惜袁宏道只给了我们一个艺术价值的暗示，而没提出它的著者和其他事情。稍后沈德符的《野获编卷二五·金瓶梅》所说的就详细多了，沈德符说：

袁中郎《觞政》以《金瓶梅》配《水浒传》为外典，予恨未得见。丙午（1606）遇中郎京邸，问曾有全帙否？曰第睹数卷甚奇快，今惟麻城刘延白承禧家有全本，盖从其妻家徐文贞录得者。又三年小修（袁中道，宏道弟）上公车，已携有其书，因与借抄挈归。吴友冯犹龙见之惊喜，怂恿书坊以重价购刻。马仲良时榷吴关，亦劝予应梓人之求，可以疗饥。予曰："此等书必遂有人板行，但一刻则家传户到，坏人心术，他日阎罗究诘始祸，何辞置对？吾岂以刀锥博泥犁哉！"仲良大以为然，遂固箧之。未几时而吴中悬之国门矣。然原本实少五十三回至五十七回。遍觅不得。有陋儒补以入刻，无论肤浅鄙俚，时作吴语，即前后血脉，亦绝不贯串，一见知其赝作矣。

闻此为嘉靖间大名士手笔，指斥时事，如蔡京父子则指分宜，林灵素则指陶仲文，朱勔则指陆炳，其他各有所属云。

关于有刻本前后的情形和书中所影射的人物，他都讲到了，单单我们所认为最重要的著者，他却只含糊地说了"嘉靖间大名士"了事，这六个字的含义是：

1. 作者是嘉靖时人；
2. 作者是大名士；
3. 《金瓶梅》是嘉靖时的作品。

几条嘉靖时代若干大名士都可适用的规限，更不妙的是他指这书是"指斥时事"的，平常无缘无故的人要指斥时事干什么呢？所以顾公燮等人便因这一线索推断是王世贞的作品，牵连滋蔓，造成上述一些故事。康熙乙亥（1696）刻的《金瓶梅》谢颐作的序便说：

《金瓶梅》一书传为凤洲门人之作也。或云即出凤洲手。然洋洋洒洒一百回内，其细针密线，每令观者望洋而叹。

到了《寒花盦随笔》《缺名笔记》一些人的时代，便索性把或字去掉。一直到近人蒋瑞藻《小说考证》还认定是弇州之作而不疑：

《金瓶梅》之出于王世贞手不疑也。景倩距弇州时代不远，当知其详。乃断名士二字了之，岂以其诲淫故为贤者讳欤！

其实一切关于《金瓶梅》的故事，都只是故事而已，都不可信。应该根据真实史料，把一切荒谬无理的传说，一起踢开，还给《金瓶梅》以一个原来的面目。

第一，我们要解决一个问题，要先抓住它的要害点，关于《清明上河图》在上文已经证明和王家无关。次之就是这一切故事的焦点——作《金瓶梅》的缘起和《金瓶梅》的对象严世蕃或唐荆川之被毒或被刺。因为这书据说是作者来毒严氏或唐氏的，如两人并未被毒或无被毒之可能时，这一说当然不攻自破。

甲、严世蕃是正法死的，并未被毒，这一点《寒花盦随笔》的作者倒能辨别清楚。顾公燮便不高明了，他以为王忬死后世贞还去谒见世蕃，世蕃索阅小说，因作《金瓶梅》以讥刺之。其实王忬被刑在嘉靖三十九年（1560）十月初一日，殁后世贞兄弟即扶柩返里，十一月二十七日到家，自后世贞即屏居里门，到隆庆二年（1568）始起为河南按察副使。另一方面严嵩于四十一年五月罢相，世蕃也随即被刑。王忬死后世贞方痛恨严氏父子之不暇，何能腼颜往谒贼父之仇？而且世贞于父死后即返里屏居，中间无一日停滞，南北相隔，又何能与世蕃相见？即使可能，世蕃已被放逐，不久即死，亦何能见？如说此书之目的专在讽刺，则严氏既倒，公论已明，亦何所用其讽刺？且《四部稿》中不乏抨责严氏之作，亦何庸写此洋洋百万言之大作以事此无谓之讽刺？

再次顾氏说严氏之败是由世贞贿修工烂世蕃脚使不能入直

致然的,此说亦属无稽,据《明史卷三〇八·严嵩传》所言:

> 嵩虽警敏,能先意揣帝指,然帝所下手诏语多不可晓,惟世蕃一览了然,答语无不中。及嵩妻欧阳氏死,世蕃当护丧归,嵩请留侍京邸,帝许之,然自是不得入直所代嵩票拟,而日纵淫乐于家。嵩受诏多不能答,遣使持问世蕃,值其方耽女乐,不以时答,中使相继促嵩,嵩不得已自为之,往往失旨。所进青词又多假手他人不能工,以是积失帝欢。

则世蕃之不能入直是因母丧,嵩之败是因世蕃之不代票拟,也和王世贞根本无关。

乙、关于唐顺之,按《明史》:"顺之出为淮扬巡抚,兵败力疾过焦山,三十九年春卒。"王忬死在是年十月,顺之比王忬早死半年,世贞何能预写《金瓶梅》报仇?世贞以先一年冬从山东弃官省父于京狱,时顺之已出官淮扬,二人何能相见于朝房?顺之比王忬早死半年,世贞又安能遣人行刺于顺之死后?

第二,"嘉靖间大名士"是一句空洞的话,假使可以把它牵就为王世贞,那末,又为什么不能把它归到曾著有杂剧四种的天都外臣汪道昆?为什么不是以杂剧和文采著名的屠赤水王百谷或张凤翼?那时的名士很多,又为什么不是所谓前七子、广五子、后五子、续五子以及其他的山人墨客?我们有什么反证说他们不是"嘉靖间大名士"?

第三,再退一步承认王世贞有作《金瓶梅》的可能(自然,他不是不能作)。但是问题是他是江苏太仓人,并且是土著,有什么保证可以断定他不"时作吴语"?《金瓶梅》用的是山东的

第五章 与明王朝一同落幕:厂卫的覆灭

方言，王世贞虽曾在山东做过三年官（1557—1559），但是能有证据说他在这三年中，曾学会了甚至和土著一样地使用当地的方言吗？假使不能，又有什么根据使他变成《金瓶梅》的作者呢！

前人中也曾有人断定王世贞绝不是《金瓶梅》的作者，清礼亲王昭梿就是其中的一个，他说：

《金瓶梅》其淫亵不待言。至叙宋代事，除《水浒》所有外，俱不能得其要领。以宋明二代官名羼杂其间，最属可笑。是人尚未见商辂《宋元通鉴》者，不论宋元正史！弇州山人何至谫陋若是，必为赝作无疑也。[4]

作小说虽不一定要事事根据史实，不过假如是一个史学名家作的小说，纵使下笔十分不经意，也不至于荒谬到如昭梿所讥。王世贞在当时学者中堪称博雅，时人多以有史识史才许之，他自身亦以此自负。且毕生从事著述，卷帙甚富，多为后来修史及研究明代掌故者所取材。假使是他作的，真的如昭梿所说："何至谫陋若是！"不过昭梿以为《金瓶梅》是赝作，这却错了。因为以《金瓶梅》为王世贞作的都是后来一般的传说，在《金瓶梅》的本文中除掉应用历史上的背景来描写当时的市井社会奢侈放纵的生活以外，也丝毫找不出有作者的什么本身的暗示存在着。作者既未冒王世贞的名字，来增高他著述的声价，说他是赝作；岂非无的放矢。

四、《金瓶梅》是万历中期的作品

小说在过去时代是不登大雅之堂的,尤其是"猥亵"的作品。因此小说的作者姓名往往因不敢署名,而致埋没不彰。更有若干小说家不但不敢署名,并且还故意淆乱书中史实,极力避免含有时代性的叙述,使人不能捉摸这一作品的著作时代。《金瓶梅》就是这样的一个作品。

但是,一个作家要故意避免含有时代性的记述,虽不是不可能,却也不是一件容易的事。因为他不能离开他的时代,不能离开他的现实生活,他是那时候的现代人,无论他如何避免,在对话中,在一件平凡事情的叙述中,多少总不能不带有那时代的意识。即使他所叙述的是假托古代的题材,无意中也不能不流露出那时代的现实生活。我们要从这些作者所不经意的疏略处,找出他原来所处的时代,把作品和时代关联起来。

常常又有原作者的疏忽为一个同情他的后代人所删削遮掩,这位同情者的用意自然是匡正作者,这举动同样不为我们所欢迎。这一事实可以拿《金瓶梅》来做一例证。

假如我们不能得到一个比改订本更早的本子的时候,也许我们要被作者和删节者瞒过,永远不能知道他们所不愿意告诉我们的事情。

幸而,最近我们得到一个较早的《金瓶梅词话》刻本,在这本子中,我们知道许多从前人所不知道的事。这些事都明显地刻有时代的痕迹。因此我们不但可以断定这部书的著作时代,

并且可以明白这部书产生的时代背景，和为什么这样一部名著却包含有那样多的描写性生活部分的原因。

（一）太仆寺马价银

《金瓶梅词话》本第七回页九之十有这样一段对话：

张四道："我见此人有些行止欠端，在外眠花宿柳，又里虚外实，少人家债负，只怕坑陷了你！"

妇人道："四舅，你老人家，又差矣！他就外边胡行乱走，奴妇人家只管得三层门内，管不得那许多三层门外的事，莫不成日跟着他走不成！常言道：世上钱财倘来物，那是长贫久富家。紧着起来，朝廷爷一时没有钱使，还问太仆寺支马价银子来使。休说买卖人家，谁肯把钱放在家里！各人裙带上衣食，老人家倒不消这样费心。"

在崇祯本《金瓶梅》（第七回第十页）和康熙乙亥本《第一奇书》（第七回第九页）中，孟三儿的答话便删节成：

妇人道："四舅，你老人家又差矣！他少年人就外边做些风流勾当，也是常事。奴妇人家，那里管得许多。若说虚实，常言道，世上钱财傥来物，那是长贫久富家。况姻缘事皆前生分定，你老人家倒不消这样费心。"

天衣无缝，使人看不出有删节的痕迹。

朝廷向太仆寺借银子用，这是明代中叶以后的事，《明史》卷九二《兵志·马政》：

成化二年以南土不产马，改征银。四年始建太仆寺常盈库，贮备用马价……隆庆二年提督四夷馆太常少卿武金言，种马之设，专为孳生备用，备用马既别买，则种马可遂省。今备用马已足三万，宜令每马折银三十两解太仆种马尽卖输兵部，一马十两，则直隶山东河南十二万匹，可得银百二十万，且收草豆银二十四万。御史谢廷杰谓祖制所定，关军机，不可废。兵部是廷杰言。而是时内帑乏，方分使括天下逋赋，穆宗可金奏，下部议。部请养卖各半，从之。太仆之有银也自成化时始，然止三万余两。及种马卖，银日增。是时通贡互市，所贮亦无几。及张居正作辅，力主尽卖之议……又国家有兴作赏赉，往往借支太仆银，太仆帑益耗。十五年寺卿罗应鹤请禁支借。二十四年诏太仆给陕西赏功银，寺臣言先年库积四百余万，自东西二役兴，仅余四之一。朝鲜用兵，百万之积俱空。令所存者止十余万。况本寺寄养马岁额二万匹，今岁取折色，则马之派征甚少，而东征调兑尤多，卒然有警，马与银俱竭，何以应之！章下部，未能有所厘革也。崇祯初核户兵工三部借支太仆马价至一千三百余万。

由此可知太仆寺之贮马价银是从成化四年（1468）起，但为数极微。到隆庆二年（1568）百年后定例卖种马之半，藏银始多。到万历元年（1573）张居正作首相尽卖种马，藏银始达四百余万两。又据《明史》卷七九《食货志三·仓库》：

太仆，则马价银归之……隆庆中……数取光禄太仆银，工部尚书朱衡极谏不听……至神宗万历六年……久之，太仓光禄太仆银括取几尽，边赏首功向发内库者亦取之太仆矣。

则隆庆时虽曾借支太仆银，尚以非例为朝臣所谏诤。到了

第五章 与明王朝一同落幕：厂卫的覆灭

张居正死后（1582）神宗始无忌惮地向太仆支借，其内库所蓄，则靳不肯出。《明史》卷二一三《张居正传》载居正当国时：

太仓粟充盈可支十年。互市饶马，乃减太仆种马，而令民以价纳，太仆金亦积四百余万。

在居正当国时，综核名实，令出法行，所以国富民安，号称小康，即内廷有需索，亦往往为言官所谏止，如《明史》卷二二九《王用汲传》说：

万历六年……上言……陛下……欲取太仓、光禄，则台臣科臣又言之，陛下悉见嘉纳，或遂停止，或不为例。

其用途专充互市抚赏，《明史》卷二二二《方逢时传》说：

万历五年召理戎政……言……财货之费，有市本有抚赏，计三镇岁费二十七万，较之乡时户部客饷七十余万，太仆马价十数万，十才二三耳。

到了居正死后，朝政大变，太仆马价内廷日夜借支，宫监佞幸，为所欲为，专以贷利导帝，《明史卷二三五·孟一脉传》说：

居正死，起故官。疏陈五事：言……数年以来，御用不给，今日取之光禄，明日取之太仆，浮梁之磁，南海之珠，玩好之奇，器用之巧，日新月异……锱铢取之，泥沙用之。不到十年工夫，太仆积银已空。

《明史》卷二三三《何选传》：

光禄、太仆之帑，括取几空。

但还搜括不已，恣意赏赐，如《明史》卷二三三《张贞观传》所记：

> 三王并封制下……采办珠玉珍宝费至三十六万有奇，又取太仆银十万充赏。

中年内外库藏俱竭，力靳内库银不发，且视太仆为内廷正供，廷臣请发款充军费，反被谯责。万历三十年时：

> 国用不支，边储告匮……乞发内库银百万及太仆马价五十万以济边储，复忤旨切责。[5]

万历时代借支太仆寺马价银的情形，朱国桢《涌幢小品卷二》说得很具体：

> 太仆寺马价隆庆年间积一千余万，万历年间节次兵饷借去九百五十三万。又大礼大婚光禄寺借去三十八万两。零星宴赏之借不与焉。至四十二年老库仅存八万两。每年岁入九十八万余两，随收随放支，各边年例之用尚不足，且有边功不时之赏，其空虚乃尔，真可寒心。

明神宗贪财好货，至为御史所讥笑，如《明史》卷二三四《雒于仁传》所载四箴，其一即为戒贪财：

> 十七年……献四箴……传索帑金，括取币帛，甚且掠问宦官，有献则已，无则谴怒，李沂之疮痍未平，而张鲸之赀贿复入，此其病在贪财也。

再就嘉靖隆庆两朝内廷向外库借支情况作一比较，《明史》卷二〇六《郑一鹏传》：

> 嘉靖初……宫中用度日侈，数倍天顺时，一鹏言：今岁灾用诎，往往借支太仓。

《明史》卷二一四《刘体乾传》：

嘉靖二十三年……上奏曰：又闻光禄库金自嘉靖改元至十五年，积至八十万，自二十一年以后，供亿日增，余藏顿尽……隆庆初进南京户部尚书……召改北部，诏取太仓银三十万两……是时内供已多，数下部取太仓银。

据此可知嘉隆时代的借支处只是光禄和太仓，因为那时太仆寺尚未存有大宗马价银，所以无借支的可能。到隆庆中叶虽曾借支数次，却不如万历十年以后的频数。穆宗享国不到六年（1567—1572），朱衡以隆庆二年九月任工部尚书，刘体乾以隆庆三年二月任户部尚书，刘氏任北尚书后才疏谏取太仓银而不及太仆，则朱衡之谏借支太仆银自必更在三年二月以后。由此可知在短短的两三年内，即使借支太仆，其次数决不甚多，且新例行未久，其借支数目亦不能过大。到了张居正当国，励行节俭，足国富民，在这十年中帑藏充盈，无借支之必要，且神宗慑于张氏之威凌，亦无借支之可能。由此可知《词话》中所指"朝廷爷还问太仆寺借马价银子来使"必为万历十年以后的事。

《金瓶梅词话》的本文包含有万历十年以后的史实，则其著作的最早时期必在万历十年以后。

（二）佛教的盛衰和小令

《金瓶梅》中关于佛教流行的叙述极多，全书充满因果报应的气味。如丧事则延僧作醮追荐（第八回、第六十二回），平时则许愿听经宣卷（第三十九回、第五十一回、第七十四回、

第一百回），布施修寺（第五十七回、第八十八回），胡僧游方（第四十九回），而归结于地狱天堂，西门庆遗孤且入佛门清修。这不是一件偶然的事实，假如作者所处的时代佛教并不流行，或遭压迫，在他的著作中决不能无中生有捏造出这一个佛教流行的社会。

明代自开国以来，对佛道二教，初无歧视，后来因为政治关系，对喇嘛教僧稍予优待，天顺成化间喇嘛教颇占优势，佛教徒假借余光，其地位在道教之上。到了嘉靖时代，陶仲文、邵元节、王金等得势，世宗天天在西苑玄修作醮，求延年永命，一般方士偶献一二秘方，便承宠遇。诸官僚翰林九卿长贰入直者往往以青词称意，不次大拜。天下靡然风从，献灵芝、白鹿、白鹊、丹砂，无虚日。朝臣亦天天在讲符瑞，报祥异，甚至征伐大政，必以告玄。在皇帝修养或作法事时，非时上奏的且得殊罚。道士遍都下，其领袖贵者封侯伯，位上卿，次亦绾牙牌，跻朝列，再次亦凌视士人，作威福。一面则焚佛牙，毁佛骨，逐僧侣，没庙产，熔佛像，佛教在世宗朝算是销声匿迹，倒尽了霉。

到隆万时，道教失势了，道士们或贬或逐，佛教徒又承渥宠，到处造庙塑佛，皇帝且有替身出家的和尚，其煊赫比拟王公（明列帝俱有替身僧，不过到万历时代替身僧的声势，则为前所未有）。《野获编》卷二十七《释教盛衰》条：

武宗极喜佛教，自列西番僧，呗唱无异。至托名大庆法王，铸印赐诰命。世宗留心斋醮，置竺乾氏不谈。初年用工部侍郎赵璜言，刮正德所铸佛镀金一千三百两。晚年用真人陶仲文等议，至焚佛骨万二千斤。逮至今上，与两宫圣母首建慈寿、万寿诸寺，俱在京师，穹丽冠海内。至度僧为替身出家，大开经厂，颁赐天下名刹殆遍。去焚佛骨时未二十年也。

由此可知武宗时为佛教得势时代，嘉靖时则完全为道教化的时代，到了万历时代佛教又得势了。《金瓶梅》书中虽然也有关于道教的记载，如六十二回的潘道士解禳，六十五回的吴道士迎殡，六十七回的黄真人荐亡，但以全书论，仍是以佛教因果轮回天堂地狱的思想作骨干。假如这书著成于嘉靖时代，决不会偏重佛教到这个地步！

再从时代的习尚去观察，《野获编卷二五·时尚小令》：

元人小令行于燕赵，后浸淫日盛。自宣正至成宏后，中原又行《锁南枝》《傍妆台》《山坡羊》之属，李崆峒先生初自庆阳徙居汴梁，闻之以为可继国风之后。何大复继至，亦酷爱之。今所传《泥捏人》及《鞋打卦》《熬鬏髻》三阕为三牌名之冠，故不虚也。自兹以后，又有《耍孩儿》《驻云飞》《醉太平》诸曲，然不如三曲之盛。嘉隆间乃兴《闹五更》《寄生草》《罗江怨》《哭皇天》《干荷叶》《粉红莲》《桐城歌》《银纽丝》之属，自两淮以至江南，渐与词曲相远，不过写淫媟情态，略具抑扬而已。比年以来又有《打枣竿》《挂枝儿》二曲。其腔调约略相似，则不问南北，不问男女，不问老幼良贱，人人习之，亦人人喜听之，以至刊布成帙，举世传诵，沁人心腑。其谱不知从何来，真可骇叹！又《山坡羊》者，李何二公所喜，今南北词俱有此名，但北方惟盛爱数落《山坡羊》，其曲自宣大辽东三镇传来。今京师妓女惯以此充弦索北调，其语秽亵鄙浅，并桑濮之音亦离去已远，而羁人游婿嗜之独深，丙夜开樽，争先招致。

《金瓶梅词话》中所载小令极多，约计不下六十种。内中最流行的是《山坡羊》，综计书中所载在二十次以上（见第一、八、三十三、四十五、五十、五十九、六十一、七十四、八十九、九十一诸回），次为《寄生草》（见第八、八十二、八十三诸回），《驻云飞》（见第十一、四十四诸回），《锁南枝》（见第四十四、六十一诸回），《耍孩儿》（见第三十九、四十四诸回），《醉太平》（见第五十二回），《傍妆台》（见第四十四回），《闹五更》（见第七十三回），《罗江怨》（见第六十一回），其他如《绵搭絮》《落梅风》《朝天子》《折桂令》《梁州序》《画眉序》《锦堂月》《新水令》《桂枝香》《柳摇金》《一江风》《三台令》《货郎儿》《水仙子》《荼蘼香》《集贤宾》《一见娇羞》《端正好》《宜春令》《六娘子》……散列书中，和沈氏所记恰合。在另一方面，沈氏所记万历中年最流行的《打枣竿》、《挂枝儿》二曲，却又不见于《词话》。《野获编》书成于万历三十四年（丙午，1606），由此可见《词话》是万历三十四年以前的作品，《词话》作者比《野获编》的作者时代略早，所以他不能记载到沈德符时代所流行的小曲。

（三）古刻本的发现

两年以前《金瓶梅》的最早刻本，我们所能见到的是康熙三十四年（乙亥，1695）皋鹤草堂刻本张竹坡批点《第一奇书金瓶梅》和崇祯本《新刻绣像金瓶梅》。在这两个本子中没有什么材料可以使我们知道这书最早刊行的年代。

最近北平图书馆得到了一部刊有万历丁巳序文的《金瓶梅词话》，这本子不但在内容方面和后来的本子有若干处不同，并且在东吴弄珠客的序上也明显地载明是万历四十五年（丁巳，1617）冬季所刻。在欣欣子的序中并具有作者的笔名兰陵笑笑生（也许便是作序的欣欣子罢）。这本子可以说是现存的《金瓶梅》最早的刊本。其内容最和原本相近，从它和后来的本子不相同处及被删改处比较的结果，使我们能得到这样的结论，断定它的最早开始写作的时代不能在万历十年以前，退一步说，也不能过隆庆二年。

但万历丁巳本并不是《金瓶梅》第一次的刻本，在这刻本以前，已经有过几个苏州或杭州的刻本行世，在刻本以前并且已有抄本行世。因为在袁宏道的《觞政》中，他已把《金瓶梅》列为逸典，在沈德符的《野获编》中他已告诉我们在万历三十四年（丙午，1606）袁宏道已见过几卷，麻城刘氏且藏有全本。到万历三十七年袁中道从北京得到一个抄本，沈德符又向他借抄一本。不久苏州就有刻本，这刻本才是《金瓶梅》的第一个本子。

袁宏道的《觞政》在万历三十四年以前已写成，由此可以断定《金瓶梅》最晚的著作时代当在万历三十年以前。退一步说，也决不能后于万历三十四年。

总结上文所论，《金瓶梅》的成书时代大约是在万历十年到三十年这二十年（1582—1602）中。退一步说，最早也不能过隆庆二年，最晚也不能后于万历三十四年（1568—1606）。

五、《金瓶梅》的社会背景

《金瓶梅》是一部现实主义小说，它所写的是万历中年的社会情形。它抓住社会的一角，以批判的笔法，暴露当时新兴的结合官僚势力的商人阶级的丑恶生活。透过西门庆的个人生活，由一个破落户而土豪、乡绅而官僚的逐步发展，通过西门庆的社会联系，告诉了我们当时封建统治阶级的丑恶面貌和这个阶级的必然没落。在《金瓶梅》书中没有说到那时代的农民生活，但在它的描写市民生活时，却已充分地告诉我们那时农村经济的衰颓和崩溃的必然前景。当时土地集中的情形，万历初年有的大地主拥田到七万顷，粮至二万石[6]。据万历六年全国田数七百一万三千九百七十六顷计算，这一个大地主的田数就占全国田数的百分之一。又如皇庄，嘉靖初年达数十所，占地至三万七千多顷。夏言描写皇庄破坏农业生产的情形说：

皇庄既立，则有管理之太监，有奏带之旗校，有跟随之名目，每处动至三四十人……擅作威福，肆行武断……起盖房屋，架搭桥梁，擅立关隘，出给票帖，私刻关防。凡民间撑架舟车，牧放牛马，采捕鱼虾蜃蚌莞蒲之属，靡不括取。而邻近土地，则展转移筑封堆，包打界至，见亩征银。本土豪猾之民，投为庄头，拨置生事，帮助为恶，多方掊克，获利不赀。输之官闱者曾无十之一二，而私入囊橐者盖不啻十八九矣。是以小民脂膏，吮剥无余，由是人民逃窜而户口消耗，里分减并而粮差愈难。卒致辇毂之上，生理寡遂，间阎之间，贫苦到首，道路嗟怨，邑里萧条。

公私庄田，跨庄逾邑，小民恒产，岁朘月削，产业既失，税粮犹存，徭役苦于并充，粮草苦于重出，饥寒愁苦，日益无聊，展转流亡，靡所底止。以致强梁者起而为盗贼，柔善者转死于沟壑。其巧黠者或投存势家庄头家人名目，恣其势以转为善良之害，或匿入海户陵户勇士校尉等籍，脱免徭役，以重困敦本之人。凡所以麼民命脉，竭民膏血者，百孔千疮，不能枚举。[7]

虽然说的是嘉靖前期的情况，但是也完全适用于万历时代，而且应该肯定，万历时代的破坏情形只有比嘉靖时代更严重。据《明史》景王、潞王、福王等传：景恭王于"嘉靖四十年（1562）之国……多请庄田……其他土田湖陂侵入者数万顷"。潞王"居京邸，王店王庄遍畿内……居藩多请赡田食盐无不应……田多至四万顷"。福王之国时，"诏赐庄田四万顷……中州腴土不足，取山东、湖广田益之"，尺寸皆夺之民间，"伴读承奉诸官假履亩为名，乘传出入，河南北齐楚间所至骚动"。潞王是明穆宗第四子，万历十七年之藩；福王是明神宗爱子，万历四十二年就藩。三王的王庄多至十数万顷，加上宫廷直属的皇庄和外戚功臣的庄田，超经济的剥削，造成人民逃窜，户口消耗，道路嗟怨，邑里萧条，强梁者起而为"盗贼"，柔善者转死于沟壑的崩溃局面。

除皇庄以外，当时农民还得摊派商税，如毕自严所说山西情形：

> 榷税一节，病民滋甚。山右僻在西隅，行商寥寥。所有额派税银四万二千五百两，铺垫等银五千七百余两，皆分派于各州府。于是斗粟半菽有税，沽酒市脂有税，尺布寸丝有税，赢特骞卫有税，既非天降而地出，真是头会而箕敛。[8]

明末侯朝宗描写明代后期农民的被剥削情况说：

> 明之百姓，税加之，兵加之，刑加之，役加之，水旱灾祲加之，官吏之渔食加之，豪强之吞并加之，是百姓一而所以加之者七也。于是百姓之富者争出金钱而入学校，百姓之黠者争营巢窟而充吏胥，是加者七而因而诡之者二也。即以赋役之一端言之；百姓方苦其穷极而无告而学校则除矣，吏胥则除矣……天下之学校吏胥渐多而百姓渐少……彼百姓之无可奈何者，不死于沟壑即相率而为盗贼耳，安得而不乱哉。[9]

农民的生活如此。另一面，由于倭寇的肃清，商业和手工业的发达，海外贸易的扩展，国内市场的扩大，计亩征银的一条鞭赋税制度的实行，货币地租逐渐发展，高利贷和商业资本更加活跃，农产品商品化的过程加快了。商人阶级兴起了。从亲王勋爵官僚士大夫都经营商业，如"楚王宗室错处市廛，经纪贸易与市民无异。通衢诸绸帛店俱系宗室。间有三吴人携负至彼开铺者，亦必借王府名色"[10]。如翊国公郭勋京师店舍多至千余区[11]；如庆云伯周瑛于河西务设肆邀商贾，虐市民，亏国课；周寿奉使多挟商艘[12]；如吴中官僚集团的开设囤房债典百货之肆，黄省曾《吴风录》说：

第五章　与明王朝一同落幕：厂卫的覆灭

自刘氏、毛氏创起利端，为鼓铸囤房，王氏债典，而大村名镇必张开百货之肆，以榷管其利，而村镇之负担者俱困。由是累金百万。至今吴中缙绅仕夫，多以货殖为急，若京师官店六郭开行债典兴贩屠酤，其术倍克于齐民。

嘉靖初年夏言疏中所提到的"见亩征银"和顾炎武所亲见的西北农民被高利贷剥削的情况：

日见凤翔之民，举债于权要，每银一两，偿米四石，此尚能支持岁月乎！[13]

商人阶级因为海外和内地贸易的关系，他们手中存有巨额的银货，他们一方面利用农民要求银货纳税的需要，高价将其售出，一方面又和政府官吏勾结，把商品卖给政府，收回大宗的银货，如此循环剥削，资本积累的过程，商人阶级壮大了，他们日渐成为社会上的新兴力量，成为农民阶级新的吸血虫。

西门庆所处的就是这样一个时代，他代表他所属的那个新兴阶级，利用政治的和经济的势力，加紧地剥削着无告的农民。

在生活方面，因此就表现出两个绝对悬殊的阶级，一个是荒淫无耻的专务享乐的上层阶级，上自皇帝，下至市侩，莫不穷奢极欲，荒淫无度。就过去的历史事实说："皇帝家天下"，天下的财富即是皇帝私人的财富，所以皇帝私人不应再有财富。可是在这个时代，连皇帝也殖私产了，金花银所入全充内帑，不足则更肆搜括。太仓、太仆寺所藏本供国用，到这时也拼命借支，藏于内府，拥宝货作富翁。日夜希冀求长生，得以永葆富贵。和他的大臣官吏上上下下一致地讲秘法，肆昏淫，明穆宗、谭纶、张居正这一些享乐主义者的死在醇酒妇人手中和明神宗的几十年不接见朝臣，深居宫中的腐烂生活正足以象征这个时代。社会上的有闲阶级，更承风导流，夜以继日，妓女、小唱、优伶、赌博、酗酒，成为日常生活，笙歌软舞，穷极奢华。在这集团下面的农民，却在另一尖端，过着饥饿困穷的生活。他们受着十几重的剥削，不能不在水平线下生活着，流离转徙，一遭意外，便只能卖儿鬻女。在他们面前只有两条道路：一条是转死沟壑，一条是揭竿起义。

西门庆的时代，西门庆这一阶级人的生活，我们可以拿两种地方记载来说明。《博平县志》卷四《人道六·民风解》。

……至正德嘉靖间而古风渐渺，而犹存什一于千百焉……乡社村保中无酒肆，亦无游民……畏刑罚，怯官府，窃铁攘鸡之讼，不见于公庭……由嘉靖中叶以抵于今，流风愈趋愈下，惯习骄吝，互尚荒佚，以欢宴放饮为豁达，以珍味艳色为盛礼。其流至于市井贩鬻厮隶走卒，亦多缨帽细鞋，纱裙细袴，酒庐茶肆，异调新声，泊泊浸淫，靡焉勿振。甚至娇声充溢于乡曲，别号下延于乞丐……逐末游食，相率成风。

截然地把嘉靖中叶前后分成两个时代。崇祯七年刻《郓城县志》卷七《风俗》：

郓地……称易治。迩来竞尚奢靡，齐民而士人之服，士人而大夫之官，饮食器用及婚丧游宴，尽改旧意。贫者亦捶牛击鲜，合飨群祀，与富者斗豪华，至倒囊不计焉。若赋役施济，则毫厘动心。里中无老少，辄习浮薄，见敦厚俭朴者窘且笑之。

逐末营利，填衢溢巷，货杂水陆，淫巧恣异，而重侠少年复聚党招呼，动以百数，椎击健讼，武断雄行。胥隶之徒亦华侈相高，日用服食，拟于市宦。

所描写的"市井贩鬻""逐末营利"商业发展情形和社会风气的变化及其生活，不恰就是《金瓶梅》时代的社会背景吗？

我们且看西门庆和税关官吏勾结的情形：

西门庆叫陈经济后边讨五十两银子来，令书童写了一封书，使了印色，差一名节级，明日早起身，一同去下与你钞关上钱老爹，叫他过税之时，青目一二。（第五十八回）

西门庆听见家中卸货，吃了几盅酒，约掌灯以后就来家。韩伙计等着见了，在厅上坐的，悉把前后往回事，说了一遍。西门庆因问钱老爹书下了，也见些分上不曾？韩道国道："全是钱老爹这封书，十车货少使了许多税钱，小人把缎箱两箱并一箱，三停只报两停，都当茶叶马牙香，柜上税过来了。通共十大车，只纳了三十两五钱钞银子，老爹接了报单，也没差巡捕拦下来查点，就把车喝过来了。"

西门庆听言，满口欢喜，因说："到明日少不得重重买一份礼，谢那钱老爹。"（第五十九回）

和地方官吏勾结，把持内廷进奉的情形：

应伯爵领了李三来见西门庆……李三道："今有朝廷东京行下文书，天下十三省，每省要万两银子的古器，咱这东平府，坐派着二万两，批文在巡按处，还未下来。如令大街上张二官府破二百两银子，干这宗批要做，都看有一万两银子寻……"

西门庆听了说道:"批文在那里?"李三道:"还在巡按上边,没发下来呢。"西门庆道:"不打紧,我这差人写封书,封些礼,问宋松原讨将来就是了。"李三道:"老爹若讨去,不可迟滞,自古兵贵神速,先下米的先吃饭,诚恐迟了,行到府里,乞别人家干的去了。"西门庆笑道:"不怕他,设使就行到府里,我也还教宋松原拿回去就是,胡府尹我也认的。"(第七十八回)

当时商人进纳内廷钱粮的内幕:

李三黄四商量向西门庆再借银子,应伯爵道:"你如今还得多少才勾?"黄四道:"李三哥他不知道,只要靠着问那内臣借一般,也是五分行利。不如这里借着,衙门中势力儿,就是上下使用也省些。如今找着,再得出五十个银子来,把一千两合用,就是每月也好认利钱。"

应伯爵听了,低了低头儿,说道:"不打紧……管情就替你说成了。我出了五百两银子来,共揽一千两文书,一个月满破认他五十两银子,那里不去了,只当你包了一个月老婆了。常言道秀才取添无真,进钱粮之时,香里头多上些木头,蜡里头多挽些柏油,那里查帐去!不图打点,只图混水,借着他这名声儿,才好行事。"(第四十五回)

西门庆不但勾结官吏,偷税漏税,营私舞弊,并且一般商人还借他作护符,赚内廷的钱!

在另一方面,另一阶级的人,却不能不卖儿鬻女。《词话》第三十七回:

冯妈妈道:"爹既是许了,你拜谢拜谢儿。南首赵嫂儿家有

第五章　与明王朝一同落幕:厂卫的覆灭　　　325

个十三岁的孩子,我明日领来与你看,也是一个小人家的亲养孩儿来,他老子是个巡捕的军,因倒死了马,少桩头银子,怕守备那里打,把孩子卖了,只要四两银子,教爹替你买下吧!"

这样的一个时代,这样的一个社会,农民的忍耐终有不能抑止的一天。不到三十年,火山口便爆发了!张献忠李自成的大起义,正是这个时代这个社会的必然发展。

这样的一个时代,这样的一个社会,才会产生《金瓶梅》这样的一部作品。

(原载《文学季刊》创刊号,1934年1月)

注释

[1] 出自《金瓶梅》的著作时代及其社会背景——编者注。

[2]《明史》卷二八七《王世贞传》。

[3]《袁中郎全集·随笔·十之掌故》。

[4]《啸亭续录》卷二。

[5]《明史》卷二二〇《赵世卿传》。

[6] 张居正《张文忠公集·书牍六·答应天巡抚宋阳山论均粮足民》。

[7]《桂洲文集》卷十三《奉敕勘报皇庄及功臣国戚田土疏》。

[8]《石隐园藏稿》卷五《嵩祝陛辞疏》。

[9]《壮悔堂文集·正百姓》。

[10] 包汝揖《南中纪闻》。

[11]《明史》卷一三〇《郭英传》。

[12]《明史》卷三〇〇《周能传》。

[13]《亭林文集》卷三《病起与蓟门当事书》。

晚明仕宦阶级的生活

一

晚明仕宦阶级的生活，除了少数的例外（如刘宗周之清修刻苦，黄道周之笃学正身），可以用"骄奢淫佚"四字尽之。田艺衡《留青日札》记：

严嵩孙严绍庚严鹄等尝对人言，一年尽费二万金，尚苦多藏无可用处。于是竞相穷奢极欲。

《明史·严嵩传》记鄢懋卿之豪奢说：

鄢懋卿持严嵩之势，总理两浙两淮长芦河东盐政，其按部尝与妻偕行，制五彩舆，令十二女子舁之。"万历初名相张居正奉旨归葬时："真定守钱普创为坐舆，前舆后室，旁有两庑，各立一童子供使令，凡用舁夫三十二人。所过牙盘上食味逾百品，犹以为无下箸处。[1]

这种闹阔的风气，愈来愈厉害，直到李自成、张献忠等起来，这风气和它的提倡者同归于尽。

其实，说晚明才有这样的放纵生活，也不尽然，周玺《垂光集·论治化疏》说：

中外臣僚士庶之家，靡丽奢华，彼此相尚，而借贷费用，习以为常。居室则一概雕画，首饰则滥用金宝，倡优下贱以绫缎为袴，市井光棍以锦绣缘袜，工匠役之人任意制造，殊不畏惮。虽朝廷禁止之诏屡下，而奢靡僭用之习自如。[2]

周玺是弘正时人（？——一五〇八），可见在十六世纪初期的仕宦生活已经到这地步。风俗之侈靡，自上而下，风行草偃，渐渐地浸透了整个社会。堵允锡曾畅论其弊，他说：

冠裳之辈，怡堂成习，厝火忘危，膏粱文绣厌于口体，宫室妻妾昏于志虑，一簋之费数金，一日之供中产，声伎优乐，日缘而盛。夫缙绅者士民之表，表之不戒，尤以成风。于是有纨绔子弟，益侈豪华之志以先其父兄，温饱少年亦竞习裘马之容以破其家业，挟弹垆头，吁卢伎室，意气已骄，心神俱溃，贤者丧志，不肖倾家，此士人之蠹也。于是又有游手之辈，习谐媚以蛊良家子弟，市井之徒，咨凶谲以行无赖之事，白日思群，昏夜伏莽，不耕不织，生涯问诸傥来，非士非商，自业寄于亡命，狐面狼心，冶服盗质，此庶人之蠹也。如是而风俗不致颓坏，士民不致饥寒，盗贼不致风起者未之有也。[3]

二

大人先生有了身份有了钱以后，饱食终日，无所用心，自然而然会刻意去谋生活的舒适，于是营居室，乐园亭，侈饮食，备仆从，再进而养优伶，召伎女，事博弈，蓄姬妾，雅致一点的更提倡玩古董，讲版刻，组文会，究音律，这一集团人的兴趣，使文学，美术，工艺，金石学，戏曲，版本学等部门有了飞跃的进展。

八股家幸而碰上了机会，得了科第时，第一步是先娶一个姨太太（以今较昔，他们的黄脸婆还有不致被休的运气），王崇简《冬夜笔记》：

明末习尚，士人登第后，多易号娶妾。故京师谚曰：改个号，娶个小。

第二步是广营居室，作大官的邸舍之多，往往骇人听闻，田艺蘅记严嵩籍没时之家产，光是宅第房屋一项，在江西原籍共有六千七百四间，在北京共一千七百余间[4]。陆炳当事时，营别宅至十余所，庄园遍四方[5]。郑芝龙田园遍闽粤，在唐王偏安一隅的小朝廷下，秉政数月，增置仓庄至五百余所[6]。

士大夫园亭之盛，大概是嘉靖以后的事。陶奭龄说：

少时越中绝无园亭，近亦多有。[7]

奭龄是万历时代人，可见在嘉隆前，即素称繁庶的越中，士大夫尚未有经营园亭的风气。园亭的布置，除自己出资建置外，大抵多出于门生故吏的报效。顾公燮《消夏闲记》卷上说：

前明缙绅虽素负清名者，其华屋园亭佳城南亩，无不揽名胜，连阡陌。推原其故，皆系门生故吏代为经营，非尽出己资也。

王世贞《游金陵诸园记》记南京名园除王公贵戚所有者外，有王贡士杞园，吴孝廉园，何参知露园，卜太学味斋园，许典客长卿园，李象先茂才园，汤太守熙召园，陆文学园，张保御园等。《娄东园亭志》仅太仓一邑有田氏园，安氏园，王锡爵园，杨氏日涉园，吴氏园，季氏园，曹氏杜家桥园，王世贞弇

州园,王士骐约园,琅玡离园,王敬美澹园等数十园。园亭既盛,张南垣至以叠石成名:

> 三吴大家名园,皆出其手。其后东至于越,北至于燕,召之者无虚日。[8]

对于饮食衣服尤刻意求精,互相侈尚。《小柴桑喃喃录》卷上记:

> 近来人家酒席,专事华侈,非数日治具,水陆毕集,不敢轻易速客。汤饵肴旅,源源而来,非惟口不给尝,兼亦目不周视,一筵之费,少亦数金。

平居则"耽耽逐逐,日为口腹谋。"张岱《陶庵梦忆》自述:

> 越中清馋无过余者,喜啖方物。北京则苹婆果、黄鼠、马牙松。山东则羊肚菜、秋白梨、文官果、甜子。福建则福橘、福橘饼、牛皮糖、红腐乳。江西则青根、丰城脯。山西则天花菜。苏州则带骨鲍螺、山查丁、山查糕、松子糖、白圆、橄榄脯。嘉兴则马交鱼脯、陶庄黄雀。南京则套樱桃、桃门枣、地栗团、窝笋团、山查糖。杭州则西瓜、鸡豆子、花下藕、韭芽、元笋、塘栖蜜橘。萧山则杨梅、莼菜、鸠鸟、青鲫、方柿。诸暨则香狸、樱桃、虎栗。嵊则蕨粉、细榧、龙游糖。临海则枕头瓜。台州则瓦楞蚶、江瑶柱。浦江则火肉,东阳则南枣,山阴则破塘笋、谢橘、独山菱、河蟹、三江屯蛏、白蛤、江鱼、鲥鱼、里河。远则岁致之,近则月致之,日致之。[9]

衣服则由布袍而为䌷绢,由浅色而改淡红。范濂《云间据目钞》记云间风俗,虽然只是指一个地方而言,也足以代表这种由俭朴而趋奢华的时代趋势。他说：

> 布袍乃儒家常服，周年鄙为寒酸，贫者必用绸绢色衣，谓之薄华丽。而恶少且从典肆中觅旧段旧服翻改新起，与豪华公子列坐，亦一奇也。春元必用大红履，儒童年少者必穿浅红道袍，上海生员冬必穿绒道袍，暑必用绤巾绿伞，虽贫如思丹，亦不能免。稍富则绒衣巾，盖益加盛矣。余最贫，尚俭朴，年来亦强服色衣，乃知习俗移人，贤者不免。

明代制定士庶服饰，不许混淆，嘉靖以后，这种规定亦复不能维持，上下群趋时髦，巾履无别。范濂又记：

> 余始为诸生时，见朋辈戴桥梁绒线巾，春元戴金线巾，缙绅戴忠靖巾。自后以为烦俗，易高士巾素方巾，复变为唐巾晋巾汉巾褊巾。丙午（一六〇六）以来皆用不唐不晋之巾，两边玉屏花一双，而年少貌美者加犀玉奇簪贯发。

他又很愤慨地说：

> 所可恨者，大家奴皆用三镶宦履，与士官漫无分别，而士官亦喜奴辈穿著，此俗之最恶者也。

三

士大夫居官则押优纵博，退休则广蓄声伎，宣德间都御史刘观每赴人邀请，辄以妓自随。户部郎中肖翔等不理职务，日惟挟妓酣饮恣乐[10]。曾下饬禁止：

> 宣德四年八月丙申，上谕行在礼部尚书胡濙曰：祖宗时文武官之家不得挟妓饮宴。近闻大小官私家饮酒，辄命妓歌唱，

沉酣终日,怠废政事。甚者留宿,败礼坏俗。尔礼部揭榜禁约,再犯者必罪之。[11]

妓女被禁后,一变而为小唱,沈德符说:

京师自宣德顾佐疏后,严禁官妓,缙绅无以为娱,于是小唱盛行,至今日几如西晋太康矣。[12]

实际上这项禁令也只及于京师居官者,易代之后,勾栏盛况依然。《冰华梅史》有《燕都妓品序》:

燕赵佳人,颜美如玉,盖自古艳之。矧帝都建鼎,于今为盛,而南人风致,又复袭染熏陶,色艳宜惊天下无疑。万历丁酉庚子(一五九七—一六〇〇)其妖冶已极。

所定花榜借用科名条例,有状元、榜眼、探花之目。称妓则曰老几,茅元仪《暇老齐杂记》卷四:

近来士人称妓每曰老,如老一老二之类。

同时曹大章有《秦淮士女表》,《苹乡花史》有《广陵士女殿最序》。余怀《板桥杂记》记南京教坊之盛:

南曲衣裳妆束,四方取以为式。

崇祯中四方兵起,南京不受丝毫影响,依然征歌召妓:

宗室王孙,翩翩裘马,以及乌衣子弟湖海宾游,靡不挟弹吹箫,经过赵李,每开筵宴,则传呼乐籍,罗绮芬芳,行酒纠觞,留髡送客,酒阑棋罢,堕珥遗簪,真欲界之仙都,升平之乐国也!"[13]

私家则多蓄声伎,穷极奢侈。万历时理学名臣张元忭后人的家伎在当时最负盛名。《陶庵梦忆》卷四《张氏声伎》条记:

第五章　与明王朝一同落幕:厂卫的覆灭　　　333

我家声伎，前世无之。自大父于万历年间与范长白邹愚公黄贞父包涵所诸先生讲究此道，遂破天荒为之。有可餐班，次则武陵班，……再次则梯仙班，……再次则吴郡班，……再次则苏小小班，……再次则平子茂苑班。……主人解事日精一日，而偊僮伎艺则愈出奇愈。

阮大铖是当时最负盛名的戏曲作家，他的家伎的表演最为张宗子所称道。同书卷八记：

阮元海家优讲关目，讲情理，讲筋节，与他班孟浪不同。然其所打院本又皆主人自制，笔笔勾勒，苦心尽出，与他班卤莽者又不同。故所搬演本本出色，脚脚出色，出出出色，句句出色，字字出色。

士大夫不但蓄优自娱，谱制剧曲，并能自己度曲，压倒伶工。沈德符记：

近年士大夫享太平之乐，以其聪明寄之剩技。吴中缙绅留意音律，如太仓张工部新、吴江沈吏部璟、无锡吴进士澄时俱工度曲，每广座命伎，即老优名倡俱皇遽失措，真不减江东公瑾。[14]

风气所趋，使梨园大盛，所演若《红梅》《桃花》《玉簪》《绿袍》等记不啻百种：

括共大意，则皆一女游园，一生窥见而悦之，遂约为夫妇。其后及第而归，即成好合。皆徒撰诡名，毫无古事可考，且意俱相同，毫无足喜。

乡村每演剧以祷神：

谓不以戏为祷，则居民难免疾病，商贾必值风涛。[15]

334　　　　　明朝锦衣卫和东西厂

豪家则延致名优,陈懋仁《泉南杂志》:

> 优伶媚趣者不吝高价,豪奢家攘而有之,婵鬓傅粉,日以为常。

使一向被贱视的伶工,一旦气焰千丈。徐树丕《识小录》记吴中在崇祯十四年(一六四一)奇荒后的情形:

> 辛巳奇荒之后,……优人鲜衣美食,横行里中。人家做戏一台,一本费至十余金,而诸优犹恨恨嫌少。甚至有乘马者,乘舆者,在戏房索人参汤者,种种恶状。然必有乡绅主之,人家惴惴奉之,得一日无事便为厚矣。

优人服节有至千金以上者。[16] 男优之外,又有女戏:

> 十余年来苏城女戏盛行,必有乡绅主之。盖以倡兼优而缙绅为之主。[17]

亦有缙绅自教家姬演戏者,张岱记朱云崃女戏:

> 西施歌舞,对舞者五人,长袖缓带,绕身若环,曾挠摩地,扶施猗那,弱如秋乐;女官内侍,执扇葆璇盖、金莲宝炬、纨扇、宫灯二十余人,光焰荧煌,锦绣纷叠,见者错愕。[18]

刘晖吉女戏则以布景著:

> 刘晖吉奇情幻想,欲补从来梨园之缺陷;如唐明皇游月宫,叶法善作,场上一时黑魆地暗,手起剑落,霹雳一声,黑幔忽收,露出一月,其圆如规,四下以其羊角染五色云气,中坐常仪,桂树吴刚,白兔捣药。轻纱缦之内,燃赛月明数株,光焰青黎,色如初曙,撒布成梁,遂蹑月窟,境界神奇,忘其为戏也。[19]

四

士大夫的另一种娱乐是赌博。顾炎武《日知录》记：

万历之末太平无事，士大夫无所用心，间有相从赌博者。至天启中始行马吊之戏，而今之朝士若江南山东几于无人不为此。有如韦昭论所云穷日尽明，继以脂烛，人事旷而不修，宾旅阙而不接。

甚至有"进士有以不工赌博为耻"的情形。吴伟业又记当时有叶子戏：

万历末年，民间好叶子戏，图赵宋时山东群盗姓名于牌而斗之，至崇祯时大盛。有曰闯，有曰献，有曰大顺，初不知所自起，后皆验。[20]

缙绅士大夫以纵博为风流，《列朝诗集小传》记：

福清何士璧跅弛放迹，使酒纵博。

皇甫冲博综群籍，通挟凡击毬音乐博奕之戏，吴中轻侠少年咸推服之。

万历间韩上桂为诗多倚待急就，方与人纵谈大噱，呼号饮博，探题立就，斐然可观。

此风渐及民间，结果是如沈德符所说：

今天下赌博盛行，其始失货财，甚则鬻田宅，又甚则为穿窬，浸成大伙劫贼，盖因本朝法轻，愚民易犯。[21]

自命清雅一点的则专务搜古董，巧取豪夺：

嘉靖末年海内宴安，士大夫富厚者以治园亭教歌舞之隙，间及古玩。如吴中吴文恪之孙，溧阳史尚宝之子，皆世藏珍秘，不假外索。延陵则稽太史应科，云间则朱太史大韶，携李项太学，锡山安太学华户部辈不吝重资收购，名播江南。南部则姚太史汝循、胡太史汝嘉亦称好事。若辈下则此风稍逊，惟分宜严相国父子、朱成公兄弟并以将相当途，富贵盈溢，旁及雅道，于是严以势劫，朱以货贿，所蓄几及天府。张江陵当国亦有此嗜。董其昌最后起，名亦最重，人以法眼归之。[22]

年轻气盛少肯读书的则组织文社，自相标榜，以为名高。《消夏闲记》下：

文社始于天启甲子张天如等之应社。……推大讫于四海。于是有广应社，复社，云间有几社，浙江有闻社，江北有南社，江西有则社，又有历亭席社，昆阳云簪社，而吴门别有羽朋社，武林有读书社，山左有大社，佥会于吴，统于复社。

以讥弹骂詈为事，黄宗羲讥为学骂，他说：

昔之学者学道者也，今之学者学骂者也。矜气节者则骂为标榜，志经世者则骂为功利，读书作文者则骂为玩物丧志，留心政事者则骂为俗吏，接庸僧数辈则骂考亭为不足学矣，读艾千子定待之尾，则骂象山阳明为禅学矣。濂溪之主静则盘桓于腔子中者也，洛下之持敬则曰是有方所之学也。逊志骂其学误主，东林骂其党亡国，相讼不决，以后息者为胜。[23]

老成人物则伪标讲学，内行不修。艾南英《天慵子集》曾提及江右士夫情形：

敝乡理学之盛，无过吉安，嘉隆以前，大概质行质言，以身践之。近岁自爱者多而亦不无仰愧前哲者。田土之讼，子女之争，告讦把持之风日有见闻，不肖视其人皆正襟危坐以持论相高者也。[24]

仕宦阶级有特殊地位，也自有他们的特殊风气。《小柴桑喃喃录》卷下说：

士大夫膏肓之病，只是一俗，世有稍自脱者即共命为迂为疏为腐，于是一入仕途，则相师相仿，以求入乎俗而后已。如相率而饮狂泉，亦可悲矣。

在这情形的社会，谢肇淛说得最妙：

燕云只有四种人多，奄竖多于缙绅，妇女多于男子，倡伎多于良家，乞丐多于商贾。[25]

一九三四年一月二十二日

（原载《大公报》《史地周刊》第三十一期，
一九三五年四月十九日）

注释

[1]《明史》卷二一三《张居正传》。
[2]《垂光集》卷一。
[3]《堵文忠公集·救时十二议疏》。
[4]《留青日札》。
[5]《明史》卷三〇七《陆炳传》。
[6] 林时对《荷锸丛谈》卷四。
[7]《小柴桑喃喃录》下。
[8] 黄宗羲:《撰杖集·张南垣传》。
[9] 卷四《方物》。
[10]《明宣宗实录》卷五六。
[11]《明宣宗实录》卷五七。
[12]《野获编》卷二四。
[13] 余怀《板桥杂记》
[14]《野获编》卷二四。
[15] 汤来贺《梨园说》。
[16] 黄宗羲《南雷集子·刘子行状》。
[17]《识小录》卷二。
[18]《陶庵梦忆》卷二。
[19]《陶庵梦忆》卷五。
[20]《绥寇纪略》卷一二。
[21]《野获编·补遗》卷三。
[22]《野获编》卷二六。
[23]《南雷文案》卷一七。
[24] 卷六《复陈怡云公祖书》。
[25]《五杂俎》卷三。

东林党之争

东林党之争是明朝末年历史上的一个特征。

首先应该明确这样一个问题,历史上所谓党与我们今天所说的党是两回事,不能把历史上所说的党和今天的政党混同起来。历史上所说的党并没有什么组织形式,参加哪个党是没有任何形式的,既不要交党费,也没有组织生活,更没有党章和党纲。然而在历史上又确实叫作党。历史上所谓党是指的什么呢?是指政治见解大体相同的一些人的集团,也就是统治阶级内部某些人无形的组合。明朝的东林党,它的情况大致是这样:在江苏无锡有个书院叫东林书院,这是一所学校。当时有两个政府官员,叫顾宪成和顾允成,两兄弟在北京做官的时候,由于他们的政治见解与当时的当权人物相抵触,便辞官不做,回家后在东林书院讲学。他们很有学问,在地方上声望很高,为人也正派。这样,和他们意气相投的人跟他们的来往便越来越多了。不但在地方上,就是在北京,有一些官员跟他们的来往也比较多。他们以讲学为名,发表一些议论朝政的意见。这样,从万历二十二年(1594年)开始,一直到明朝被推翻,前后五十年间,在明朝政治上形成了一批所谓东林党人,和另外一批反对东林党的非东林党人。非东林党人后来形成齐(山东)、楚(湖北)、浙(浙江)三派,与东林党争论不休。这五十年中间，在几件大事情上都有争论。你主张这样，他反对；他主张那样，你反对。举例来说，党争中最早的一个问题，就是所谓"京察"问题。"京察"这两个字大家都认识，但是不好懂。这是古代历史上的一种制度，就是政府的官员经过一定的时期要考核，相当于现在的考勤考绩。主持考勤考绩的是吏部尚书、吏部侍郎（相当于现在的内务部部长、副部长），他们主管文官的登记、资格审查、成绩考核及任免、升降、转调、俸给、奖恤等事。当时考取进士以后，有一部分进士就安排做科道官。科就是六科给事中，道就是十三道御史。六科就是按照六部（吏、户、礼、兵、刑、工）来分的。道是按照行政区划来设置的。当时全国有十三个布政使司，设了十三道御史，譬如浙江道有浙江道御史。科道官都是监察官，当时叫作"言官"。他们本身没有什么工作，只是监察别人的工作，提出赞成的或者反对的意见。他们的任务就是说话，所以叫"言官"。每次"京察"，吏部提出某些人称职，某些人不称职。1594年举行"京察"的时候，就发生了争论，这一部分人说这些人好，那一部分人说不好。凡是东林党人说好的，非东林党人一定说不好。争论中掺和了封建社会的乡里（同乡）关系。譬如齐、楚、浙就是乡里关系。不管这件事情正确不正确，只要是和我同乡的人，都是对的。还有一种同门的关系。所谓同门就是指同一个老师出身的。不管事情本身怎么样，只要跟我是同学，就都是对的。至于对亲戚、朋友则更不用说了。就在这样的封建关系组合之下，从1594年"京察"开始，一直争吵了五十年。

第五章　与明王朝一同落幕：厂卫的覆灭

继"京察"问题之后,接着发生了"国本之争"。所谓"国本"就是国家的根本。我们今天说国家的根本就是人民,没有人民就没有国家。当时并没有这样的概念。那时候所谓"国本"是指皇帝的继承人问题。万历做了多年皇帝,按照过去的惯例,他应该立一个皇太子,以便他死后有一个法定的继承人。可是他不喜欢他的大儿子,他所喜欢的是他的小老婆(郑贵妃)生的儿子福王(以后封在河南洛阳),所以他就迟迟不立太子。有些大臣就叫起来了,他们认为国家的根本很重要,也就是说第二代的皇帝很重要,应该早立太子。凡是提议立太子的,万历就不高兴,他说:我还活着,你们忙什么!这样,有人主张早立太子,有人反对立太子,争吵起来了,这就叫"国本之争"。

跟着又发生了一个案子叫"梃击案"。有一天早晨,突然有一个人跑到宫里来见人就打,一直打到万历的大儿子那里去了。当然,这个人马上被逮住了。可是这里发生了一个问题,是谁叫他到宫里来打万历的大儿子的?当时有人怀疑是郑贵妃指使的。这是宫廷问题,却成了当时政治上的一个大问题,引起了争吵,东林党与非东林党大吵特吵。

万历做了四十八年皇帝,死了。他的大儿子继位不到一个月又死了。怎么死的呢?搞不清楚。据说他在病的时候,有一个医生给他红丸药吃,吃了以后就死了。这样就发生了一个问题,这个皇帝是不是被毒死的?是谁把他毒死的?因此又发生了所谓"红丸案"。各个集团之间又争吵起来了。

正在争吵的时候,发生了另外一个问题:就是这个只做了个把月的皇帝死了以后,他的儿子继位,还没成年。这个短命皇帝有个妃子李选侍,她住在正宫里不肯搬出来。她有政治野心:想趁这个小孩做皇帝的机会把持朝政。这样,又发生了争论,有一些人出来骂她:你这个妃子怎么能霸着正宫?逼着她搬出去了。这个案件叫"移宫案"。京戏里有一出戏叫《二进宫》,就是反映这件事的,不过把时代改变了,把孙子的事情改成了祖父的事情。

"梃击""红丸""移宫"是当时三大案件,成为当时争论最激烈的事件。在这样的情况下,政治上出现了什么现象呢?每一件事情出来,这批人这样主张,那批人那样主张,争论不休,整天给皇帝写报告。到底谁对谁不对?从现在来看,东林党与非东林党之争,一般地说,道理在东林党方面。东林党的道理多,非东林党的道理少。但是,东林党是不是完全对呢?在某些问题上也不完全对。这样争来争去,争不出个是非来,结果只有争论,缺乏行动,许多政治上该办的事没人去管了。后来造成这种现象:某些正派的官员提出他的主张,这个主张一提出来,马上就有一批人来攻击他,他就不能办事,只好请求辞职。皇帝不知道这个人对不对,不做处理,把事情压下来。这个官既不能办事,辞职也辞不成,怎么办?干脆自己回家。他回家以后政府也不管,结果这个官就空着没人做。到万历后期政治纪律松懈到这样的地步:哪个官受了攻击就把官丢了回家,以至六部的很多部长都没人做了。万历皇帝到晚年根本不接见臣下,差不多一二十年不跟大臣见面,把自己关在宫廷里,什么事情也不管。大臣们有什么事情要跟他商量也见不着。政治腐化，纪律松懈，很多重要的问题得不到解决，却专搞无原则的纠纷。大是大非没人管了，成天纠缠在一些枝节问题上面。

这种无休止的争吵影响到一些重大的政治事件的发展。譬如日本侵略朝鲜，中国到底应不应该援助朝鲜，在这个问题上发生了争论。后来还是派兵去支援了朝鲜，第一个时期打了胜仗，收复了平壤。后来又派兵去，由于麻痹大意，打了败仗。打了败仗以后，政府里又发生争论了，主和派觉得和日本打仗没有必要，支持朝鲜意义不大，不如放弃军事办法，转而采取政治办法来解决问题。他们主张把丰臣秀吉封为日本国王，并答应和他做买卖。历史上封王叫作朝，做买卖叫作贡，所谓朝贡，说得通俗一点，就是你带些物资来卖给我，我给你一些物资作交换。在这种情况下，明朝政府只好一面按照主战派的主张，继续派兵援助朝鲜；一面派人暗中往来日本进行和议。后来明军与朝鲜军大败日本侵略军。日本愿和了。明朝政府便按照主和派撤兵议和的主张，允许议和。并派人到日本去办外交，封丰臣秀吉为国王。但日本国内本来已经有天皇，因此丰臣秀吉不接受王位，而且提出了很强硬的条件。结果外交失败了日军重新侵略朝鲜。明朝政府只好再次出兵，最后打败了日军。由于追究外交失败的责任，又引起了争论。

这种影响在"封疆案"的问题上表现得更加明显。万历死后，东林党在政府做官的人越来越多了。这时北京有一个"首善书院"（在北京宣武门内），在这里讲学的也是东林党人。这些人在政治上提出意见时，非东林党人就起来攻击，要封闭这个书院。东林党人当然反对封闭。这样吵了二三十年。这个争论最后演变成什么局面呢？当时万历皇帝的孙子熹宗（年号天启，是崇祯皇帝的哥哥）很年轻，不懂事，光贪玩。他宠信太监魏忠贤，军事、政治各个方面都是太监当家。一些地主阶级的知识分子由于在魏忠贤门下奔走而当了官。凡是属于魏忠贤这一派的，历史上称为"阉党"。阉党里面没有什么正派人。东林党是反对阉党的。因此，党争发展到这个时候，就变成了地主阶级的知识分子与宦官的斗争。这个斗争影响到东北的军事形势。在万历以前，东北的建州女真已经壮大起来了不断进攻辽东，占领了许多城市。到天启时代，明朝防御建州女真的军事将领熊廷弼提出一系列的军事上和政治上的主张，他认为跟建州女真进行军事斗争时，明朝军队不能退回到山海关以内，而应该在山海关以东建立军事据点。当时前方的另一个军事将领叫王化贞，他不同意这个意见，他认为只能依靠山海关来据守。熊廷弼虽然是统帅，地位比王化贞高，但是没有军事实权。而王化贞得到了魏忠贤的支持。这样，熊廷弼的正确意见因为得不到支持而不能贯彻，结果打了败仗，王化贞跑回来了，熊廷弼也跑回来了，山海关以东的很多地方都丢了。北京震动，面临着很严重的军事危机。在这种情况下又发生了有关"封疆案"的争论。当时追究这次失败的责任到底是熊廷弼的责任，还是王化贞的责任？从当时的具体军事形势来看，熊廷弼是正确的，但他没有军队来支持。王化贞有十几万军队，坚持错误的主张，因此王化贞应该负责。但是因为熊廷弼得罪了很多人，结果把这个责任推到他身上，把他杀了。很显然，这样的争论和处理大大地影响了前方的军事形势。

"封疆案"以后，跟着就是魏忠贤对东林党人的屠杀。因为一些在朝的东林党人认为魏忠贤这样胡搞不行，就向皇帝写信控告他的罪恶。当时有杨涟等人列举了他的二十四条罪状。这些东林党人的行为得到了其他官员的支持。这样，东林党和阉党就面对面地斗争起来。由于魏忠贤军权在握，又指挥了特务，而东林党人缺乏这两样武器，结果大批的东林党人被杀。当时被杀的有杨涟、左光斗、周顺昌、黄尊素、缪昌期等。其中周顺昌在苏州很有声望，当特务逮捕他的时候，苏州的老百姓起来保护他。最后这次人民的斗争还是失败了，人民吃了苦头，周顺昌被带到北京杀害了。

熹宗死了以后，明朝最后的一个皇帝——崇祯皇帝比他哥哥清楚一点，他把魏忠贤这伙人收拾了，把一些阉党分子都杀了（魏忠贤是自己上吊死的）。但是这场斗争是不是停止了呢？没有停止，东林党人跟魏忠贤的余孽在崇祯十七年（1644年）的时候还在继续斗争。崇祯五年（1632年），一些东林党人的后代跟与东林党有关系的地方上的知识分子组织了一个团体，叫作"复社"，以后又有"几社"，有大批青年知识分子参加。表面上他们是以文会友，写文章，写诗，是学术研究组织，实际上有政治内容。大家可能看过《桃花扇》这出戏，这出戏里的侯朝宗、陈贞慧、吴应箕、冒辟疆四公子都是复社里面的人。

当时李自成已经占领了北京，崇祯上吊死了。这个消息传到了南方，没有皇帝怎么办？这时一些阉党人物就想拥小福王（由崧）来做皇帝。原来万历把最喜欢的那个儿子福王（常洵）封在河南洛阳，这是老福王。这个人很坏，在他封到洛阳时，万历给他四万顷土地，河南的土地不够，还把邻省的土地也给他。老百姓都恨透了。李自成进入洛阳以后，把老福王杀掉了。小福王由崧（这也不是个好东西）逃到南京。当时在南京掌握军事实权的是过去和魏忠贤有关系的阉党人物马士英，替他出主意的也是一个阉党分子，叫阮大铖，他们把小福王抓到手中，把他捧出来做皇帝。可是政府里面另外一批比较正派的人，像史可法、高弘图、姜曰广等主张立潞王（常淓）做皇帝。这个人比较明白清楚。但马士英他们先走了一步，硬把福王捧出来做了皇帝。这样，在南京小朝廷里又发生了东林党与非东林党之争。因为马士英和阮大铖是当权的，史可法被排挤出去，去镇守扬州。在清军南下的时候，史可法坚决抵抗，在扬州牺牲了。马士英和阮大铖在南京搞得不像样，清军一步步逼近南京。这时候小福王在做什么呢？在跟阮大铖排戏。也就在这个时候，上面说的四公子就起来反对阮大铖，他们出布告，揭露阮大铖过去是魏忠贤的干儿子，名誉很不好，做了很多坏事，不能让他在政府里当权。号召大家起来反对他。南京国子监的学生也支持他们的主张，这样就形成一个学生运动。侯朝宗这些人虽然得到广大知识分子的支持，但是他们根本没有实力。而马士英、阮大铖有军事力量。结果有的人被逮捕了，有的人跑掉了。

不久之后,清军占领南京,小福王的政权也就被消灭了。

党争从1594年开始,一直到1645年,始终没有停止过。无论是在政治问题上,还是在军事问题上,都争论不休。这种争论是什么性质的呢?这是地主阶级内部的矛盾。开始是东林党和齐、楚、浙三党之争,后来演变为东林党和阉党之争。由于东林党的主张在某些方面是有利于当时的生产发展的,因此他们得到了人民的支持。但是反过来说,所有的东林党人都反对农民起义。这是他们的阶级本质决定的。譬如史可法这个历史人物,从他最后这段历史来说是应该肯定的。那时候,清军南下包围扬州,他的军事力量很薄弱,也得不到南京的支持,孤军据守扬州。但他宁肯牺牲不肯投降。这是有民族气节的人,也就是毛主席所说的有骨气。我们中国人是有骨气的,史可法就是这种有骨气的代表人物。但是他以前的历史就不好追究了。他以前干什么呢?镇压农民起义。在阶级斗争极为尖锐的时候,这些人的阶级立场是极为清楚的,反对农民起义,镇压农民起义。即使在他抗拒清军南下的时候,还要反对农民起义。有没有同情农民起义呢?没有。不可能要求统治者来同情被统治者的反抗。

对于这样一段党争的历史,要具体分析,具体研究。党争跟明朝的政治制度有关系。明太祖在洪武十三年(1380年)取消了宰相,取消了中书省,搞了几个机要秘书到内廷来办事情。到明成祖时搞了个内阁,这是个政府机构。内阁的权力越来越大,代替了过去的宰相,虽然没有宰相之名,但是有宰相之实。

至于给皇帝个人办事的有秘书，就是在宫廷里面设立一个机构，叫作"司礼监"。这是一个内廷机构，不是政府机构。司礼监有一个秉笔太监，皇帝要看什么政府报告，让秉笔太监先看；皇帝要下什么书面指示，也让秉笔太监起稿。皇帝年纪大一些、知识多一些的，还能辨别是非，是不是同意，他自己有主见。可是一些年轻的皇帝就搞不清楚，结果司礼监的秉笔太监就操纵政治，掌握了政权。因为用人和行政的权力都给了司礼监，结果形成了明朝后期的太监独裁。在明朝历史上有很多坏太监，像明英宗时代的王振，明武宗时代的刘瑾，天启时代的魏忠贤等。太监当家的结果，就造成了政府与内廷之争，也就是统治阶级内部地主阶级知识分子与太监争夺政权的斗争。明朝后期五十年的东林党之争就是在这样的背景之下进行的。

随着太监权力的扩大，不但中央被他们控制了，地方也被他们控制了。洪武十三年（1380年）以后，地方上设有三司（都指挥使司、布政使司、按察使司）。三司是各自独立的，都受皇帝的直接指挥。到了永乐时代，当一个地区发生了军事行动，像农民起义或其他的群众斗争爆发的时候，这三个司往往意见不统一，各管各的。结果只好由中央政府派官员去管理这个地方的事。这个官叫巡抚。巡抚是政府官员，常常是由国防部副部长即兵部侍郎担任。巡抚出去巡视各个地方，事情完了就回来。可是由于到处发生农民战争和民族与民族之间的战争，这个官去了以后就回不来了，逐渐变成一个地方的常驻官了。因为巡抚是中央派去的，所以他的地位在三司之上。过去三司使是地方上最大的官，现在三司使上面又加了一个巡抚。但这能不能解决问题呢？还是不能解决问题。为什么呢？因为巡抚只能指挥这一个地区的军事行动，比如浙江的巡抚就只能管浙江这一个地方。可是遇到军事行动牵涉到几个省的时候，这个巡抚就不能管了。于是又派比巡抚更高的官，即派国防部长——兵部尚书出去做总督。总督管几个省或一个大省。有了总督之后，巡抚就变成第二等官了，三司的地位则更低了。可是到了明朝后期，总督也管不了事。为什么呢？因为战争扩大了，农民战争和辽东的战争往往牵涉到五六个省。五六个省就往往有五六个总督，谁也管不了谁。结果只好派大学士出去作督师。总督也归他管。这是一方面。另一方面，明朝为了镇压各地人民的反抗，就派军官到各地去镇守，叫做总兵官，也就是总指挥。统治者对总兵官不放心，怕他搞鬼，因此总是派一个太监去监督，叫做监军。哪个地方有总兵官，哪个地方就有监军。监军可以直接向皇帝写报告，因为他是皇帝直接派出去的。因此，不但总兵官要听他的话，就是像巡抚这一类的地方官也要听他的话。这样，就形成了中央和地方都是太监当家的局面，明朝的政治变成太监的政治了。此外，明朝的皇帝贪图享受，为了满足自己生活上的欲望，哪个地方收税多就派一个太监去，哪个地方有矿藏也派一个太监去，叫做"税使"、"矿使"。全国的主要矿区，东北起辽东，西南到云南，以及武汉、苏州等大城市都有税使矿使搜刮民脂民膏。这些太监很不讲道理，他们的任务就是弄钱。他们根本不懂得什么矿，更不懂得怎么开采，却要开矿。只要听说这个地方有金矿就要开，而且规定要在这里开三百两、五百两。如果开不出来怎么办？就要这个地方的老百姓来赔。老百姓要反抗，他就说你的房子下面有矿，把房子拆了开矿。收税也很厉害。苏州有很多机户，纺织工人数量很大。他们要加税，每一张织机要加多少钱。老百姓交不起就请愿。请愿也不行。结果就起来反抗，把太监打死，形成市民暴动。苏州市民暴动出了一个英雄人物，叫做葛贤。这个人后来被杀了。因为明朝政府要屠杀参加暴动的市民，他挺身出来顶住了。不仅在苏州，在武汉、辽宁、云南各个地方都发生了市民暴动。有的地方把太监赶跑了，有的地方把太监下面的人逮住杀了。市民暴动是明朝后期历史的一个特征。人民的生活日益困难，不但农民活不下去，城市工商业者也活不下去了，他们便起来反对暴政。

因此，当时一些比较有见解的政治家，就在政治上提出了一些主张。譬如大家知道的海瑞就是这样。他提出了什么主张呢？他做苏州巡抚，管理江苏全省和安徽一部分。这个地区的土地情况怎样呢？前面说到明朝初年土地比较分散，阶级斗争比较缓和。可是一百多年以后，情况改变了，土地全部集中在大地主、大官僚的手中，而且越来越集中。就在海瑞所管辖的地区松江府，出了一个宰相叫徐阶，他就是一个大地主，家里有二十万亩土地。土地都被大地主占有，农民没有土地，只能逃亡。土地过分集中的结果，使农民活不下去，阶级矛盾越来越尖锐。海瑞看出了毛病，他想缓和这种情况。当然，他不能也不知道采取革命的手段。他采取什么办法呢？他认为要解决人民的生活问题，要使人民不去搞武装斗争反对政府，就必须使这些穷人有土地可种。土地从哪里来呢？土地都在大地主手里，而大地主所以取得这些土地，主要的手段是非法的强占。因此他提出这样一个政治措施：要求他管辖地区内的大地主阶级，凡是强占的土地一律退还给老百姓，使老百姓多多少少有一些土地可以耕种，能够活下去。这样来缓和阶级矛盾。他坚决主张这种做法。这一来，大地主阶级就联合起来反对他，结果这个苏州巡抚只做了半年多就被大地主阶级赶跑了。海瑞的办法能不能解决当时的土地问题？当然不可能。把大地主阶级强占的一部分土地归还给老百姓能不能稍微缓和一下阶级矛盾呢？可以缓和一下。可是办不到，因为地主阶级不肯放弃他们已经到手的东西。海瑞是非失败不可的。类似海瑞这样的政治家当时还有没有呢？有的。他们也感到了阶级矛盾和阶级斗争的严重性，认为这个政权维持不下去。但是能不能提出一个解决的办法呢？谁也没有办法。不但统治阶级，就连农民起义的领袖也提不出解决的办法来。

阶级矛盾日益尖锐的结果，最后形成了明末的农民大起义。崇祯时代，各地方的农民都起来斗争，最后形成两支强大的军事力量，一支以李自成为首，另一支以张献忠为首。他们有没有明确地提出解决阶级矛盾的办法呢？也没有。李自成后期曾经提出"迎闯王，不纳粮"的口号争取广大农民的支持，结果他的队伍一下子就发展到一百多万，农民、小手工业者、城市贫民都跟着他走。但是不纳粮也不能解决问题。现在有一个材料，就是山东有一个县，李自成曾经统治过那个地方，当时有人主张分田给百姓。分了没有呢？没有分。他提不出明确的办法，不但提不出消灭地主阶级的根本方针甚至连孙中山那样的"平均地权"的办法也提不出。所以消灭封建剥削，消灭地主阶级这个根本问题，在古代历史上的任何时期都不能解决。不但地主阶级知识分子、官僚提不出解决办法，就是反对封建地主阶级的农民起义领袖也提不出解决的办法，这个问题只有在我们这个时代才能解决。我们研究过去的农民革命、农民起义时，不能把我们今天的思想意识强加于古人。我们这个时代能办到的事，不能希望古人也能办到。否则就是非历史主义的观点。目前史学界在有些问题上存在一些偏向，总希望把农民起义的领袖说得好一些，说得完满一些，不知不觉地把自己所理解的东西加在古人身上。这是不科学的、非马克思主义的观点。我们只能根据历史事实来理解、来解释、来研究和总结历史，而不可以采取别的办法。

附带讲一个小问题。前面提到巡按御史，到底巡按御史是个什么官？我们经常看京戏，很多京戏里都有这么一个官。所谓八府巡按，威风得很。他是干什么的呢？我们前面讲过御史，就是十三道御史，是按照行政区划设置的。每一道御史的职务就是监察他这个地区的官吏和政务。同时，中央有一个机构叫都察院。都察院的官吏叫左、右都御史，左、右都御史下面是左、右副都御史，左、右副都御史下面是左、右佥都御史，再下面就是御史和巡按御史。巡按御史是由都察院派出去检查地方工作的。凡是地方官有违法失职的，他们有权提出意见来。他们还可以监察司法工作，有的案子判得不正确，他们可以提出意见。老百姓申冤的，地方官那里不能解决问题，可以到巡按御史这里来告。这就是戏上八府巡按的来源。御史的官位大不大呢？不大，只是七品官。当时县官也是七品官。知识分子考上进士以后，有一批人就分配做御史。御史管的事情很少，可是在地方上有很高的职权。为什么呢？因为他代表中央，代表都察院，是皇帝的耳目之官。建立这样一种制度的目的是什么呢？目的是想通过巡按御史的监察工作，来缓和当时人民和政府之间的矛盾，解决一些问题。贪官污吏，提出来把他罢免；冤枉的案子帮助平反。于是老百姓对这样的官员寄予很大的希望，希望他们能帮助自己申冤。这种愿望，在当时的一些文学作品中得到了反映。虽然这些人在实际政治生活中并没有解决什么问题，但是一些文学家、艺术家在一定程度上反映了人民的要求，创作了许多这类题材的作品，特别是明清两代有很多剧本是反映这个思想的。这些作品大体上有这样一些共同的内容：一类是描写老百姓受了冤枉，被大地主、大官僚陷害，被关起来或者判处了死刑，最后一个巡按给他翻了案。或者是描写皇庄的庄头作威作福，不但庄田范围以内的佃农，就是庄田附近的老百姓也受他们的欺侮。姑娘被抢走了，家里面的东西被抢走了，后来遇上侠客打抱不平，或者清官出来把问题解决了。在明朝后期和清朝前期，有不少的小说、剧本是描写这些恶霸、庄头的残暴行为的。这是一类。另一类作品反映了当时知识分子的出路问题。当时的知识分子无非是通过考试中秀才、中举人、中进士。中了进士干什么呢？当巡按御史。因此有很多作品是这样的题材：一位公子遇难，在后花园里遇到一位小姐。小姐赠送他多少银子。以后上北京考上了进士，当上了八府巡按。最后夫妻团圆。这个时期的文学作品大体上有这几方面的题材，反映了这个时期的政治生活、阶级斗争的一些问题。

论晚明"流寇"

明末"流寇"的兴起，是一个社会组织崩溃时必有的现象，像瓜熟蒂落一样，即使李自成、张献忠这一班暴民领袖不出来，那由贵族、太监、官吏和地主绅士所组成的统治集团，已经腐烂了，僵化了，肚子吃得太饱了，搜刮到的财富已经堆积得使他们窒息了，只要人民能够自觉，团结成为伟大的力量，要求生存的权利，这一个高高的挂在半空中的恶化的无能的机构，是可以一蹴即倒的。

朱明政权的被消灭，被消灭于这政权和人民的对立，剥削。被消灭于财富分配的不均，穷人和地主的对立。在三百年前，崇祯十七年（1644年）正月，兵科都给事中曾应遴明白地指出这现象，用书面警告政府当局，他说："臣闻有国家者不患寡而患不均，不患贫而患不安。今天下不安甚矣，察其故原于不均耳。何以言之？今之绅富率皆衣租食税，安坐而吸百姓之髓，平日操奇计赢以役愚民而独拥其利，有事欲其与绅富出气力，同休戚，得乎？故富者极其富而至于剥民，贫者极其贫而甚至于不能聊生，以相极之数，成相恶之刑，不均之甚也。"富者愈富，贫者愈贫，绅富阶级利用他们所有的财力，和因此而得到的特殊政治势力，加速地加重地剥削和压迫农民，吸取最后的一滴血液，农民穷极无路，除自杀，除逃亡以外，唯一的活路是起来反抗，团结起来，用暴力推翻这一集团的吸血鬼，以争得生存的权利。

十七世纪初年的农民反抗运动，日渐开展，得到一切被压迫人民的支持，参加，终于广泛地组织起来，用生命去搏斗，无情地对统治集团进攻，加以打击，消灭。这运动，当时的统治集团和后来的正统派史家称之为"流寇"。

"流寇"的发动，成长，和实力的扩充，自然是当时统治集团所最痛心疾首的。他们有的是充足的财富，舒服，纵佚，淫荡，美满而无耻的生活。他们要维持现状，要照旧加重剥削来维持欲望上更自由的需要，纵然已有的产业足够子子孙孙的社会地位的保证，仍然像饥饿的狼，又馋又贪，永远无法满足。然而，当前的变化明朗化了，眼见得被消灭，被屠杀了，他们不能不联合起来，用一切可能的方法，加强统制，加强武力，侮蔑，中伤对方，做最后的挣扎。同时，集团的利益还是不能消除个人利害的冲突，这一集团的中坚分子，即使在火烧眉睫的时候，彼此间还是充满了嫉妒，猜疑，勾心斗角，互相计算。在整三百年前，北平的形势最紧张的时候，政府请勋贵大臣、富贾巨商献金救国，话说得极恳切，希望自己人能自己想办法，可是，结果，最著名的一个富豪出得最少，他是皇帝的亲戚，皇帝、皇后都动了气，才添了一点点，其他的人自然不会例外，人民虽然肯尽其所有报效国家，可惜的是他们早已被榨干了。三月十九日北平陷落后，这些悭吝的高贵的人们，被毫无怜悯的夹棍几十板子，大量的金子银子珠宝被搜出以后，一批一批地斩决，清算了他们对人民所造的孽债。皇宫被占领以后，几十间尘封灰积的库房也打开了，里面堆满了黄的金子，白的银子！皇宫北面的景山，一棵枯树下，一条破席子，躺着崇祯皇帝和他的忠心的仆人的尸身！

站在相反的场合，广大的农民群众，他们是欢迎"流寇"的，因为同样是在饥饿线上挣扎的人们。举几个例子，山西的许多城市，没有经过什么战斗便被占领了，因为饿着肚子的人们到处都是，他们作内应，作先遣部队，打开城门，请敌人进来。山东、河南的城市，得到"流寇"的安民牌以后，人民恨透了苛捐，恨透了种种名目的征输，更恨的是在位的地方官吏，他们不约而同，一窝蜂起来赶走了地方官，持香设酒，欢迎占领军的光临，有的地方甚至悬灯结彩，远近若狂。又如宣府是京师门户，北方重镇，被围以后，巡抚朱之冯悬重赏募人守城，没人理会。再三申说，城中的军民反而要求准许开城纳款，朱之冯急了，自己单独上城，指挥炮手发炮，炮手又不理会，毫无办法，急得自己点着火线，要发炮，又被军民抢着拉住手，不许放，他只好叹一口气说："人心离叛，一至如此！"

由于政治的腐败，政府军队大部分是勇于抢劫，怯于作战的，他们不敢和"流寇"正面相见，却会杀手无寸铁的老百姓报功，"将无纪律，兵无行伍，淫污杀劫，惨不可言，尾贼而往，莫敢奋臂，所报之级，半是良民"。民间有一个譬喻，譬"流寇军"如梳，政府军如栉，到这田地，连剩下些过于老实的良民也不得不加入"流寇军"的集团去了。名将左良玉驻兵襄樊，奸淫掳掠，无所不为，老百姓气苦，半夜里放火烧营房，左良玉站不住脚，劫了一些商船逃避下流，左兵未发，老百姓已在椎牛设酒欢迎"流寇"了。其他一些将领，更是尴尬，马扩奉命援凤阳，凤阳被焚劫了四天以后，敌人走了，他才慢慢赶到。归德已经解围，尤玘才敢带兵到城下，颍、亳、安、庐一带的敌人已经唱得胜歌凯旋了，飞檄赴援的部队，连影子也看不见。将军们一个个脑满肠肥，要留着性命享受用人格换来的财富，士兵都是出身于贫困阶层的农民，穿不暖，吃不饱，脸黄肌瘦，走路尚且艰难，更犯不着替剥削他们的政权卖命，整个军队的纪律破坏了，士气消沉，军心涣散，社会秩序，地方安宁都无法维持，朱明政权也不能不随之解体了。

"流寇"的初起，是各地方陆续发动的，人自为战，目的只在不被饥饿困死。后来势力渐大，兵力渐强，政府军每战必败，才有推翻统治集团的企图。最后到了李自成在1643年渡汉江陷荆襄后，恍然于统治集团的庸劣无能，才决定建立一新政权，从此便攻城守地，分置官守，作争夺政权的步骤，一反过去流窜的作风，果然不到两年，北京政府便被消灭，长江以北大部分被放在新政权之下。这是在李自成初起时所意料不及的。其实与其说这是李自成的成功，还不如说是社会经济的自然崩溃比较妥当。

分析朱明政权的倾覆，就政府当局说，最好的评论是戴笠的《流寇长篇序》，他说："主上则好察而不明，好佞而恶直，好小人而疑君子，速效而无远计，好自大而耻下人，好自用而不能用人。廷臣则善私而不善公，善结党而不善自立，善逢迎而不善执守，善蒙蔽而不善任事，善守资格而不善求才能，善大言虚气而不善小心实事。百年以来，习以为然。有忧念国事者则共诧之如怪物。"君臣都是亡国的负责人，独裁、专制、加上无能的结果是自掘坟墓。

就整个社会组织的解体说，文震孟在1635年上疏《论致乱之源》说："堂陛之地，猜欺愈深，朝野之间，刻削日甚。缙绅蹙靡骋之怀，士子嗟束湿之困。商旅咨叹，百工失业，本犹全盛之海宇，忽见无聊之景色，此致乱之源也。"他又指出政府和人民的对立："边事既坏，修举无谋，兵不精而日增，饷随兵而日益，饷重则税重，税重则刑繁，复乘之以天灾，加之以饥馑，而守牧惕功令之严，畏参罚之峻，不得不举鸠形鹄面无食无衣之赤子而笞之禁之，下民无知，直谓有司仇我虐我，今而后得反之也，此又致乱之源也。"驱民死地，为丛殴雀，文震孟是政府的一员大官，统治集团的一个清流领袖，委婉地说出致乱之源是由于政府的上下当局所造成，官逼民反。

正面的指斥是李自成的檄文，他指斥统治集团的罪状说："明朝昏主不仁，宠宦官，重科第，贪税敛，重刑罚，不能救民水火，日罄师旅，掳掠民财，奸人妻女，吸髓剥肤。"完全违反农民的利益，剥夺人民的生存权利，接着他特别提出他是代表农民利益，而且他本身是出身农民阶层的，他说："本营十世务农良善，急兴仁义之师，拯民涂炭，士民勿得惊惶，各安生理。各营有擅杀良民者，全队皆斩。"他提出鲜明的口号："吃他娘，着他娘,吃着不尽有闯王,不当差,不纳粮!"以除力役,废赋税,保障生活为号召,以所掠得统治集团的财富散给饥民,百姓喜欢极了,叫这政府所痛恨的军队为"李公子仁义兵"。他标着鲜明的农民革命的旗帜,向统治集团作致命的打击。在这情势下,对方还是执迷不悟,茫然于当前的危机,抱定对外和平,对内高压的政策,几次企图和关外对峙的建州部族,讲求以不失面子为光荣的和平,只用一小部分军力在山海关内外,堵住建州入侵的门户,作消极的防卫,对内却用全力来消灭"流寇"。同时,内部又互相猜嫌排斥,"有忧念国事者则共诧之如怪物",继续过着荒淫无耻的生活。对人民则更加强压迫,搜刮出最后的血液,驱其反抗。政府和人民的对立情势达于尖锐化,以一小数的腐烂的统治集团来抵抗全体农民的袭击,自然一触即摧,朱明的政权于此告了终结。

十七世纪前期的政府和人民的对立,政府军包围,追逐"流寇",两个力量互相抵消,给关外的新兴的建州部族以可乘之机,乘虚窜入,建立了大清帝国。这新政权的本质是继承旧传统的,又给铲除未尽的地主绅富以更甦的机会,民族的进展活力又被窒息了三百年!

附带的提出两件事实:

其一是距今三百零一年前的七月二十五日,当外寇内乱最严重的时候,江苏枫桥,举行空前的赛会,绅衿士庶男女老幼,倾城罢市,通国若狂。

其二是距今三百年前的四月初二,江苏吴江在得到北都倾覆的消息以后，举行郡中从来未有的富丽异常的赛会。

这两次亡国的狂欢之后，接着就是嘉定三屠，扬州十日！

此文原名《晚明"流寇"之社会背景》，1934年10月发表于天津《大公报·史地周刊》第五、六期。

1944年3月重写于昆明。

明末的奴变

奴隶在统治集团的政治和军力控制之下,他们受尽了虐待,受尽了侮辱。然而,一到这集团腐烂了,政治崩溃了,军队解体了,整个社会组织涣散无力了,他们便一哄而起,要索还身契,解放自己和他的家族了。明代末年的奴隶——奴隶解放运动,可以说是历史上最光辉的一件大事。这运动从崇祯十六年到弘光元年(公元1644—1646),地域从湖北蔓延到江浙。

徐鼒《小腆纪年》卷二:

崇祯十六年四月,张献忠连陷麻城。楚士大夫仆隶之盛甲天下,而麻城尤甲于全楚。梅刘田李诸姓家僮不下三四千人,雄张里闾间。寇之将作也,(奴)思齐以民伍为相蔽,听其纠率同党,坎牲为盟为里仁会。诸家竞饰衣冠以夸耀之,其人遂炮烙衣冠,摧刃故主,城中大乱。城外义兵围之,里仁会之人大惧,其渠汤志杀诸生六十人,而推其与己合者曰周文江为主,缒城求救于献忠。献忠自残破后,步卒多降于自成,麾下惟骑士七千人,闻麻城使至,大喜,进兵城下,义兵解围走,献忠逐入麻城,城中降者五万七千人,献忠别立一军名曰新营,改麻城为州,以文江知州事。

次年北都政权覆灭后,嘉定又起奴变,《小腆纪年》卷六:

崇祯十七年五月,嘉定华生家客勾合他家奴及群不逞近万人，突起劫杀，各缚其主而数之，倨坐索身契。苏松巡抚祁彪佳捕斩数人，余尽掩诣狱，令曰，有原主来者得免死，于是诸奴搏颡行匄原主以免。

金堡《偏行堂集》卷六《朱它园传》：

东南故家奴树党叛主，所在横行。翁家豢奴谋乘宗祠长至之祀，围而焚之。翁即从山中，归预祭毕，门外剑戟林立，翁久以恩信孚诸健儿，里无赖闻声辄敛手。

至是出叱之去，群奴尽靡，翁密语当涂，诛其首恶，主仆之分始明。

虽然被地方政府用军力压服，可是这运动还是在继续发展，《研堂见闻杂记》记1646年娄县的情形：

乙酉乱，奴中有黠者，倡为索契之说，以鼎革故，奴例何得如初。一呼千应，各至主门，立逼身契。主人捧纸待，稍后时即举火焚屋，间有缚主者。虽最相得受恩，此时各易面孔为虎狼，老拳恶声相加。凡小奚佃婢在主人所者，立牵出，不得缓半刻。其大家不习井灶事者，不得不自举火。自城及镇及各村，而东村尤甚，鸣锣聚众，每日有数千人，鼓噪而行，群夫至家，主人落魄，焚劫杀掠，反掌间耳，如是数日而势稍定。

到建州政权在各地奠定以后，这些旧地主官僚和资本家又得到新主人的荫蔽了，他们替新主人镇压人民，维持秩序，搜刮财富，征发劳役，自然，所得到的报酬是财产的尊重和奴隶的控制。

一部分人民的厄运，又因大清帝国的成立，而延续了将近三百年。

三百年前的历史教训

今年,假如我们不太健忘的话,正好是明代亡于外族的三百周年纪念。

历史是一面镜子,三百年前,有太多的事情,值得我们追念。

三百年前,当明思宗殉国以后。李自成西走,清人藉吴三桂的向导,占领北平分兵南下的时候,南京小朝廷领袖弘光帝,正在粉饰升平,兴建宫室,大备百官,征歌选舞,夜以继日。他的父亲死于非命,元配离散不知下落,国君殉国,国土一部分沦于"流寇",一部分被异族兵威所蹂躏,人民流亡离散,被战争所毁灭,被饥饿瘟疫所威胁,覆巢之中无完卵,即使是禽兽也该明白当前危机的严重。然而这位皇帝还是满不在乎,人生行乐耳,对酒当歌,南京沦陷的前夕,他还在排演当代有名的歌剧燕子笺!

三百年前,当南京小朝廷覆亡的前夕,清兵迫近江北,流寇纵横晋陕,民穷财尽,内忧外患交迫的时候。宰相马士英凭了一点拥立的私恩,独擅朝权,排斥异己,摈史可法于江北,斥刘宗周、黄道周于田野,迎合弘光帝的私欲,滥费国帑,搜括金帛,卖官鬻爵,闹得"职方多似狗,都督满街走!"左良玉举兵东下,以清君侧为名,他才着了急,尽撤防江的军队来堵住西兵，给清军以长驱深入的机会，他宁可亡国于外族，不肯屈意于私争。到南京沦陷以后，他却满载金帛，拥兵到浙江，准备再找一个傀儡皇帝，又富又贵，消遣他的余年。

三百年前，当国家民族存亡系在一发的严重关头，过去名列阉党，作魏忠贤干儿子，倒行逆施，为士大夫所不齿的阮大铖勾结了马士英，奉承好了弘光帝，居然作了新朝廷的兵部尚书，综全国军政，负江防全责，在大权在握的当儿，他的作为不是厉兵秣马，激励士气，也不是构筑工事，协和将帅，相反的他提出分别邪正的政策，他是多年来被摈斥的阉党，素来和清流对立的，趁时机把所有在朝的东林党人一一摈斥，代以相反的过去名在逆案的阉党。他造出十八罗汉五十三参的黑名单，把素所不快的士大夫留在北都不能出来的，和已经逃亡南下的，都依次顺列，定以罪名。对付一般读书人，他也不肯放松，咬定他们与东林和左良玉有关，开了名单，依次搜捕。天不如人意，这些计划都因南都倾覆而搁浅。他只好狼狈逃到浙江，清军赶到，叩马乞降，不久又为清军所杀，结束他不光明的一生。

三百年前，当外族铁蹄纵横河朔，"流寇"主力恣张晋豫，国破民散，人不聊生的时候，拥兵数十万虎踞长江上游的左良玉，却按兵不动，坐观兴亡。他看透了政局的混乱，只要自己能保全实力，舍出一点贿赂当局，自然会加官晋爵，封妻荫子。在这个看法之下，他不肯用全力来消灭"流寇"，却用全力来扩充队伍。政府也仰仗他全力对付"流寇"，不肯调出来对付外敌。驻防在江北的四镇，又是一种看法，一面用全副精神勾结权要,一面用全副力量来争夺防区,扬州是东南最繁荣的都会,也就是这些军阀眼红的目标。敌人发动攻势了,他们自己还发动内战,杀得惊天动地。好容易和解了,指定了任务,北伐的一个被部下暗杀了,全师降敌,其他两个,清兵一到,不战而降,只有一个战死。左良玉的部队东下,中途良玉病死,全军都投降了清朝,作征服两浙闽广的先头部队。

三百年前,当前方战区的民众,在被敌人残杀奴役,焚掠抢劫,辗转于枪刀之下,流离于沟壑之中的时候,后方的都市,后方的乡村,却像另一个世界,和战争无关,依然醉生梦死,歌舞升平,南京的秦淮河畔,盛极一时,豪商富贾,文人墨士,衣香鬓影,一掷千金,画舫笙歌,穷奢极欲。杭州的西湖,苏州的阊门,扬州的平山堂,都是集会的胜地,文人们结文社,谈八股,玩古董,捧戏子,品评妓女,研究食谱,奔走公堂,鱼肉乡里。人民也在欢天喜地,到处迎神赛佛,踏青赏月,过节过年,戏班开演,万人空巷。商人依旧在计较锱铢,拿斤掂两。在战区和围城中的,更会居奇囤积,要取厚利。大家似乎都不知道,也不愿意知道当前是什么日子,更发生什么变局。他们不但是神经麻木,而且患着更严重的痿痹症。敌人一到,财产被占夺了,妻女被糟蹋了,伸颈受戮,似乎是很应该的事情。《扬州十日记》和《嘉定三屠记》所描写的正是这些人物的归宿,糊里糊涂过活的结局。

三百年前,从当局到人民,从将军到文士,都只顾自己的享受,儿女的幸福,看不见国家民族的前途,个人的腐化,社会的腐化，宣告了这个时代的毁灭。虽然有史可法，黄道周，刘宗周，张煌言，瞿式耜，李定国，郑成功，一些代表民族正气的人物，却都无救于国家的沦亡，民族的被奴化！

三百年后，我们想想三百年前的情形，殷鉴不远，在夏后氏之世。